U0634041

"社会工作硕士专业丛书"学术顾问委员会

主　任：王思斌

副主任：谢立中　陆士桢　张李玺　徐永祥　关信平　史柏年

学术顾问委员会成员（按音序排列）：

蔡　禾　陈光金　陈树强　陈　涛　高鉴国　顾东辉　雷　洪

林　卡　刘　梦　马凤芝　彭华民　钱　宁　沈　原　史铁尔

隋玉杰　田毅鹏　田玉荣　王　婴　向德平　熊跃根　薛新娅

张　曙　张文宏　张友琴　钟涨宝　朱眉华

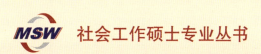

MSW 社会工作硕士专业丛书

社会工作硕士专业丛书

社会工作伦理：
理论与实务

Social Work Ethics:
Theory and Practice

赵 芳 著 ——

社会科学文献出版社
SOCIAL SCIENCES ACADEMIC PRESS (CHINA)

导　言

　　伦理不仅是做事情的一种方式，而且是关于做什么事情是有价值的和应该如何去做的准则。对于人们，它充盈着理想主义的抱负和关于人们应该如何被对待的理想主义的理念。

——列维（Levy，1976a）

　　作为一项助人专业，社会工作致力于提升人们的社会能力，改善社会环境，获得人与环境之间的适应性平衡，以增进人类的福祉。社会工作的所有魅力就在它所提供的社会服务之中。在此过程中，社会工作者应了解，什么是人类想要和不断追求的，怎样的行为才是善和正当的，人与自身、人与人、人与环境之间如何才能更好地联结，只有这样才能提供更适宜的服务，以实现专业的使命，发挥专业的功能。

第一节　作为一种人类行为规范与准则的伦理

　　如果说社会的本质是人与人之间社会关系的总和，那么这种关系是如何形成的？这种关系是否需要某种准则来规范，这些准则又是如何形成的？在人类相互联结的过程中，个体的自由和共同体的利益是如何协调的？当人类出现不一致和冲突时，依靠什么维系他们之间的相互关系？在漫长的人类发展历程中，这种维系机制又是如何发展的？

一　价值、道德、伦理与法律

　　人类因需要而集结成群，因合作而发展成社会。不论是群，还是社会，人类都需要相互联结。人类相互联结依靠的是一种共同的信念和准则，其将有不同性格、来自不同成长环境、有不同需求的人联结在一起而共同生活。这种共同的信念和准则伴随着人类社会的发展而不断发展，最初是某一地域一群人共同遵守的风俗和习惯，慢慢发展为更加确定的、在更大范围内发挥作用的道德和伦理，最后是更加具体的、依赖国家强制力约束的法律。

1. 伦理的源起

在西方，伦理源自希腊文的"ethos"。早在古希腊荷马史诗《伊利亚特》中已经出现"ethos"，当时它只表示一群人共居的地方。之后其意义扩大，意指一群人生活在一起所形成的风俗习惯。再后来，其意义进一步扩大，意指一群人共同遵守的信念与准则。

在中国，"伦理"一词最早出现在《礼记·乐记》中："乐者，通伦理者也。"许慎在《说文解字》中强调："伦，从人，辈也，明道也；理，从玉，治玉也。"在这里，伦的本意是类、辈，引申为人与人不同辈分间的关系；理的本意是加工并显示玉石本身细微精妙而又清晰可辨的纹理，引申为被精心雕琢过的人与人之间的行为准则。这样，"伦理"一词，在中国文化中，原指人与人之间微妙而又复杂的辈分关系，后来经过进一步演化，泛指人与人之间以道德手段调节的种种关系，以及处理人与人之间的相互关系应当遵循的规范和准则。

综合起来，不论是东方还是西方，演化至今，人们普遍认为伦理是指导人类行为的规范和准则，它不仅包括处理人与人、人与社会和人与自然之间关系的行为准则，还蕴涵着依照一定原则来规范行为的深刻道理。

2. 在价值观共识基础上的伦理

任何探讨伦理的理论都必须正视价值观问题，任何伦理问题也都与价值观相关。伦理是人类在价值观共识基础上的行为准则。

价值观是人们对善恶美丑的判断，是价值的系统化，是概括性的、对期望事物带有情感色彩、有历史起源与经验基础、被一群体共同认定并模塑群体行为的信念系统（Reamer，2000c）。杜威曾经给价值观下过一个定义，指出价值观是选择好的和想要有的行为的指南或标准（多戈夫等，2008），是一种对渴望有的事物状态的认识。价值观想要回答的核心问题是："我们该如何生活"，"什么样的生活才是美好的"以及"人类怎样行动才可以创造美好的生活"。

价值观包含了人类的认知、情感和行为。①认知层面：价值观是对周围人、事、物的看法，以及由此形成的对人类行为是非、善恶、真伪、美丑的判断。

②情感层面：人们会产生与价值相关的情感体验，支持有相同价值的行为，并因此产生积极的情感体验；反对有不同价值的行为，并因而产生消极的情感体验。

③行为层面：价值观对行为起指导作用，有什么样的价值观就会选择相应的行为方式。任何一种价值观都是认知、情感和行为三者的合一。

价值观与价值判断有关，如生命、自由、爱、友谊、快乐、幸福、平等、健康、美是人类所珍视的价值，会让人类产生美好的情感体验。在正常情况下，任何剥夺他人生命，使人感觉不快乐和不幸福的行为都是与人类所珍视的价值相背离的。这些与人类所珍视的价值相背离的行为，通常在道德上也是不正当的，当然也是伦理不支持的。人类的所有行为都是为了追寻在价值上是美好的、我们想要和珍视的人、事、物。

价值观是伦理的来源，也是人们伦理行为判断的基础。但人类在关于什么是有价值的以及价值的先后排序方面的认识，并不是始终一致的，常常由于价值的冲突带来价值观上的冲突，而价值观上的冲突常常又衍生出伦理上的冲突。很多时候，如果我们明确知道价值的高低，则伦理冲突或两难程度就会降低；如果我们无法决定价值的高低，价值的无法取舍就会转化成伦理的不确定性。价值判断是伦理理论的核心，价值决定了行为所依据的伦理原则，而价值争议和伦理争议往往是事物的一体两面。因此，任何一种伦理理论都预设了某种特殊的价值理论（林火旺，2005）。人类对价值认识的每一次飞跃，都会引起伦理发生巨大的变化。

3. 与道德紧密相联的伦理

伦理与道德之间有千丝万缕的关系。有学者指出，"伦理"这个词指的就是"人与人之间的道德关系"（强以华，2008）。

在中国，"道"最初的含义是道路，之后引申为原则、规范和道理。孔子曾说过，"朝闻道，夕死可矣"（《论语》）。"德"与"得"的意思相近，表示对"道"的认识、实践后有所得。最早把"道"和"德"联系起来作为一个概念使用的是荀子，他认为，"故学至乎礼而止矣，夫是之谓道德之极"（《劝学篇》）。在此，道德有了确切的含义，指人们在社会生活中所确定的品质以及调整人与人之间关系的准则。综合起来，演化至今，人们普遍认为道德一般是指调整人与人、人与社会、人与自然之间关系的准则规范、心理意识和行为活动的总和。

从概念上讲，伦理与道德多有交叉，很多学者也将"伦理"与"道德"这两个概念互换使用。但在实际使用时，伦理与道德还是有区别的。①作为行为准则，伦理更具有客观性、外在性、社会性，道德更多地倾向于主观性、内在性、个体性。②作为基础的价值，伦理的核心是正当，道德的核心是善；伦理的本质是相处中的公平，道德的本质是完善的自由。③作为规范，伦理具有普遍性，道德具有特殊性；伦理具有双向性，可以相互要求，道德就其本质来说具有单向性，主要要求自己；伦理诉诸人们的共同意识或共识，道德诉诸个人的认知；伦理的约束依赖于人们公认的公平和正义感，道德的约束依赖于个人的良知。

概括来讲，伦理是每个个体道德中相互重叠的那部分，因此具有比道德更大的共同性、普遍性；而道德是个体倾向延伸的部分，因而更具有个体性、独特性。正如黑格尔所说，我们通常将伦理与社会联系起来，而将道德与个体联系起来，这样就有了"社会伦理"与"个体道德"这两个概念（李萍，2004）。

4. 与法律相关又有差异的伦理

伦理与法律间存在必然的联系。法律是由立法机关颁布的、强制人们执行的社会规范。伦理和法律都是一种社会规范，反映了人们对好的、正确行为的一种期待。伦理与法律有相似之处，法律常常是建立在伦理原则的基础上，许多法律的制定就是为了保证人们普遍公认的伦理原则不被破坏。那些认为伦理与法律无关的看法是不被认同的。

但法律与伦理又是有差异的。①伦理是模糊、不确定的，而法律相对而言，是清晰准确的。伦理通常是一种被模糊陈述的原则，但法律通常是通过具体的法律条文被清晰呈现的。②伦理原则一旦确定一般不会轻易改变；但法律条文被颁布后，可以通过其后颁布的新法律或新的司法解释来修正。③违反伦理和法律后的处罚手段不同。遵守伦理是自愿行为，只有通过道德上对价值的推崇来强化；而法律是通过国家强制力约束的，守法是义务，两者的强制力不同。

法律是底线，是具体的、最低的道德，它保护人类的基本伦理原则得以实现。在实际操作过程中，社会上也会出现某些行为违反伦理却是合法的现象，但必须注意的是，大多数情况下，违反基本伦理的行为，往往就是法律要制裁的行为。伦理是法律前的一道屏障，帮助人们尽可能地警醒自己的行为，免于法律的制裁。

道德、伦理和法律三者之中，伦理是联结其他两者的基础。当个体道德相互重叠、出现更多的共性和社会性时，伦理开始产生，为维护伦理的基本原则不被破坏，产生了具有国家强制力约束的法律。法律自身没有原则，法律是以道德和伦理为原则的，正义、平等、自由等并不是法律，而是道德与伦理，法律是为维护这些道德和伦理原则而存在的。黑格尔在《法哲学原理》中从自由意志出发，将法、道德、伦理看作自由的不同表现形式。他认为，在抽象法阶段，只有抽象形式的自由；在道德阶段，有了主观的自由；而伦理阶段是前两个环节的统一，意志自由得到了充分的实现。在他看来，伦理的阶段高于抽象法的阶段和道德阶段，伦理的东西高于法的东西和道德的东西，因为"无论法的东西和道德的东西都不能自为地实存，而必须以伦理的东西为其承担者和基础"（黑格尔，1962）。

道德、伦理和法律都是约束人类行为的规范与准则，人类在漫长的历史发展中不断地在价值共识的基础上，推动道德、伦理和法律的发展。这样，共识的准则成为一种维系，在资源稀缺、利益冲突不断的情况下，将来自不同文化、有不同需求的个体联结在一起，集结成群，结群成社会，在几千年的发展过程中相互合作而创造了灿烂的文明。

二　研究伦理问题的伦理学

伦理问题是一个非常复杂的问题，包括一系列人类价值、行为准则与实践。许多古希腊哲学家都曾探讨过伦理问题，但是，当时他们的伦理思想与政治思想及自然科学知识一起混杂在包罗万象的哲学中，还没有独立出来。公元 3 世纪，古希腊思想家亚里士多德对伦理问题进行了系统研究，并且将伦理学从哲学中分离出来，创立伦理学这一学科。亚里士多德之后，伦理学在西方作为一门独立的学科，日益发展起来。

1. 伦理学及其理论框架

伦理学是对人类道德生活进行系统思考和研究的学科，它试图从理论层面建构一种指导行为的规则体系，试图探索什么是善以及道德上正确的行为，强调事情应当怎样，期望回答"我们应该怎样处理此类处境"，"我们为什么又依据什么这样处理"（何怀宏，2002a）。在哲学领域，伦理学属于实践哲学。

伦理学对伦理的探讨，起于价值，终于行为，是一个将知识的抽象层次不断降低，从模糊到具体，包含信念、态度和行为的综合过程（见图 0 - 1）。

按照道德立场的不同，可将伦理学分为非规范伦理学和规范伦理学（见图 2），分别回答了伦理学的两大主要问题：①什么是道德判断的本性和方法论；②人们应该按照什么原则去行动。

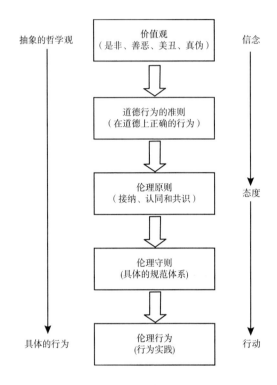

图 0-1 伦理的发展历程

资料来源：修改自 Abbott，1988。

　　非规范伦理学是关于伦理学事实上或概念上"是"什么，而不是"应当是"什么的研究。非规范伦理学分为元伦理学和描述伦理学。元伦理学是对伦理学中的术语或概念的意义分析，如对"善"、"正当"、"应该"等道德价值词语的分析和解释；描述伦理学是对合乎伦理的行为和信念的事实描述和解释，以科学的方法来研究人们如何进行道德推理和行为，如人们怎样从事实（"是然"）推出道德价值（"应然"）等。

　　规范伦理学是关于价值合理性问题的哲学研究，即人们应当接受哪些基本规范来指导和评价行为以及这样做的理由，它会问一些诸如此类的问题："对"与"错"的基本原则是什么？善与恶、正当与不正当、应该与不应该之间的界限与标准是什么？道德的价值是什么？该如何制定道德的规范？规范伦理学又分为普通规范伦理学和应用规范伦理学。普通规范伦理学研究人类行为的合理性原则，

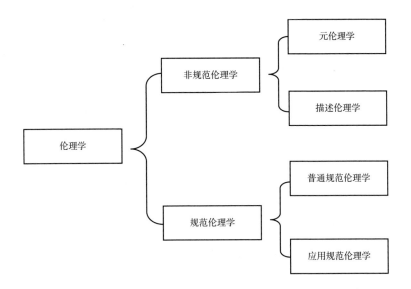

图 0 - 2　伦理学的理论框架

试图提出一些一般的准则规范人们的行为，并提供理由证明为什么要采用这样的规则；应用规范伦理学研究具体的道德问题，试图用关于道德的一般准则来解释和说明面对具体道德问题时应采取的正确立场与行为。

2. 规范伦理学

伦理学的理论表现有多种形式，其中规范伦理学与实务工作联系最为紧密，它注重理论科学和实践科学的结合，是整个伦理学体系的主体和核心。社会工作伦理属于伦理学中规范伦理学的范畴。

规范伦理学一直试图系统地提出确定正当与不正当、善与恶的普遍原则。在试图确立这些原则时，人们提出了许多伦理学问题，但是全部问题可被归纳为以下三个一般问题。①什么是正当的？什么是不正当的？②什么是应当谴责的？什么是值得赞扬的？③什么是值得欲求的？什么是有价值的（格沃斯，1991）？围绕这三个问题，规范伦理学形成了三种主要理论形式，即目的论、义务论和德性论（见图 0 - 3）。其中目的论和义务论是当代伦理学的主要理论，它们都重视道德义务和行为所应该遵守的原则，其理论的重点是"行为"，而德性论是另一种研究取向，它强调道德人格的优越性，因此，它关注的是"行为者"而不是"行为"（林火旺，2008）。

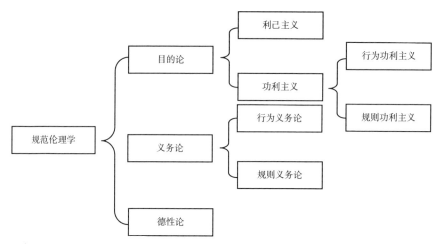

图 0 - 3　规范伦理学的理论框架

（1）目的论

目的论是一种以道德行为的目的性意义和可能产生的或已经产生的实质性价值作为道德评价标准的伦理学理论。目的论主张一种行为的对与错，完全取决于这种行为所产生的结果和所显现的目的。人的一切行为都是有目的的，都要达到某种结果，最终的直接或间接结果必须是产生了大量的善，更确切地说，是产生的善超过恶。由此可见，目的论的道德判断预设了"善"的概念，也就是说，必须先知道"什么样的状态和结果是好的"，才能决定什么样的行为是对的或正当的。例如，不小心伤了别人，我们会感到愧疚，因为我们知道没有人喜欢被伤害，如果受伤害对人类而言是一件好事，那么被我们伤害的人应该感谢我们才对。

根据目的论的主张，对"好"和"坏"的评价，必须先于"对"和"错"的判断，也就是说，判定一种行为结果或事物状态是否为善，不涉及这种行为是否对。如果一种行为的结果使他人受到伤害，不论这种行为是否正当，我们都可以判断这样的结果是不好的（林火旺，2008）。

目的论试图回答下面的问题。①什么是可以最大实现的善或价值？虽然对什么是善和恶有不同看法，但目的论确认一个事实，要根据能否使善最大限度地超过恶来确定什么是正当的；②什么是所主张的善的聚集点？即善是什么人或集团的善？尽最大的努力加以实现的善是为了谁的利益？（李萍，2004）

对第二个问题的回答又使目的论分化出利己主义和功利主义两种理论形式。

在伦理学中利己主义主要指的是每一个人都应该增进自己的利益或者有义务去做任何有利于自己的事。换句话说，除非事情最终对你有利，否则你没有任何道德理由去做仅有利于他人的事。伦理利己主义者并不是日常生活意义上的利己主义者或自私的人，伦理利己主义坚持每个人都应根据一种最能增进自己长远利益的标准进行判断和采取行动，他应做出仁慈、正直、诚实的行为，因为只有这样做对他才是最有利的。伦理利己主义者不认为所有损人利己的行为都是对的，因为有些损人利己的行为只是暂时对行为者有利，缺失长远利益，在常识中也被认为是不道德的行为。这一点也可从伦理利己主义的理论中得到合理的解释，这也是利己主义仍然是一种重要道德理论的原因。

功利主义则坚持最根本的目的是最普遍的善。行为如果是正当的，那么当且仅当对整个人类来说，它所促成的善至少超过恶。功利主义强调行为的道德正当性取决于其所处条件下能够达到的最大的善或好处。功利主义又分为行为功利主义和规则功利主义。

行为功利主义认为，正确的行为是该情境下具有最大利益的行为。一个人在判断某一行为是否正确时，应直接考虑它的全部后果。如果一种行为的直接后果或直接价值给相关人们带来的福利超过痛苦，那么这种行为就是正当的。行为功利主义认为，在一般情况下人们应该遵守规则，但规则不是一成不变的，如果在具体情况下，违背某条规则确实会增进最大多数人的利益，那么就应该毫不犹豫地违背这条规则。

规则功利主义认为，一个人在判断某一行为是否正确时，应根据某些已经得到证明的道德规则，而这些道德规则是否能得到证明，要看它是否带来最大的福利。通常，规则是根据人们普遍欲求的共识而制定出来的。道德规则的确立，排除了每个人在每种情况下都必须重新计算效果的问题。规则一旦确立，便在道德中占据核心地位，不能因为情况特殊而放弃，否则会危害道德的完整性。在规则功利主义看来，如果人人都以行为功利主义理论为指导，那么他们的结论很可能被偏见、激情、无知、粗心等引入歧途；在道德问题上仅凭个人当机立断而不加指导、不建立某种道德秩序将是愚蠢和危险的。

作为规范伦理学的一种理论形式，目的论常常被批判，这些批判主要集中在以下三个方面：①目的并不能证明手段。撒谎、欺骗、伤害等行为只要对人类的幸福产生有益的效果就被证明是正当的，这难以成立，因为仅仅对一部分效果的确信并不能证明它不会产生其他的后果，也不能证明这些其他后果是正当的；②要全面地确定我们的行为可能产生的后果，这或者不可能，或者因其过程太长而难以实现，我们或许可以确定我们行为的直接后果，但我们很难确切地知道我们的行为长远影响和后果；③由于个体行为常常与人的主观愿望和需求联系在一起，因此，目的论常常会走向道德相对主义（李萍，2004）。

（2）义务论

义务论认为，人们行为或行为准则的正当性并不是由行为的功利后果或期望的功利后果决定，而是由它自身所固有的和内在价值决定。义务论认为，某一行为的善恶性质或对该行为正当与否的判断，不取决于该行为是否带来或可能带来怎样的实质性效果，而取决于该行为是否符合某一相应的普遍道德规则，是否体现了一种绝对的义务性质。目的论的特点是以"善"来定义"对"，而义务论则根据行为本身的特质来决定行为是否正当。义务论所确定的终极义务原则或道德标准有：绝对律令、理性、直觉、人的尊严、社会契约等。

义务论又分为行为义务论和规则义务论。

行为义务论认为，在任何既定情况下，个人无须借助规则而可以直接领悟到什么是应该做的，即凭个人的直觉和良心可以判断行为的对与错。例如，你将从图书馆借来的书根据自己的需要进行标注，有些好的章节还撕下来留存，仅凭直觉你就知道这样的行为是不正确的。

规则义务论认为，各类行为之所以是正确的或错误的，是因为它们符合或违背了一项或多项原则或规则，如"不能撒谎"、"不能伤害他人"、"要信守诺言"等。规则义务论强调人类的行为不遵守规则是不行的，在进行道德选择、判断和推理时，人们都在不自觉地依此进行道德行为的判断。如果没有这些规则，人们将无法对他人的行为产生期待。

作为规范伦理学的一种理论形式，义务论也常常被批判，这些批判主要集中在以下两个方面：①义务论相信道德规则能够充当道德判断的终极依据，但是我们没有充足的理由证明某一道德规则充分合理，而任何一条道德规则也无法被普遍应用于所有的道德实践；②没有实质性的价值作为动力、没有客观效果作为验证，道德义务就不可能获得并保持它对人们行为持久有效的规范力量，相互冲突的规则、不断出现的例外规则导致的最终结果就是规则失去了道德判断的力量。

（3）德性伦

德性论是指以个人内在德性的完成或完善为基本价值尺度或评价标准的伦理学理论。目的论和义务论的判断基于行为，德性论的判断基于品质。目的论和义务论在讨论人类行为的善恶时将注意力集中在行为和原则的善恶上，而不重视那些具有动机的、遵循原则的行动者。德性论认为，人类普遍认可的品质包括善良、宽容、谦虚、忠诚、友爱、仁慈、真诚、坚韧、勇敢、果断、节制、热情、诚实、感恩、自重、尊重他人、平等待人、值得信赖等。判断一个行动者的道德价值如何，不仅要看他是否履行了义务或他的行为是否产生了善的效果，还要看他是否具有这些品质。

在德性论者看来，尽义务并不必然地表明一个人具有美德，尽义务的人可能蔑视义务，并很不情愿地履行这一义务。因此，不仅要通过考察人们的行为来评估他们的道德价值和善性，还要考察他们的德性。显然，善人有时也作恶，恶人有时也为善。目的论和义务论解决了我们应该做什么和怎样做的问题，但是没有解决我们应该成为什么样的人的问题。因此，德性论告诉我们，应该对人的美德和品质加以密切关注。

作为规范伦理学的一种理论形式，德性论也常常被批判，这些批判主要集中在以下三个方面：①德性论没有提及责任和权利问题，伦理学如果撇开责任和权利是荒谬的；②分析行为的道德性质仅仅根据对人品质的评价，显然是不充分的，一个有美德和良好品质的人，并不代表他的行为就是正当的，一种错误的行为常常可能包含诸多道德元素；③伦理学的重要任务不仅仅是造就大量品质高尚的人，同时还要解决生活中的基本问题，促使人们相互合作，完成有意义的社会实践（李萍，2004）。

规范伦理学旨在探索伦理行为有效性的基础或理由，即探索何为正当以及怎样做才正当，是对伦理道德原则的客观基础或何种道德理由才被视为充分理由的探讨。对社会工作者来说，需要开展专业服务、面对各种伦理问题和伦理困境，这样的探讨是一种理论指引，以指导专业实践，帮助其做出更好的行为选择。

对社会工作伦理的所有探讨，都离不开伦理学的概念体系和知识框架，本书也将以伦理学发展脉络为基础展开讨论。这也清晰地表明，社会工作的发展和整个人类社会的发展是紧密相联的，社会工作伦理的发展不可能超越社会价值观和社会伦理的发展，在伦理学指导下的社会工作伦理探讨是理论指引下的科学实践，也是人类知识不断累积的结果。

第二节　作为专业伦理的社会工作伦理

伦理规范了人与人之间的相互关系，明确了一个人对另一个人所承担的义务，这些义务是基于两个人之间的特定关系，或基于其中一方自愿接受的特定角色。当你自愿选择成为一名社会工作者时，你就与你的案主①形成了一种特定的关系，你因此具有了特殊的义务，应实施在专业伦理范围内被认为是正当的或对的行为。

一　专业伦理

社会伦理的形成和发展与社会的性质、人们的生活方式密切相关，并随着社会的变化而变化，呈现社会中人与人、人与群体、人与社会组织、人与社区的关系及其间的各种互动准则（冯俊，1994）。

在传统农业社会，人与人之间的关系相对固定，人一生中扮演的社会角色十分有限，世代间这些社会关系和社会角色一再循环重复而少有变化，因此，规范人与人之间行为的社会伦理也相对单一，社会的一般价值足以对人与人之间的关系加以规范。但随着社会的发展，社会分工越来越精细，人们承担的社会角色越来越多，社会的价值也越来越多元，用一种单一的伦理规范人与人之间的行为也就越来越困难。而各种专业角色的出现，使用一般伦理来规范各种专业关系变得不现实，专业伦理应运而生，逐渐成为现代社会伦理中一个基本的组成部分。

专业伦理是指某一专业领域的从业人员通过其团体的磋商达成共识，以集体自律的方式订立专业守则或会员公约，要求全体成员共同遵守的行为规范。专业团体由国家立法赋予相当的自主性、认证权及对会员的制裁权。在专业化与多元化的社会中，各种专业团体是社会的重要组成部分，也是个人与国家之间的桥梁。

专业伦理有三种功能：①规范该专业领域从业人员的言行；②使从业人员在完成工作时依据专业伦理而维护专业原则和专业权威；③提供一种标准，评判从业人员的专业行为有无不当或欠缺。

---

① 在社会工作实务中，案主是指社会工作者服务的对象，其他书中有时也将案主称为服务对象，在本书中我们统一称为案主。

　　专业伦理与一般的社会伦理多有重合，没有哪个专业会让自己的专业伦理与一般的社会伦理发生重大冲突。如果一个专业在设置专业伦理时没有考虑一般的社会伦理，就会面临整个社会的排斥，该专业的专业权威也很难建立起来。

　　但尽管如此，专业伦理与一般的社会伦理还是有所不同。①专业伦理是对人们之间特殊关系的规范，是该专业领域从业人员的集体自律，体现了该专业领域从业人员的共同意志，有其特殊性。比如，无论是一般的社会伦理还是专业伦理都强调平等原则，但专业伦理通常又认为案主的利益高于其他人的利益；再比如，在一般社会伦理中，对他人隐私的关注是被认为不恰当的，但在专业伦理中这是工作中所要获取的必要信息。②一般的社会伦理以个人德性为中心，专业伦理以责任为中心。一般的社会伦理是通过社会道德来约束的，但专业伦理是由专业组织讨论通过，形成专业守则，用专业制裁的方式强制执行的，甚至有的学者指出在专业领域中，专业伦理守则对其成员的约束力远大于法律对个人的约束，且更加直接（徐震、李明政，2002）。

二　社会工作伦理

　　社会工作伦理起源于社会工作专业服务中助人关系的特殊性质。案主求助时一般要依赖社会工作者的专业知识和技能，自身常常无法判断服务的质量，还要把自己的一些隐私和伤痛坦露给社会工作者，这就给社会工作者带来一些特殊的道德义务，如，把案主的利益放在首位，采取相应的行动获得案主的信任，等等。因此，自社会工作专业创立以来，伦理问题一直是理论界和实务界孜孜以求的问题。

　　1979 年美国《社会工作百科全书》指出，社会工作伦理是社会工作依据其哲学信念与价值取向发展而来的一套伦理实施原则，以作为引导与限制助人活动或行为的依据。

　　社会工作伦理规范了社会工作者在助人关系中对案主、同事、机构、专业、社会的义务与责任，它的基本内涵包括：①对产生社会工作伦理的社会工作核心价值的阐释；②对社会工作伦理行为标准的制定与实施；③对在特殊情境下或尚未制度化的工作中，社会工作伦理的困境及选择的探索；④对违反社会工作伦理不当行为的警醒与处置。

　　在探索社会工作伦理的过程中，伦理标准被分为两个层面：一是"完全义务"，即社会工作者以案主的利益为优先，不得欺骗案主，不得伤害案主的利益，违反此种义务即违反伦理；二是"不完全义务"，即要求社会工作者应依据专业的知识与判断，结合工作的环境与条件尽心尽力为案主服务，但不能达成此种"不完全义务"时，只属于一种工作上的不完美（黄光国，1998）。一般而言，"完全义务"是法律层面的标准，是有所不为；而"不完全义务"是道德层面的高标准，是有所为，反映了助人专业的理念。

社会工作伦理使社会工作有了自身的特性，这种特性是区别于其他学科的重要标志，在某种意义上，也确保了社会工作专业使命的完成（范燕宁，2004）。

三 社会工作伦理的特性

社会工作伦理作为专业伦理，有其他助人专业伦理都有的共性特征。

（1）是一种规范伦理。社会工作伦理属于伦理学中应用规范伦理学的范畴，强调理论与实践的结合，通过论证专业价值，制定专业规范，以指导和约束人们的专业实践（黄建中，1998）。

（2）是一种以义务为中心的伦理。作为一种以助人为目的的行业，有别于其他以营利为目的的行业，社会工作伦理强调的是一种助人者和受助者间的特殊关系，这种关系相对固定，以义务为中心。

（3）是一种集体自律。社会工作伦理是共同体所有成员共同意志的表现，对该共同体而言是一种集体自律，要求该共同体所有成员共同遵守；对社会成员而言，是一种集体他律，一旦违背会受到该共同体的排斥与制裁。

除了具有所有助人专业伦理的共性特征外，社会工作伦理相对于其他助人专业伦理而言，又有独特性，其独特性表现在以下三个方面。

（1）多元角色介入。不像律师和医生，在助人过程中角色单一，与当事人、病人讨论问题清晰明确，问题不外乎法律和健康方面。社会工作者在实务过程中的角色复杂，可能是治疗师，可能是资源联结者，还可能是信息的沟通者、政策倡导者，与案主讨论问题涉及个人、家庭、社区、生理、心理、社会各方面。角色的复杂和与案主讨论问题的复杂性，决定了社会工作伦理议题的复杂性。

（2）多元价值涉入。伦理源于价值，现代社会价值越来越多元化。社会工作实务系统涉及五种形态的价值：社会价值、意识形态价值、专业价值、社会工作者个人价值和案主个人价值。这五种价值有可能同时出现在专业服务中，使社会工作者处于多种价值的冲突之中。价值的多元涉入，加剧了社会工作伦理的困境。

（3）多元利益冲突。社会工作在服务中强调案主利益优先，但同时社会工作者又受雇于社会服务机构，而机构的服务又多受限于社会政策、社会制度以及服务的购买方，必然面临制度化和科层化的多重限制，在各种利益冲突下，时常会陷入"忠于谁"的冲突，从而使社会工作伦理选择更为艰难。

因此，社会工作伦理既建立在价值多元基础之上，又受限于助人方法，相较于其他助人专业伦理更为复杂，对实务的开展而言也就显得更为重要。

四　社会工作伦理对社会工作发展的意义

1957 年，格林伍德（E. Greenwood）在全美社会工作者协会会刊《社会工作》杂志上发表了《专业的特质》一文，提出作为一门专业应具备五个衡量标准：①有一个理论体系；②专业的权威；③共同信守的伦理守则；④社会或社区的认可；⑤专业的文化（Green wood，1957）。在他提出的五个衡量标准中，其中第三条标准就是是否有"共同信守的伦理守则"，由此可见伦理对社会工作专业的形成意义重大。

1. 社会工作伦理是其专业使命实现的前提条件

社会工作的专业使命在于协助个体更好地适应环境、增进人类的福祉，社会工作者通过专业服务完成专业使命。那么，什么样的服务是好的？如何有效地提供服务？这些是首先需要考虑的问题。这些问题涉及价值偏好，与伦理相关。确定怎样的社会工作专业价值，又如何把专业价值转化为专业实践活动以完成专业使命，是社会工作发展的重要前提。

2. 社会工作伦理是专业角色界定和专业职责厘清的重要基础

社会工作的专业使命依赖具体的专业服务去实现，在提供专业服务的过程中，社会工作者需要清晰地界定自己的角色及职责。一方面，社会工作服务涉及社会工作者与案主、案主系统中的其他人、其他服务提供者、机构、政府之间的关系，关系众多，情境复杂，究竟应忠于谁？专业的角色是什么？另一方面，社会工作的服务领域广泛，在具体服务中专业服务、行政性行为、商业行为、一般的人类行为之间的界限是什么？社会工作者的职责是什么？哪些可以做？哪些并不在职责范围内？如何界定？这些重要议题都涉及伦理思考，以帮助社会工作者清晰地界定专业角色及专业职责，也使专业之外的人对专业行为形成明确的专业期待。

3. 社会工作伦理是提高服务成效的重要保障

在专业使命、专业角色和专业职责都已清晰的情况下，接下来具体社会工作服务的提供是关键，而社会工作服务的提供依赖的是社会工作者的服务能力。这种服务能力是在伦理指引下对知识和技术的恰当运用。没有敏锐的伦理意识、陷入伦理困境无从选择，甚至违反伦理而滥用权力，不但无法保护案主的权益，还可能对案主造成伤害，严重影响服务的成效。社会工作伦理制定了明确的准则，保障专业行为的正当性，提升专业服务的成效。

4. 社会工作伦理是保护从业人员的重要依据

社会工作伦理规范了从业人员的专业行为，从业人员在此基础上所做出的行为，会获得该专业共同体的接纳、认同与支持，受到专业共同体的保护；而违反了该伦理基本原则的行为会受到专业共同体的排斥，甚至法律的制裁，这无疑令从业人员的行为有了明确的指引，也明确了在专业伦理范围内的行为是被保护的，从而保护了专业领域从业人员的利益。

社会工作伦理是社会工作专业的重要组成部分。社会工作中几乎所有的实践工作都涉及伦理原则，或者是建立在伦理原则的基础之上，伦理方面的内容融入了所有阶段的社会工作教育与实务中。

第一章　社会工作伦理的发展历程

> 我相信这样说是公平的：社会工作者对伦理问题理解的增进，以及伦理在社会工作历史上最富戏剧性的理性发展过程中的地位，可以和社会生态学观点，多元文化观点对社会工作产生的影响相提并论。
>
> ——Reamer，2001a

过去的 100 多年，是社会工作不断专业化的百年，也是社会工作伦理伴随着社会工作的发展不断演进的百年。这 100 多年，是社会工作伦理知识和实务不断走向成熟的百年：社会工作伦理从单纯关注案主的价值观、道德观转变为实践层面伦理守则的制定，再到近年来，发展出丰富的理论体系和实务模式，以帮助从业者识别、评估和应对复杂的伦理问题。追溯专业历史的发展历程，会令我们更清晰地寻找到专业发展的脉络，并从中领悟专业成长的内涵与魅力。

第一节　西方社会工作伦理的发展历程

西方社会工作伦理的发展有清晰的脉络，每个时期都展现了社会工作价值与伦理顺应专业和社会发展所做的适应性调整。这里我们主要以美国社会工作伦理的发展历程为例，展现社会工作伦理发展的基本脉络。美国社会工作伦理的发展大体上可分为四个时期：酝酿期、知识和经验的累积期、伦理困境和抉择的探讨期、伦理标准的进一步讨论及风险管理期（Reamer，1998）。

一　酝酿期

社会工作伦理的酝酿期，也称道德期，始于 19 世纪末，到 20 世纪 20 年代止。

19世纪末，在社会工作初创期，从业者主要关注的是有组织的救济和应对"被贫困诅咒的穷人"，提供服务时强调案主道德优先原则，通常采取家长式作风以加强穷人的道德观（Reamer，1998）。那时，社会工作者认为案主出现问题应归因于他们自身的无能、无知以及不良的生活习惯，是他们违背了道德上自我完善要求的结果。

到20世纪初，因对"人在情境中"理论的了解和关注，社会工作开始更多地关注问题背后的原因，将问题放到环境中考虑，注意力转向了个人与环境的互动，尤其强调社会工作者在促进社会正义和社会变革中的伦理义务，主张给那些曾屈服于"无能"和"任性"习惯的人带来更多的公正（Reamer，1998）。此时的社会工作者，虽然也关心"个案"，但更关心个案背后的"原因"，不断推动社会改革，旨在解决与贫困、住房不足、医疗保障缺乏、精神病、酗酒和暴力有关的问题背后的环境因素。当时，对一些社会工作关注的核心价值，如尊重、独特性、个人价值、自我决定权、平等、正义等都有所讨论（Reamer，1998），但对从业者的认知和行为是否合乎道德并不十分关注。

总体来讲，这一阶段伦理问题被关注但并没有引起足够的重视，社会工作更加关注培训和本土化的社会工作方法的创立，希望找到与类似专业（如心理学和精神病学）相区分的途径。

二　知识和经验的累积期

第二个时期，又称价值观的探索期，20世纪20~60年代，是社会工作伦理知识和经验的累积期。

20世纪早期，人们尝试通过更多的努力去探索社会工作伦理。如在1919年研究者就有起草专业伦理准则的尝试；此外，有证据表明，至少有些社会工作院校在20世纪20年代开始开设价值和伦理方面的课程；当时的学者富莱克斯勒（Flexner）认为，一门成熟的专业应具有明确清晰、以价值为基础的专业伦理，这个主张一出现就备受推崇（Reamer，1998）。

到了20世纪40年代后期和50年代早期，社会工作对专业道德层面的关注发生了改变。那些早期关注案主道德优先的社会工作者，开始将注意力转移到价值、专业伦理以及从业者身上。

20世纪60年代，伴随着美国向贫困宣战和民权运动的开展，社会工作者非常重视社会正义、社会变革和公民权利问题。与此相适应，社会工作也开始持久地关注与价值密切相关的人权、平等权、反歧视和反压迫等问题。

这一时期社会工作伦理发展的突出标志体现在以下三个方面。

（1）对社会工作核心价值观讨论和批判的激增。讨论和批判的内容包括专业使命和核心价值观，如案主自决、增权、个人价值观与尊严、社会正义、服务他人、专业能力、职业尊严、提供个人发展潜能的机会、寻找资源以满足个体需求、案主隐私和保密、不歧视、机会平等、尊重多样性等。在讨论和批判的过程中，社会工作者也开始审视和澄清他们个人的价值观，并在其中寻找社会工作者的个人价值观与那些生活在贫困、种族歧视、社会排斥、公民抗争、药物滥用环境中的人之间的关联性，对社会工作实务的发展产生了深远的影响。

（2）大量重要的社会工作伦理研究成果出版。一些社会工作期刊开始刊载有关价值和伦理的开创性文章，一些重要的伦理著作也开始陆续出现。1959 年墨菲出版了里程碑式的著作《价值和伦理教育》（Pumphrey，1959）。此后，《伦理与社会工作者》（Emmet，1962）、《个案工作中的社会和道德理论》（Plant，1970）、《社会工作伦理的历史发展》（Levy，1972）、《社会工作价值基础》（Levy，1973）、《社会工作中的自决》（McDermott，1975）等著作相继出现，产生了重要影响。

（3）社会工作伦理守则问世。1947 年，在大量研究的基础上，美国社会工作者协会开始起草伦理守则，1960 年该组织正式通过了第一个伦理守则。1960年的伦理守则通过一系列简单的第一人称陈述（例如我会将专业置于个人利益之上、我尊重我所服务案主的隐私等），叙述了一些重要的伦理议题，如：社会工作者应将专业职责置于个人利益之上，尊重案主的隐私，在突发公共事件中提供一定的专业服务，为人类福利事业贡献知识、提供支持，等等。

在上述三个突出标志的基础上，这一时期学者们就社会工作核心价值观提出了很多有见地的观点，如墨菲提出了最早的但影响深远的社会工作核心价值分类，他把核心价值分成三类：①强调与社会文化价值观之间关系的专业价值观，重点关注社会工作使命，以及和更广泛的文化价值观的协调一致，如关于社会正义、社会改变、满足基本需求等；②应对社会工作自身专业发展的价值观，包括向专业人员解释专业价值、鼓励其行为符合专业伦理等；③强调社会工作者与特殊团体或个人关系的价值，包括理解和回应案主的价值观，面对不同的价值之间存在的可能冲突，等等（Pumphrey，1959）。

除了墨菲，戈登（Gordon）也从实践的角度，主张六个基本价值概念构成了社会工作实践的基本观点：①个人角色；②个体间相互依赖；③个体对另一个个体的社会责任；④个体的共同需求和独特性；⑤社会行动和社会责任的重要性；⑥消除障碍实现自我的社会义务（高登，1962，转引自王思斌，2006）。

列维（Levy）也提出了一个重要的社会工作价值模型：①"人类优先"，如人类有内在的价值和尊严、有能力做出建设性改变；②"结果优先"，如社会有为人的成长与发展提供机会的义务，提供资源和服务以满足人们的需求以及避免诸如饥饿、住房不足、教育不足、歧视等问题，提供平等的机会以参与社会；③"回应人们的手段优先"，如人们应有尊严地被对待、有权利自决、参与社会行动并认识到自我的独特性（Levy，1976a）。

伴随着对社会工作价值的充分讨论和社会工作相关伦理知识的积累，在核心价值上达成基本共识的基础上，社会工作伦理向前迈了一大步。

三　伦理困境和抉择的探讨期

20世纪70年代至20世纪末，是社会工作伦理困境及抉择的探讨期。

受20世纪70年代伦理学领域规范伦理学的发展以及专业伦理出现的影响，美国社会工作学者开始引用道德哲学的概念与理论，以及相关的应用性和专业性伦理知识来探讨社会工作的伦理议题与困境，出现了许多研究论文、著作。

应用性和专业性伦理是伴随着医疗伦理的发展而发展起来的，旨在有意识、规则性地尝试运用伦理原则、道德哲学理论、伦理决策策略应对真实的伦理挑战和伦理困境，伦理发展因此开始摆脱抽象和复杂的伦理术语，而专注于伦理实践和直接伦理问题的解决。

这一时期，社会工作伦理发展的主要特点如下。

（1）明确道德哲学、伦理理论与分析和解决伦理问题之间的相关性。学者们开始利用道德哲学的概念、理论来探索相关伦理问题，并在两者之间寻找关联性，特别强调对社会工作实践中伦理困境的研究。如：直接服务中的伦理困境（保密与真诚不欺骗、案主自决与专业家长作风等）；项目设计和机构管理的伦理困境（遵守机构规则与社会政策的冲突、如何分配有限资源等）；同事间相互关系中的伦理困境（是否要报告同事的不道德或损害案主利益的行为）；等等。这一时期，出版了一系列颇有影响的研究专著，如《社会服务中的伦理困境》

（Reamer，1982）、《社会工作实务的伦理抉择》（Dolgoff、Loewenberg & Harrington，1982）、《社会工作实务中的伦理困境》（Rhodes，1986），这些著作明确了伦理学、伦理理论对解决社会工作伦理议题的重要意义。

（2）探讨社会工作实务中的伦理抉择策略。通过研究，制定社会工作者在伦理困境抉择中可以遵循的基本策略、步骤和注意事项，以提升社会工作者伦理抉择的能力。尤其是20世纪80年代以来，学者们通过大量的研究，提出了社会工作者面对伦理困境时的抉择策略模式，如：费瑞尔和格瑞西姆（Ferrell and Gresham，1985）提出的伦理决策应急框架；杜宾斯基和洛肯（Dubinsky and Loken，1989）以理性行为为基础的伦理决策模式；格瑞西姆和弗瑞德瑞赤（Gresham and Fraedrich，1989）提出的伦理决策的五步整合模式；瑞斯特（Rest，1986）提出的个体伦理决定和行为四步模式；柯瑞和卡拉南（Corey and Callanan，2001）的八步伦理决策模式；约瑟夫（Joseph，1985）情境两难决策模式；等等，对社会工作伦理抉择具有重要的借鉴意义。

四　伦理标准的进一步讨论及风险管理期

从20世纪末至今，是进一步讨论伦理标准及风险管理期。

在社会工作的服务领域不断拓展及案主越来越倾向于诉诸法律来解决涉及职业伦理的渎职、失职行为问题（多戈夫等，2008）的情况下，对社会工作伦理标准的讨论进一步增多，针对违反伦理原则的惩罚及预防伦理诉讼的研究不断加深，大量有关专业伦理研究的学术成果被出版/发表，产生了重大影响，专业协会也开始提供有关伦理风险管理的教育与培训课程，使社会工作者在面对伦理选择时更加谨慎，更加关注案主的权益。

这一时期，社会工作伦理发展的特征主要体现在以下三个方面。

（1）对一些新的伦理议题的讨论。随着新的社会问题不断出现以及社会工作伦理研究不断拓展，人们普遍认识到专业伦理需要关注更多的伦理议题。这些伦理议题不仅是社会工作者在直接服务中涉及的，还应包括在机构管理、督导、研究和评估、教育等中涉及的，如关于督导伦理、研究伦理、组织中的伦理、双重或多重关系以及相关边界问题、保密性和第三方保护、特权通信、社会工作优先权等伦理议题。

（2）《美国社会工作者协会伦理守则》不断修订和完善。在1960年伦理守则的基础上，1967 年，保证不歧视原则被加入守则中。1977 年基于对伦理专业性和实用性的日益关注，美国社会工作者协会（NASW）成立了修订委员会以修订伦理守则。1979 年美国社会工作者协会颁布了一个新守则，这个守则要比1960 年伦理守则更完整，包括近 80 条伦理准则，分成 6 个主要部分，描述了伦理守则的一般原则和增强专业伦理实践性的各具体准则，涉及社会工作者对案主、同事、雇主、组织、专业和社会的责任。

1979 年的《美国社会工作者协会伦理守则》后来又被修订过两次。1990年，一些涉及案主诱惑和利益的原则被修订。1993 年再次对该伦理守则进行了修订，美国社会工作者协会代表大会通过投票添加了 5 条新原则，涉及社会工作者的自损行为，以及社会工作者和案主的双重或多重关系问题。但也是在这次大会上，人们意识到随着伦理相关知识的迅速增长和专业的发展，"修修补补"不是长久之计，需要对伦理守则进行重大修订，需要一个全新的伦理准则以适应变化。

此后，在大量调查研究和广泛征求意见的基础上，1996 年通过了一个全新的伦理守则，这是迄今为止最全面的伦理守则，反映了社会工作伦理最新的发展状态，具有里程碑意义。

1996 年《美国社会工作者协会伦理守则》包括被正式认可的使命陈述和核心价值观的明确总结。修订委员会强烈意识到专业伦理守则应该包括对社会道德目标强有力的声明、对专业历史使命的认同和现当代关注。1996 年伦理守则强调了社会工作持久的承诺：增进福祉和帮助人们满足基本需求，特别要关注弱势的、被压迫的、生活贫困的人的需求及其能力的提升，推进社会正义和社会改变，并以案主们的利益为首要目标。除了对社会工作使命的庄严承诺外，该守则尤为明显的特色是澄清了社会工作的六大核心价值观：服务、社会公正、人的尊严和价值、人际关系的重要性、诚信、能力。这是修订委员会在系统而全面的文献回顾的基础上定下来的核心价值观。

1996 年《美国社会工作者协会伦理守则》大大增加了伦理守则中伦理准则的条款，再一次反映了专业知识的增长，通过 155 个具体、详细的伦理准则来规范社会工作者的行为，减少了不当行为、降低了责任风险，并提供了基本依据。①通常什么被认为是"错误"的。例如，在公共场合提到案主姓名，在向第三方披露敏感信息时忘记更改案主的信息，或者忽视一项重要的有关服务终止的机构政策，等等。②社会工作者在面对某些伦理困境时，对合理争论的支持或反对的行为过程。例如，决定是否披露隐私以保护第三方，如何分配有限的资源，是否设置工作警戒线，是否遵守不够公正的法律或规则，当案主采取自损行为时是否介入，等等。③可能存在的伦理不当行为，例如，对案主的性利用，有意歪曲和欺诈，等等。

（3）对伦理风险管理的讨论。随着伦理问题越来越复杂，案主越来越倾向于诉诸法律来解决涉及职业伦理的渎职、失职行为问题，理论界和实务界在不断探讨如何进行必要的风险核查与管理。首先是通过核查预防风险；其次，当社会工作者遭遇伦理抉择挑战和风险时，可以寻求必要的资源面对这些挑战和风险，并鼓励社会工作者在恰当的时候从机构，社会工作伦理委员会，其他监督机构，知识渊博的同事、督导、法律顾问处获得伦理咨询和必要的支持。最后，对社会工作者个人问题如何制度化进行了讨论（见表1-1），并达成共识：案主的利益优先考虑，在案主利益优先的原则下考虑保护社会工作机构和社会工作职业的声誉，对社会工作者本人也应予以保护与关怀。

表1-1　对社会工作者个人问题如何制度化进行的讨论

1979 年	NASW 第一次意识到社会工作者的个人问题。当时 NASW 发出声明，关心酒精中毒与酗酒的社会工作者的个人问题
1980 年	社会工作者之间相互帮助的全国支持性团体正式成立，去帮助有药物依赖的社会工作者
1982 年	NASW 成立职业社会工作专案小组（Occupational Social Work Task Force），发展一套策略去帮助有个人问题的成员
1984 年	NASW 会员代表大会发布了一套有关从业人员个人问题的解决办法
1987 年	NASW 出版了《社会工作者个人资源手册》，帮助成员设计方案以帮助有个人问题的社会工作者
1992 年	NASW 成立了"伦理守则审查专案小组"（Code of Ethics Review Task Force），计划增加有关解决社会工作者个人问题方面的伦理准则

社会工作伦理的发展是一个随着社会的发展而不断发展的过程，也是一个针对社会工作核心价值不断达成共识的过程，更是一个社会工作伦理知识与经验不断累积的过程，而社会工作伦理的发展从根本上改变了从业人员教育与训练的方式，社会工作伦理知识成为社会工作者必须拥有的基础知识，社会工作伦理抉择能力的训练成为社会工作教育与培训的重要内容。

第二节　中国大陆及港台地区社会工作伦理的发展历程

中国社会工作在新中国成立前就已存在，新中国成立后因故取消，到 20 世纪 80 年代末 90 年代初恢复，至今已有 30 多年的发展历史，这 30 多年无疑是大陆社会工作迅速发展的时期。大陆社会工作界虽然达成共识，认为社会工作是一门集伦理、知识与技术于一体的专业，但对社会工作伦理重要性的认识远远不足，在具体实务中对伦理的关注也远远不够。时至今日，当社会工作的核心价值逐渐明确、社会工作伦理知识与经验有了进一步积累时，社会工作伦理守则的制定急需被提上议程。

一　大陆社会工作伦理的发展

虽然大陆社会工作重新恢复和发展只有 30 多年的时间，但关于社会工作伦理的重要性，学界是基本达成共识的。学者们认为专业价值是社会工作的灵魂和生命线，是其立足之本（徐道稳，2002；皮湘林，2009），社会工作在本质上是一种道德实践活动、一种与价值相关的社会行动（何国梁、王思斌，2000），社会工作伦理贯穿社会工作教育与实践的始终（赵芳，2012）。

近年来，价值观的本土化问题成为研究热点，很多学者做过深入的研究。在理论研究上，社会工作伦理的理论研究论题主要包括道德哲学层次的反思、价值层面的探究、实务层面的伦理难题及抉择以及社会治理和全球化背景下的社会工作伦理发展的研究（皮湘林，2009）。有学者指出，无论是从传统文化还是从当代中国社会的价值导向来看，社会工作价值观与中国社会都有很强的契合性（卫小将、李建权，2007；黄耀明，2006；刘华丽，2007；王春霞，2010；黄春梅，2007；刘威、周娟，2006；蒋祎娜，2010；徐亚丽，2011）。杨冰倩通过自制社会工作价值量表对上海高校社会工作专业学生和从业人员进行测量的结果也证实，中国大陆社会工作专业学生与从业人员对专业价值的认同和西方社会相比要弱一些，但认同度仍然很高（杨冰倩，2015）。

除了学者的研究，大陆社会工作伦理的发展还与政府、行业协会的推动紧密相联。

（1）政府层面。2012 年 12 月 28 日，民政部发布《社会工作者职业道德指引》（以下简称《道德指引》），旨在推动社会工作者职业道德建设，引导社会工作者积极践行专业价值理念、规范专业行为、履行专业职责。《道德指引》共 7章 24 条，从案主、同事、机构、专业能力、社会责任等多个方面对社会工作者的职业道德做出了要求，包括尊重案主，全心全意服务；信任支持同事，促进共同成长；践行专业使命，促进机构发展；提升专业能力，维护专业形象；勇担社会责任，增进社会福祉；等等。

（2）行业协会层面。全国行业协会层面，1997 年，中国社会工作者协会制定了第一部专业守则《全国社会工作者协会社会工作者守则》，从职业道德、专业修养、工作规范三个方面对社会工作者进行了规范；地方行业协会层面，部分省、自治区、直辖市陆续出现了一些职业工作守则。2004 年，上海市社会工作者协会颁布了《上海注册社会工作者守则》；2009 年，深圳市社会工作者协会颁布了《深圳市社会工作者守则》；2015 年，北京市社会工作者协会颁布了《北京社会工作者职业道德守则》。

对于民政部的《道德指引》，国内有学者指出，与其说这是一部社会工作伦理守则，不如说是相关政府机关、事业单位、民间机构与专业团体的工作指南，政策性过强，且只有 7 章 24 条，作为实践准则，很难协助社会工作者解决现实服务中遇到的具体问题。其中的价值阐述较为概括，指出社会工作者应"践行社会主义核心价值观，遵循以人为本、助人自助专业理念"，更多地渗透着政治理念（沈黎、吕静淑，2014）。行业协会和地方的工作守则、道德守则也有同样的问题，缺乏对社会工作伦理议题的深刻讨论，规范或过于笼统，缺乏细则，很难指导具体的实践；或照搬美英或我国港台地区的伦理守则，缺乏明确的本土化指引。

二　港台地区社会工作伦理的发展

相比大陆，香港、台湾地区的社会工作伦理伴随着社会工作的发展已经逐渐走向成熟。在价值共识的基础上，香港和台湾地区都先后颁布了社会工作守则和伦理守则，就具体的伦理标准、专业责任、风险管理不断达成共识。

1997 年，香港立法局通过了《社会工作者注册条例》，开始正式实行社会工作者注册制度。1998 年，香港成立了有社会福利署代表和注册社社工代表的社会工作者注册局，制定并颁布了《香港社会工作者注册局工作守则》、《纪律程序》、《评核准则及认可学历》等，使社会工作者注册局监管社会工作者的专业行为有法可依。《香港社会工作者注册局工作守则》梳理了七条社会工作基本价值观：协助有需要的人士及致力于处理社会问题、尊重个人价值和尊严、相信人的潜能、维护人权和促进社会公义、相信任何社会都应为其公民谋取最大的福祉、社会工作者有责任提升自我、认同人际关系的重要性。2004 年，社会工作者注册局修订了《香港社会工作者注册局工作守则》和《社会工作者工作守则实务指引》，于 2010 年正式生效。

2006 年，"社会工作师公会全国联合会"会员代表大会通过了《社会工作伦理守则》。台湾《社会工作伦理守则》阐明了社会工作的核心价值是"以人性尊严为核心价值，努力促使案主免于贫穷、恐惧、不安，维护案主基本生存，保障其享有尊严的生活"，并依此推演出社会工作伦理原则：尊重、关怀、正义、坚毅、廉洁、守法、专业。2007 年，台湾颁布了《社会工作师法》，规定社会工作师的行为必须遵守《社会工作伦理守则》的规定。2008 年，台湾对《社会工作伦理守则》进行了修订。2010 年，台湾成立了社会工作伦理委员会，推动伦理教育培训，接受伦理申诉、审议争议案件。目前，台湾各大学社会工作系都开设了独立的社会工作伦理课程，部分大学还将其列为社会工作专业的必修课程。

从社会工作的核心使命来看，《香港社会工作局工作守则》指出社会工作者的首要使命为"协助有需要的人士及致力处理社会问题"；台湾《社会工作伦理守则》则认为社会工作者应当"努力促使案主免于贫穷、恐惧、不安，维护案主基本生存，保障其享有尊严的生活"。就社会工作的全球话语而言，国际社会工作者联合会（IFSW）指出："社会工作的微观使命在于改善人类的福祉，宏观使命则是追求社会正义。"对比可知，港台地区的社会工作对专业使命和核心价值的概括已经较为接近全球话语（沈黎、吕静淑，2014）。从社会工作伦理守则来看，《香港社会工作者注册局工作守则》分为 5 条 53 项，并配有一份对照的《实务指引》，台湾《社会工作伦理守则》6 条 30 项，都较为详细，显示出对伦理的重视，对实践也有很好的指导意义。

三 社会工作伦理发展面临的问题与挑战

伦理的发展是社会工作发展的重要基础。一方面，中国社会工作伦理的发展与世界社会工作伦理的发展一样，存在相似的发展脉络，也有一个不断成熟的过程；另一方面，因社会文化、福利制度以及社会工作发展特征和阶段的差异，中国社会工作伦理的发展面临自己独特的问题与挑战。

1. 缺乏对伦理事件中主要伦理议题的深刻讨论

国内社会工作发展已有30多年，但对一些社会工作的基本伦理议题仍然缺乏深刻的讨论，甚至存在很大争议。例如，社会工作者对案主有什么义务？除了案主，社会工作者对其他人还有什么义务？中国文化中的社会工作专业关系是否有其特殊性？特别强调案主自决在社会工作初创时期是否有必要？专业伦理和法律之间的界限是什么？当社会工作者对不同的人所负的专业责任有冲突时，怎样做才符合伦理要求？

因为缺乏对主要伦理议题的深刻讨论，当从业者面临伦理困境时，"依人情而定"、"依情境而定"、"依常识而定"的现象较为普遍。尤其近年来，随着价值越来越多元化，人们在达成目标的手段上越来越缺乏共识，在福利资源稀缺的情况下，更加剧了伦理困境。

2. 缺乏对从业者必要的伦理意识的培育

对社会工作从业者缺乏必要的伦理知识传授，致使其伦理意识不足，在实际操作过程中常常陷入伦理困境而不知，或面对伦理问题无法做出符合专业要求的伦理抉择。

各高校的课程设置明显重视理论和技术的传授，忽略伦理的学习。对复旦大学2010级和2011级社会工作硕士课程学生的一项调查显示，在所有94名被调查者中，有83名学生本科阶段没有修读过社会工作伦理课程。这种情况在国内35所高校中存在，其中30所高校有社会工作专业。显然，没有专门设置社会工作伦理课是各高校的一个普遍现象，这样的学校既有二、三线学校，也有"985"、"211"这样的名校；既有新开社会工作专业的学校，也有社会工作专业开设已有十多年历史的高校（赵芳，2012）。

在社会工作实务中，伦理问题的出现没有引起足够的重视。很多学校的专业课程中本就没有设置伦理议题，因此对学生在实务过程中碰到的伦理问题，也就缺乏必要的讨论与督导。在对从业者的培训中，对伦理议题的关注也远不如对技术问题的关注。我们曾收集了100多个上海一线实务工作者在实务中感觉最困惑的问题，主要涉及专业角色不清、保密、双重关系、资源分配、个人价值观与专业价值观之间的冲突等，大都涉及伦理问题（赵芳，2012），实习和培训中对伦理议题讨论的不足在实务中被深刻地反映出来。

高校课程设置对伦理课程关注不够，一线实务工作者的伦理培训严重不足，致使许多实务工作者缺乏清醒的伦理意识，解决伦理困境的能力和技术严重不足，甚至出现了一些明显违反伦理原则的行为，严重影响了社会工作专业的发展。

3. 缺乏必要的、专业的伦理制度建设

伦理守则的制定和伦理委员会的成立，不但对内为社会工作者提供行为规范，也可以通过集体的努力互相监管和督促，进而保护从业者的利益，推动专业发展。但目前，国内社会工作伦理的制度建设几乎是一片空白，既没有统一的、权威的伦理守则，也没有独立的专业社团推动建立的伦理委员会，因而既无法对从业者的行为提供必要的规范，也无法对违反专业伦理的行为进行有效的惩戒，专业权威以及专业发展受到严重影响。

四 未来中国社会工作伦理发展展望

社会工作发展与社会工作伦理的发展紧密相联，没有社会工作伦理的发展，社会工作的发展将失去清晰的方向。未来伦理的发展问题应是中国社会工作发展中一个亟待解决的问题。

1. 社会工作伦理体系的建立

社会工作伦理体系的建立（如表 1 - 2 所示），是一个遵循伦理发展路径、逐步探索不断推进的过程（赵芳，2015）。

表 1 - 2 社会工作伦理体系的建立

步骤	主要内容
第一步	对社会工作价值与伦理的哲学基础和理论基础的研究与讨论
第二步	对社会工作核心价值观的研究与讨论
第三步	对社会工作伦理原则和主要议题的研究与讨论
第四步	建立全国性社会工作伦理专业委员会
第五步	制定社会工作伦理守则
第六步	建立社会工作伦理核查与风险评估制度

伦理是一个哲学命题。法国哲学家哥曼曾说过：如果哲学能成功地为我们解释一些关于人性本质的问题，那么任何消灭哲学的想法只会妨碍我们对人现状的理解。因此，人文科学要达到科学的标准便必须带点哲学的味道。社会工作也应如此（周永新，2002）。探索人本主义、实证主义、激进主义、社会建构主义的哲学传统，从中国的传统伦理学到西方的现当代伦理学，仔细地梳理和探讨社会

工作伦理的哲学基础与伦理学的理论基础，建立起三者之间的逻辑关系，是将社会工作建立在科学基础上的第一个支撑点。

从逻辑上说，如果个体无法判断给定情境中行为的善恶意义，想让他做出符合伦理的行为是不可能的。所以，对社会工作核心价值的讨论是无论如何也绕不开的一步。伦理根植于价值观，价值观在做伦理决定的过程中是一个核心要素，列维（Levy）曾称伦理是"行动者的价值观"（Levy，1976c）。澄清个人和群体的价值观以及社会和专业的价值观，能更清楚地意识到这些价值观之间可能存在的冲突，以及这些冲突对伦理决定的潜在影响。因此，价值观的澄清，尤其是对社会工作核心价值的反复讨论，是社会工作伦理发展的重要环节。在价值观澄清的基础上，对伦理与道德、伦理与法律的关系进行讨论，有利于进一步将伦理问题与其他问题区分，凸显伦理问题的实质。社会工作核心价值观的探索包括：①个人价值，包括对个体生命、独特性和潜能的尊重与保护；②相互关系，强调个体间的相互依赖、相互责任；③社会共同需求，对保障个体基本需求以及社会行动和社会责任重要性的认知；④消除阻碍自我实现的社会义务，对实现社会公平正义、进行建设性改变的追求等。每一种价值都值得详细讨论，并在充分讨论的基础上，达成基本共识（赵芳，2015）。

伦理是价值在行动层面的细化。在明确价值的基础上，对依据社会工作发展历程总结出来的基本伦理原则与主要议题（如保护生命、平等与差别平等、自主与自由、最小伤害、生活质量、保密、知情同意、专业关系等）进行深入讨论，探讨其与中国文化、现行制度的契合性以及在中国文化中实务操作的多元化可能。

制度伦理是伦理抉择的重要前提，如果没有制度伦理所奠定的道德建设的基础，如果不凭借强有力的制度伦理有效地抑制不符合伦理的行为的发生，符合伦理的实践行为将很难出现，已有的符合伦理的行为也会逐渐失去其价值意义（赵芳，2012）。因此，全国性社会工作伦理专业委员会的建立和统一的伦理守则的制定是规范社会工作专业行为的重要步骤。

当社会工作的服务领域不断拓展，需要面对越来越多的伦理困境，案主越来越倾向于诉诸法律来解决涉及职业伦理的渎职、失职行为问题时，社会工作伦理核查与风险评估制度的建立势在必行，专业内部通过自身的核查和风险评估，不断地顺应社会发展的需要，规范和修正专业行为。

社会工作伦理体系和共识规范了社会工作者的基本行为，也形成了行业之外人们对本行业从业者的行为期待，是建立制度信任、保障专业权威的重要步骤（赵芳，2015）。

2. 社会工作伦理教育和培训的发展

有研究指出，伦理教育和培训对社会工作价值观的认同有显著影响，修读过伦理课程的学生和参加过伦理培训的从业者对专业价值观的认同度更高（杨冰倩，2015）。

在课堂教育中培养学生的伦理意识。在具体伦理知识的讲述过程中，可以借鉴中国和西方伦理学的研究成果，特别强调道德哲学和伦理学理论的讲授及批判性理解。此外，除了对具体伦理守则文本进行解读外，特别重要的是对一般伦理原则、伦理抉择模式的探讨，培养学生对伦理知识的敏锐意识及创造性了解（Abramson，1996）。社会工作伦理教育是社会工作教育的基石，应贯穿于整个社会工作教育之中。

在实习和培训中培养从业者的伦理抉择能力。在社会工作伦理教育中，不仅要有理论知识的传授，还应着重培养学生和从业者的伦理抉择能力。通过实务，培养学生和从业者审视自身价值体系、思考模式和偏好的洞察能力（Mattison，1994）。在伦理抉择时，从业者应能清楚辨析伦理困境中包含的所有价值冲突，从服务带来的影响和效果，预估看似合理的可行行为和可能后果以及行动的效率、成本因素，确定在相互冲突的义务和价值观中应优先考虑的一方（Mattison，2000）。在伦理抉择后，从业者能不断反思，提升下一次抉择的适当性（Osmo and Lamdau，2001）。

3. 社会工作伦理的本土化

在美英等社会工作较为发达的国家，伦理的发展已经有了清晰的脉络。理论界应借鉴西方研究成果，再结合一线实务工作者的经验，在充分考虑本土文化敏感性的基础上，对一些重要的伦理标准进行符合本土文化的深入讨论。这其中包含两种重要内涵：①从本土思想资源中寻求智慧，建构本土社会工作伦理的知识体系，这是对传统中国文化进行"创造性转化"的过程（何雪松，2009）；考察中国思想资源和民间智慧与社会工作伦理之间的关系，建立适合本土实践的、可以和国际对话的社会工作伦理知识体系。②注重西方社会工作伦理与中国本土文化的契合，这个过程既不是将西方社会工作中心化，也不是把"本土社会工作"边缘化，而是两者结合的过程。人类社会行为既有超越文化差异的共通性，也有多元文化影响下的独特性，在研究和实务过程中，应不断验证、修正、创新，一旦获得被证明具有有效性的新理论和新技术，就不再有"外来"和"本土"之分，而是将其作为一部分纳入专业范畴。

社会工作伦理的发展对社会工作的发展起着重要的指引作用，伴随着伦理的发展，社会工作会越来越清楚自己的使命、角色与方向。中国社会工作伦理的发展刚刚起步，但非常值得期待。相信随着中国社会工作伦理的发展，中国社会工作的发展一定会建立在更加坚实的基础上。

第三节 新问题、新技术对社会工作伦理发展的影响

社会工作在 21 世纪发展面临的挑战是前所未有的。首先，新技术的出现对社会工作提出了许多新的挑战，有些挑战已经出现，有些挑战也许目前难以想象，但正因不确定，将更具有挑战性；其次，新问题带来新变化，社会工作者面临以前从未出现过的新问题，甚至新的领域，没有现成的经验可供借鉴，加之案主对自身利益有了更清晰的了解，对服务质量有了更高的要求——要求社会工作者提供更有深度和全面的服务，这使社会工作者将面对更多新的挑战。

一 价值多元对社会工作伦理的影响

随着社会的发展，价值越来越多元化。在急速变迁的社会中，很多既定的社会道德与价值受到人们的挑战。一些在过去被描述为"偏差"的行为，如离婚、变性、同性恋、同性婚姻以及频繁和不确定的性活动等，开始受到尊重或容忍，被视为只是不同于传统，或反映了特定年龄、人群的生活形态与偏好（曾华源等，2006）。许多在 20 世纪凸显的社会问题，如人权、福利权、犯人权利、病患权利、言论自由、安乐死等引发了激烈的社会争论。对于人与环境的关系、生命的意义以及生活目标和达成目标的手段，这些人类日常生活的关键性问题，人们也越来越缺乏共识。

除了对传统价值的挑战外，还出现了许多对现存道德伦理有效性的质疑（Siporin，1982）。人们认为，这是一个实用主义盛行的社会，到处都有不正义的事，处处显示着不平等，对正义和平等的追求是否只是"空中楼阁"？到底何为正义？平等是否真的存在？更好的人类生活是什么？是否能找到促进人类更好生活的途径？这些问题困扰着所有人，也困扰着社会工作者，使社会工作面临更多的质疑和挑战，也使社会工作者不断地陷入各种各样的伦理困境。

二　政策与制度变化对社会工作伦理的影响

20世纪90年代后西方社会出现了管理型卫生保健制度，试图通过限制可以报销的服务类型来控制支出，比如家访、走访学校、与家庭成员或其他人的会谈的开支一般都不能报销，只有针对《诊断手册》中列出的病症的精神健康服务的支出才可以报销。这一制度的实施对社会工作伦理产生了重要的影响。案主利益优先的伦理原则，因为减少开支的需求而被肢解，社会工作者被迫要在案主的需要、保险公司和社会的利益以及自身的经济利益间进行优先选择，社会工作者的专业自主性受到影响，专业使命与管理型卫生保健制度的使命也常常发生冲突（多戈夫等，2008）。

这种影响在中国同样存在。首先，有些社会工作机构的项目经费主要源于政府的购买服务，这一方面保证了机构项目实施的经费需求，但另一方面政府对项目的实施又有部分的管控权，影响社会工作者的专业自主性，社会工作者常常发现自己不是"服务"而是"管控"，不是"赋权"而是"维稳"，常常不得不考虑行政与效率而无法维护专业自主性与履行专业责任，也可能为了生存去做一些依从性、应景性的项目，使社会工作者在忠于谁的问题上陷入冲突。

其次，在一些具体问题上由于制度的缺失也会对伦理问题产生深刻的影响。如资源不足是社会工作者经常碰到的问题，为了案主的利益需要联结相应的资源，但在目前社会福利体系还不完善的情况下，常常没有资源可以联结，或有资源但案主由于某种排斥和歧视而无法获得必要资源。再比如，知情情况下的告知。目前，很多时候案主并不能自由选择服务，他们可能理解不了服务提供者为了一些其他目的，或为了节省开支有可能定量配给服务；有时，案主还可能被限制不可以拒绝推荐的服务，这极大地降低了案主自主程度。

最后，社会工作伦理特别强调社会工作者应在自己的能力范围内提供案主所需的服务，但因国内社会工作教育的局限和社会工作发展刚刚起步，社会工作者的薪酬和社会认同度较低，专业社会工作者或者不愿进入本行业或者严重流失。加之督导、培训和评估跟不上，如何让案主获得适当的服务、如何使社会工作者在自己感觉能力不足时能有效转介，成为一个重要的伦理议题。

三　证据为本的社会工作实践对社会工作伦理的影响

证据为本的社会工作实践强调的是用客观科学的研究和证据来指导临床决策。

如果没有证据支持服务可能面临风险，包括所采用的方法是过时的，或是不适合当前的案主，甚至对案主是有害的（American Psychological Association，2002）。

吉利斯（Zvi Gellis）教授在其《加强证据为本的实践》（"Strengthening Evidence-Based Practice"）一文中指出，证据为本包含四个过程：①将临床实践中的信息需求转变为研究能够回答的问题；②有效地检索、搜寻回答有关问题的最可靠的证据；③对所获得的证据进行真实性和临床实用性的严格评估；④将评估结果与社会工作者自己的专业技能和案主的期望有机地结合后加以应用，并对应用的效果进行再评估（Gellis and Reid，2004）。

证据为本的社会工作实践给社会工作伦理带来了深刻的影响。

首先，既然"案主利益至上"、"案主利益最大化"、"知情情况下授权"是社会工作伦理的原则，案主被赋予"获知服务的目的"、"与服务相关的风险"等相关重要信息的权利，那么什么样的服务是经过研究、有证据证实情况下的最佳、最有效的服务？

其次，证据为本的社会工作实践的三个要素包括利用最佳的临床研究证据、注重社会工作者的专业技能和经验、尊重案主的意愿和选择权利。在临床实务过程中，当研究证据、社会工作者的专业技能和经验以及案主的主观选择不一致时，如何有效地解决矛盾，是尊重案主自决还是追求社会工作者专业选择中的案主利益最大化？

最后，社会工作伦理所体现的精神强调什么是社会工作者不应该做的，而非应该去做什么。在社会工作的临床实践中，由于助人工作的独特性、包含太多的差异性和多样性，社会工作者需要有一定的自由裁量权，但其根据具体情境所提供的服务很可能本身就是一个求证的过程，甚至是一个本身无法求证的过程，这在伦理上如何考量？

四 新技术对社会工作伦理的影响

这是一个科技日新月异的时代，像其他专业一样，社会工作也受到生物技术、计算机技术、互联网和其他现代技术的深刻影响。技术反映了人类的选择，也塑造了人类的选择。

首先，互联网时代信息传递的简便性和快捷性使保护个人信息资料免于不当搜索、不当控制越发困难。随着侵犯隐私权事件的增加，人们对个人信息资料被不当控制的恐惧进一步加剧，保密、尊重隐私权等伦理问题在社会工作实践中越发凸显。怎样才能使输入计算机的资料不外泄？通过计算机存入的档案资料到底属于谁？对机构之间出于个案管理、评估的需要在互联网上传递资料是否应该有所限制？当一些影像、音像资料因宣传、争取资源而被传播时，是否需要对之加以更严格的限制？

其次，在服务提供过程中，先进软件和专家系统的使用对专业服务中的个性和适当性造成了冲击。许多软件和专家系统（计算机化的决策系统）都假定永远只有一个应该遵循的"正确"决定，这样，社会工作者个性化的自由裁量和案主的自主性就成了问题（多戈夫等，2008）。而许多通过网络实现的在线服务，没有社会工作者与案主面对面的互动以建立专业关系的重要步骤，在缺失大量非语言信息的情况下，社会工作者的评估和服务是否适当？此外，这些服务辅助工具的引入和不断升级，是否占用了大量的社会服务资源，导致真正用于案主的服务预算被削减？

最后，一些科学技术的发明和创造，引发了新的伦理问题。如对胎儿性别的筛查、试管婴儿和代孕的出现、基因检测对收养的影响、器官移植以及安乐死的选择等都涉及伦理问题，是否保密，为谁保密，忠于谁，谁的利益优先，如何才能保障一方的利益而不伤害他人的利益，等等，越来越多地出现在社会工作的专业服务中，成为社会工作伦理需要不断思考和面对的新问题。

这是一个日新月异的时代，伴随着新技术的运用，新问题不断出现，人类将面临更多的选择，也常常在这些选择面前陷入"迷思"，丧失自主性和确定性，社会工作需要应对的情境也越来越复杂。如何在这些复杂的情境中选择更好的、符合专业的伦理行为是所有社会工作者都要面临的挑战。

第二章　社会工作伦理形成的基础

> 有两样东西，我们愈经常愈持久地加以思索，它们就愈使心灵充满日新月异、有增无减的景仰和敬畏：在我头上的星空和在我心中的道德律。
>
> ——康德，2003

弄清楚社会工作的哲学基础、理论基础，只有这样，才能对社会工作伦理有更全面、更深刻的认识，并将其建立在真正坚实的基础上。

第一节　社会工作伦理形成的哲学基础

大卫·豪曾将社会工作理论分成两部分："为社会工作的理论"和"社会工作的理论"。"为社会工作的理论"是指理论中用来对人与社会的本质、人的行为与社会运行的规则和机制进行解释的那部分内容；而"社会工作的理论"，则是理论汇总用来对社会工作实践本身的性质、目的、过程、方法进行说明的那部分内容（王思斌等，1996）。关于社会工作哲学基础的探讨是"为社会工作的理论"的部分，属于社会工作专业知识体系的重要组成部分，是考察各种社会理论的逻辑起点。因为就其本质而言，社会工作的理论体系是基于一系列哲学假设建构而成的。社会工作的哲学基础探索的根本性问题包括认识论、方法论、价值基础乃至美学基础（Reamer，1993）。

波普尔和利宁格在《社会工作、社会福利和美国社会》一书中，把保守主义、自由主义和激进主义视为与社会工作密切相关的哲学世界观，认为它们在关于人类本质、个人行为、家庭、社会系统、政府和经济系统方面有不同的观点和立场，这些对社会工作产生了重要影响（参见顾东辉，2008a）。毕仁（Z. T. Butrym）在他的《社会工作本质》一书中指出，社会工作的哲学思想主要源自三个假设：①对人的尊重；②相信人有独特的个性；③坚信人有自我改变、自我成长和不断进步的能力。这三个假设也成为社会工作的思想基础（参见周永新，2002）。何雪松将社会工作的哲学基础概括为四个传统：①实证传统。它坚信社会工作知识应建立在科学方法基础之上，并强调证据为本的实践。②人本传统。这一传统从完整的人的观点理解人与环境的互动、尊重个人对自己经历的理解和拥有的改变潜能。③激进传统。它主张从结构的层面推进社会变迁并批评现存的社会秩序。④社会建构传统。这一传统强调知识是社会建构的，关注案主的优势、意义、故事和能动性，并以此为出发点帮助其改变境遇（何雪松，2007）。

虽然关于社会工作哲学基础的具体内容各家阐释不同，但关于其是社会工作理论体系重要组成部分这一点大家是有共识的，而作为社会工作整个体系一部分的伦理也必然是建立在这些哲学基础之上的。

一 社会工作伦理形成的西方哲学基础

西方哲学思想影响了社会工作对人和事的看法，社会的现实需要促成社会工作的产生，使对生命至上、人的尊严和与生俱来价值的肯定不再停留在意识层面，而是通过各种社会实践得以实现。概括地说，西方社会对社会工作伦理产生重要影响的哲学基础包括古希腊助人思想、宗教理念、人文主义和人道主义、实证主义与实用主义、理想主义与激进主义。

1. 古希腊助人思想

哲学诞生于古希腊，古希腊哲学不仅奠定了西方思想、概念和体系的基础，而且奠定了西方文明的基础，提出了几乎所有哲学问题，之后的罗马哲学也只是希腊哲学的延续而已（张志伟，2004）。

伦理源于古希腊的"ethos"一词，指和道德相关的习惯或传统。形成伦理的目的在于营造好的生活，这是我们每一个人都有的一个模糊的总体目标。这一目标被古希腊学者苏格拉底、柏拉图和亚里士多德多次表达，主要被定义为幸福或繁荣。这是人类追求的终极目标，或是一个人通过努力可以实现的最高目标。

亚里士多德曾提出两个问题：①什么是好的？②如何获取它？如果幸福是知识的形式，那么是否可以通过学习来获取？它是培训的产物吗？亚里士多德在

《欧台谟伦理学》中认为，智慧、美德和快乐是与某些特定的生活类型联系在一起的。所以，哲学生活是与智慧联系在一起的，政治生活是与德性联系在一起的，而扣人心弦的生活是与快乐联系在一起的。当然，这些模式不需要在人们生活中平等划分：一些人想要全部三种生活，一些人只要其中两种就能满足，而另一些人只选择一种，并且毕生致力于追求这一种。亚里士多德认为伦理的目的是获得幸福的生活。幸福属于完美的德性和充实的生活（亚里士多德，2003）。

柏拉图则强调哲学观和伦理观的养成依赖个人的心灵结构。在《高尔吉亚》一书中，柏拉图举了个例子：有个叫卡利克勒斯的人认为，拥有较少资源的人可以被无道德地剥削和利用，这是自然的本质，弱势群体欲望和本能的满足应该受到节制，而强势群体欲望和本能的满足是他们的自然权利。柏拉图严厉地批评这一观点（斐奇诺，2014）。

许多人依赖欲望生活，并且能够完全识别这些欲望。他们被认为缺乏对自我和本能的控制。柏拉图认为与这样的人争辩是毫无意义的，因为他们缺乏理解和接受事实的能力。当苏格拉底意识到卡利克勒斯心灵结构的弱点时，也放弃了与他的对话。柏拉图认为卡利克勒斯是一个极不道德的人。柏拉图强调我们每个人的内心都或多或少存在卡利克勒斯的特征，所以警告我们针对强者的权力，必须发展出一种伦理态度，以抵制压迫弱势群体的倾向，并且寻找什么是合适的，什么是真正的善。

除此，社会工作的助人思想同样可以在古希腊哲学思想中找到雏形。古希腊哲学认为，幸福是与别人分享财富得来的，富人要想得到愉悦、得到别人的喜爱与赞美，就应该提供一些财富给穷人。那时，人们将富人为穷人减轻痛苦视为一项重要的道德责任，并且认为，富人在帮助穷人时，只有使穷人不失尊严，才能更显出富人的尊贵（李迎生，2008）。可见，古希腊思想中已经孕育出现代社会助人思想的萌芽。

2. 宗教理念

追溯社会工作发展的历史，其发展与西方宗教理念的发展紧密相联，无处不在的基督教文化成就了社会工作。可以说，社会工作源于基督教教会团体对那些无家可归者、贫穷者和各类灾民的无偿救助。

有学者指出，"现代社会工作的发展历史，主要缘起于西方社会，以及深受基督教教义的影响，尤以英美两国的教会主理的慈善与救济事业，更直接影响到社会工作的建立与发展，所以学者格兰德（Diana Garland）以为，教会是社会工作之母"（卢锦华，2001）。

在专业社会工作出现以前，从事慈善救济和社会服务的多是教会人士，按照他们的信仰，人是上帝创造的，所以人生而平等，拥有天赋的尊严。于是，帮助穷人和有困难的人，为有需要者提供饭食，为有劳动能力的人提供就业服务，既是强烈的宗教使命使然，也是服膺上帝的一种荣耀。正是这样的理念，指引着各地教区开展救助与改善贫民生活的志愿活动，奠定了现代社会工作价值观的思想基础。作为基督教伦理核心的"爱"、"施"、"人性"等，都已内在地融入社会工作的价值观，并从根本上决定着社会工作的内容和方向。

在《圣经》中，"爱"是信仰的核心内容和道德最高境界。只有爱，才能维系人与上帝、人与人之间的关系，上帝的爱是无差别的，无论是税吏、妇人、罪人，还是那些冒犯了自己的人，无时不在上帝爱的光辉之下。在《圣经》中，"爱"被描述为"明爱"和"神爱"。"明爱"是"献身于他人福利"或"倾诉、唱和、转化"之爱；"神爱"强调爱是无条件的，这种爱要被扩展到邻人，甚至陌生人。人因其需要而被服务，并非因为他值得这么被对待。

"施"即给予。在《圣经》里，"施"比"爱"更有意义，不求回报地奉献，致力于他人的福利，不仅是一种美德和善举，更是一种自我拯救的手段。

"人性"是指人是有原罪的，但人即使在堕落后，还是有一定的理想和道德意志的，人对道德上的对与错是有基本判断力的。因而，人是可以被拯救的，但人单凭自己的力量又不能获得拯救。这样，人被理解为一种相互依存的存在。人类最基本的道德要求就是"爱人如己"。人与人是相互联系的，从最基本的夫妻关系到家庭再到社会，人生活在各层次的社会关系中，互助、和谐相处是人性的光辉。

宗教理念对社会工作伦理的重要影响就在于对"爱"、"施"、"人性"这些思想的宣扬，虽然宗教色彩在现今的社会工作中已逐渐褪去，但这些思想始终是社会工作价值观的重要组成部分。

3. 人文主义和人道主义

《美国社会工作者协会伦理守则》的第一条写道，"社会工作是建立在人道主义与民主理想基础上的"，特别强调了人道主义和民主思想对社会工作的重要意义。

人文主义是文艺复兴时期的核心思想，是人道主义的最初形式。

人文主义肯定人性和人的价值，要求享受人世的快乐，强调人的个性解放和自由平等，推崇人的感性经验和理性思维。人文主义以人，尤其是个人的兴趣、价值观和尊严为出发点。对人文主义来说，人与人之间的容忍、无暴力和喜爱自由是人们相处的最重要的原则。

人文主义的主要特点包括：①人文主义将焦点集中在人身上，从人的经验开始，不排除对神的信仰，但也愿意把人作为自然秩序的一部分进行科学研究。②人文主义认为，每个人都是有价值的，其他一切价值的根源和人权的根源就是对此的尊重。这一尊重的基础是人的潜在能力，而且只有人才有这种潜在能力——一种创造和交往的能力；一种观察自己，进行推测、想象和批判的能力。这些能力一旦释放出来，就能使人进行选择和创新，从而不断完善自己，推动社会朝着更好的方向发展。

人文主义的价值观与传统神学的价值观相对，即从宗教的侍奉上帝转到关怀人、服务人，以人为中心上。人文主义注重社会责任与参与，强调公正、自由、平等与博爱，主张满足个人和社会的福利需要。

人道主义。古罗马思想家 M. T. 西塞罗将人道主义定义为一种能够促使个人的才能得到最大限度发挥的、具有人道精神的教育制度。后来在文艺复兴时期，人道主义发展为一种思想体系，并试图为人的行动提供没有形而上学或神学意味的哲学基础。

人道主义主张善待一切人、爱一切人，本着博爱的精神关注人的生命价值、自由平等和自我实现，并倡导社会公平与社会正义。

人道主义的主要论点包括：①承认人的尊严和价值，人道主义认为无论此时站在你面前的这个人是多么十恶不赦、多么大逆不道，我们都必须首先把他当作一个个体的"人"来对待，而作为人，他的尊严必须得到尊重。②对人的本质持乐观态度。人道主义认为，一个人无论怎样自私，他的天赋中总存在一些本性，这些本性使他关心别人的命运，把别人的幸福看成自己的事情，这些本性就是怜悯与同情，就是当我们看到或想象到他人的不幸遭遇时所产生的感情，我们常为他人的悲哀而感伤，这是显而易见的事实。③人道主义承认人的自由。人道主义反对以任何形式——包括教会的、政治的、意识形态的、社会体制的各种有可能对人的思想进行钳制的压迫形式——对人进行独裁和专制，人道主义主张容忍各种差异，尊重个人表达其信仰的权利，不主张用社会、法律的方式对其进行压制。（4）人道主义承认个人的人权。人道主义反对一切基于种族的、性别的、宗教的、年龄的、国别的歧视，并愿意为一切自由和美德提供平等机会，人道主义捍卫人的基本安全、自由和追求幸福的权利。

人文主义和人道主义提出的人的价值和尊严与基督教所信仰的人的价值和尊严是有差别的，不依赖"上帝创造人类"的逻辑起点，人类的价值和尊严显得更为独立，这也使社会工作相信人具有与生俱来的价值和尊严，承认人的潜能与独特性使得这些信念有更广泛的基础和适用性，也更理性。

人文主义和人道主义所要追求的目标是世俗中的平等、自由、尊严和幸福，区别于基督教中上帝给予人类的平等、自由、尊严和幸福，这些人类福祉的目标是直接的、实实在在的、发生在现世生活中的。

人文主义本质上主张人性的解放、主张回到现实的生活世界；人道主义认为现实生活中个人拥有尊严、自由和权利，这些都对社会工作伦理产生了重要影响，使社会工作自 19 世纪以来从教会救济式的工作中脱离出来，成为世俗化、福利化和专业化的一部分。

4. 实证主义与实用主义

实证主义和实用主义是哲学领域两个重要的思想体系，它们都对社会工作产生了重要影响，前者来自欧洲传统思想，后者源于美国的影响。

实证主义是 19 世纪下半叶和 20 世纪初产生的一股重要思潮，为哲学指定了科学的方法和外延。实证主义强调社会事实本质上和自然现象没有区别，都是物（Fact）。只有那些能够从我们的经验和观察中找到证据并加以证实的东西才能被称为知识，即基于经验而获取的知识是唯一客观可信的知识。

在认识论方面，实证主义认为认识的本质范围及可靠性在于研究者与研究客体之间的关系，即研究客体的本质不受研究者主观立场的影响；在价值方面，实证主义强调价值中立，要求在社会研究中不做任何价值判断，反对个人情感介入，以保持严格的客观性和科学性；在方法论方面，实证主义主张沿用自然科学运用的科学方法对社会事实进行测量。

实用主义产生于 19 世纪 70 年代，是一种现代哲学派别，在 20 世纪成为美国的一股主流思潮，对法律、政治、教育、社会、宗教和艺术研究产生了很大的影响。实用主义关注人类行为的积极效果与意义，认为只有与真实世界中的经验发生联系的观念才是有意义的。实用主义强调：知识是控制现实的工具，现实是可以改变的；实际经验是最重要的，原则和推理是次要的；理论只是对行为结果的假定总结，是一种工具，是否有价值取决于是否能使行动成功。因此，实用主义注重实践本身的价值，而不主张进行形而上学的争辩。

实证主义和实用主义对社会工作伦理的形成影响深远，尤其是在临床实务中，这种经验主义方法直接影响了社会工作者如何提供服务、提供怎样的服务。瑞奇蒙德（Richmond）在其著名的《社会诊断》一书中就曾反复强调经验资料对诊断治疗的作用。

5. 理想主义与激进主义

理想是对事物发展目标或状态的一种最佳描述，它宣扬的是一种最好的选择和生活方式。理想主义积极倡导正义、平等、自由和民主的原则。

乌托邦主义是理想主义社会理论的一种表达。乌托邦一词出自英国思想家托马斯·莫尔的《乌托邦》一书（莫尔，1982）。根据希腊文构词法，乌托邦意指虚构的"世外桃源"。用在社会研究中则意指，虽然在现实生活中不存在，但是人们期望在未来能够得以实现的理想社会图景。卡尔·曼海姆在其名著《意识形态与乌托邦》中定义乌托邦时指出，乌托邦不仅是与现实不一致的思想取向，而且这种不一致的取向只有在其打破现存秩序的结合力时，才变成乌托邦（曼海姆，2014）。乌托邦主义试图将若干可欲的价值作用于一个理想的国家与社会，促成这些价值的实现。柏拉图在《理想国》中指出，乌托邦主义者的目的是通过细致描绘某一概念（如正义或自由），并基于这一概念找到建构理想社群的形式，以展现该概念的若干根本属性（柏拉图，2010）。乌托邦主义在一定程度上是对现实世界和现实社会制度的否定、批判和超越。很显然，乌托邦是推动人类文明发展的重要动力，只有怀着这样的理想，才有试图改变和超越现有社会生活和制度的可能，社会进步才会不断发生。现今，人们普遍认为，乌托邦不是一种虚幻的梦想，而是人类历史和政治生活中不可或缺的维度。

激进主义是一种重要的社会思潮。激进主义对现存的社会组织和运作方式有强烈的不满，对现存社会制度持否定态度，急切希望对社会进行根本性的和即时的改变。激进主义倡导结构分析，指出应将个人的问题归于社会结构。在激进主义者看来，问题是社会的、结构的，而非个人的。个人关系被视为社会关系的产物，因此，个人的问题就是社会的问题。他们批评社会的政治和经济现状，指出社会特定群体遭受的不平等和不公平来自其弱势、无权的地位，消除不平等和不公平是社会行动的首要刺激因素。

从理想主义中导出的对自由、平等、民主、幸福的追求，从激进主义中意识到的不公平、不平等是现今社会的重要组成部分，看到个人问题背后的社会因素，主张每个人应有平等的机会获取社会资源，以超越现有的社会制度，都已成为社会工作伦理重要的思想基础，对社会工作伦理的形成产生了重要影响。

二 社会工作伦理形成的中国哲学基础

社会工作产生于西方社会，有西方哲学的深深烙印，东西方社会生活有明显的差异是事实，但人类社会有共通性也是事实。中国文化中儒家、墨家、道家、佛教等传统哲学思想也孕育了促进社会工作伦理发展的哲学基础。

1. 儒家思想

儒家思想对中国社会的巨大影响不言而喻。儒家思想中也有与社会工作伦理相通的部分。

（1）儒家大同思想

儒家大同思想是古代先贤所描绘的美好社会愿景，是儒家文化的核心概念之一，在不同时代有不同的表达。大同思想的源头最早可以追溯到《诗经·魏风·硕鼠》："逝将去女，适彼乐土……逝将去女，适彼乐国……逝将去女，适彼乐郊。"这里的"乐土"、"乐国"、"乐郊"就是人们期望中的"理想国"。春秋末年，面对礼崩乐坏的社会现实，孔子多次表达了他所期望的理想社会图景："不患寡而患不均，不患贫而患不安"、"均无贫，和无寡，安无倾"（《论语·季氏》）、"老者安之，朋友信之，少者怀之"（《论语·公冶长》）等，这些是儒家大同思想形成的雏形。

《礼记·礼运》中有对儒家大同思想最为详尽的描述："大道之行也，天下为公，选贤与能，讲信修睦。故人不独亲其亲，不独子其子，使老有所终，壮有所用，幼有所长，鳏寡孤独废疾者，皆有所养；男有分，女有归；货恶其弃于地也，不必藏于己；力恶其不出于身也，不必为己。是故谋闭而不兴，盗窃乱贼而不作，故户外而不闭，是谓大同。"这段文字概括了儒家大同思想的特征：①天下为公，即天下是所有人共有的天下，人人都要树立公德意识；②选贤与能，即选举德才兼备的人，把社会治理的重任交给他们，使之服务于社会；③讲信修睦，即讲诚信，没有欺诈和偷盗，人与人和睦相处；④保障良好，人们不仅仅赡养自己的父母、抚养自己的儿女，同时还让老年人能终其天年，中年人能为社会效力，幼童能顺利成长，让老而无妻的人、老而无夫的人、幼而无父的人、老而无子的人、残疾人都能得到社会的供养。

在随后的历史演进中，不论风云如何变幻，儒家大同思想一直是历代中国人努力追寻的理想。

（2）儒家仁爱思想

儒家将整体的道德规范集于一体，形成了以"仁"为核心的伦理思想，倡导道德理性，并认为其是道德原则的最高境界。

儒家的仁爱思想包括"义"、"仁"、"礼"三个关键概念。

"义"者宜也，是一个事物应有的样子，是一种绝对的道德律令。一个人在社会行事为人，有他应该履行的义务和应该做的事情，这些事情本身就是目的，而不是达到其他目的的手段。如果一个人遵循某些道德是为了不属于道德范畴的其他考虑，即便他所做的客观上符合道德的要求，也是不义。儒家强调"义利之辨"，"君子喻于义，小人喻于利"。

"仁"者"爱人"。"仁"是儒家最高的道德境界。一个人必须有仁爱之心，才能履行其社会责任和义务。"夫仁者，己欲立而立人，己欲达而达人。"孔子认为自己对人怀有仁爱之心，别人才会对你仁爱；自己对人豁达，别人才会对你豁达。一个人一定要与父母兄弟有亲情，并以亲情为基础，将这份爱扩散出去，进而"修身、齐家、治国、平天下"。"推己及人"、"己所不欲，勿施于人"、"老吾老以及人之老，幼吾幼以及人之幼"，这些都是儒家仁爱思想最直接的体现。

"礼"原指古人祭祀的仪式，后推广为人与人之间的行为规范。这种规范不仅是等级社会的外在形式，而且与人的内在理性（"仁"）结合在一起，使"礼"的实践成为人的内化行为，达到自我约束的目的，"道之以德，齐之以礼"。

儒家的大同、仁爱思想，"义"、"仁"、"礼"的结合，对个体提出了社会性的义务与要求，表达了对人的关怀、对美好社会的向往，体现了一种人道主义精神，与社会工作伦理的内在需求毫无疑问是契合的。

2. 墨家思想

（1）墨家"兼爱"思想

墨家提出了"兼相爱"、"交相利"，认为"天下之人皆相爱，强不执弱，众不劫寡，富不侮贫，贵不傲贱，诈不欺愚"，"有力者疾以助人，有财者勉以分人，有道者劝以教人，若此，则饥者得食，寒者得衣，乱者得治"（《墨子·尚贤下》）。墨子曾言"姑尝本原若众利之所自生。此胡自生？此自恶人贼人生与？即必曰：非然也，必曰：从爱人利人生"（《墨子·兼爱下》）。墨家认为爱他人、有利于他人是人性中善的一面，天下之心应该以善待人，"爱人者，必见爱也；而恶人者，必见恶也"，相互尊重、相互友爱，只有仁爱他人才能得到他人的关爱。墨家提出"兼爱"作为立己之根本，正是为了避免"强劫弱，众暴寡，诈谋愚，贵傲贱"（《墨子·天志中》）的残暴行径。我国近代著名政治家、启蒙思想家梁启超曾提出"我国民所最缺者，公德其一端也"，"人人独善其身者谓之私德，人人相善其群者谓之公德"，这里说的公德与墨家所崇尚的"夫爱人者，人亦从而爱之；利人者，人亦从而利之"的思想相近。

（2）墨家"义"思想

《墨子·天志上》中曾言："然则天亦何欲何恶？天欲义而恶不义。"墨子认为，上天喜欢的是义而憎恶不义，人民有义则能生存、安居、乐业；相反，无义则贫穷、动乱、死亡。墨家之"义"：一则秉承天意，"欲人之有力相营，有道相教，有财相分也，又欲上之强听治也，下之强从事也"，"百姓皆得暖衣饱食，便宁无忧"，意即天之意是要天下太平，世间和谐，扶弱济困；二则养"义气"，培养自己贤明的德义，"有力者疾以助人，有财者勉以分人，有道者劝以教人"，意即有力气的人用自己的力量去帮助人，有财富的人将自己的财富分送其他人，有德性的人用自己的道义去教化人。

对墨家而言，"义"就是正义、正当，"义"就是利。当然，这里的利是指有利于大家的事情，有利于天下的事情，而不是仅仅有利于自己代表的某个阶层、利益集团，更不是仅仅有利于自己或者家人、亲朋好友等。"义"可以说是墨家哲学的最高理想。

墨家主张"兼爱"，提倡爱人如爱己，既有博爱的思想观念在内，同时也体现了其助人的理想；墨家强调"义"，提倡相互扶助和民本思想，集中体现了古代以人为本、崇尚人本思想的价值观念（喻明金，2009），与社会工作伦理价值有许多共通之处。

3. 道家思想

（1）道家众生平等观

《道德经》曰"故道大、天大、地大、人亦大"，强调"物无贵贱，物我同一"，这是典型的道家众生平等观。庄子认为："自其异者视之，肝胆楚越也；自其同者视之，万物皆一也。"万事万物虽然在表面上千差万别，但从它们的根源看，都是基于同一个"道"，又归于同一个"道"，并没有什么根本差异，所以"以道观之，物无贵贱"（李霞，2001）。道家认为，现实社会中人的尊卑贵贱、贫富差别，是人为的、非自然的，是对人的本性的扭曲和异化。道家的平等思想试图为人们构建众生平等的图景，使一切社会不平等的制度、等级观念都在其中得到消解。

（2）道家天人合一观

道家为中国传统文化提供了一个自然主义思考框架，把人本主义传统和自然主义传统结合起来，提倡"自然与人，天道与人道相通、相类和统一"，即人与自然和谐相处。"天人合一"是中国传统生态伦理思想最重要的基础，强调天、地、万物、人都处于同一个生命系统中，人与自然是不可分割的整体，二者彼此相通且血肉相连，人来自自然，是自然的组成部分，人与自然的关系是统一的而不是对立的。

道家思想强调众生平等、天人合一的思想，这种整体观、系统观成为社会工作伦理重要的哲学基础。

4. 佛教思想

佛教一直秉承众生平等的理念。与儒家宣扬的君君臣臣、父父子子等严格的伦理纲常不同，佛教认为父子、夫妇、主仆等，甚至众生的关系都应是平等的。"平等观"是佛教的根本要义之一，它既是佛教的一个观照法门，也是开悟后的一种真实体验，对佛教信众的生活方式起着决定性的作用。

佛教以佛性作为众生平等的理论依据，把人类对生命的关爱和平等的理念由"有情众生"进一步扩展到"无情众生"，提出"无情有性"的观点，即认为不但一切"有情众生"，而且如草、木、瓦、石等无情众生亦有佛性。从中国佛教的圆融观点来看，不仅人类能够成佛、有生命的众生能够成佛，而且那些在人们眼里可以任人宰割、任意践踏的"无情众生"同样具有佛性。既然佛佛平等，具有佛性的"有情众生"与"无情众生"也应平等无碍。在佛教的信念中，敬畏生命、善待万物的"众生平等"思想不仅仅是一种观念、意识，同时也是人类的善恶标尺，更是佛教信众的一种生活方式，体现在吃斋、放生等具体的生活细节上，不杀生的戒律中。

佛教众生平等观还强调，世界是一个"因陀罗网"的世界，个体是这个网上的一个个宝珠，相互辉映、彼此相摄，互不可分。因此，我们必须正视他人的幸福和苦难，关注他人的幸福和苦难，觉悟到人类是荣辱与共的，并因此而怀有"同体大悲"的慈悲之心。

富有与贫穷、健康与残障、尊贵与卑微，世间何来平等？其实，佛教思想中的众生平等，并非众生的际遇平等、地位平等，而是指众生法性平等，即在因果规律面前，众生平等。众生的差别，在因果这个大环境中，各人的善缘不同，果报也不同，一切也应顺其自然。

佛教众生平等观的慈悲和智慧为人类对自身处境进行觉悟提供了难得的启发，它对生命的敬畏、对万物的关注更是人类思想的重要宝库。

哲学是一组信念、态度、理想、价值，赋予这个世界意义、赋予生命意义、赋予生活意义，奠定生活的基础，帮助人类建构理想的生活。东西方社会工作不同的哲学基础对诸多问题的看法和立场不尽相同，但都对社会工作价值和伦理产生了深远影响。可以说对"人"及人际关系的关注是社会工作的核心，对"人"和人际关系的哲学思考是形成社会工作核心价值的基础，而这些核心价值又关系到社会工作以何种方式开展专业活动，并直接影响专业活动所希望达到的目的。虽然社会工作的哲学基础非常复杂，但不外乎对人的理解，对人与人、人与环境之间关系的理解。目前，中国的社会工作专业发展尚不成熟，更应从传统文化中吸取营养，借鉴西方哲学思想中的精华，为我国社会工作专业伦理的发展提供重要资源。

第二节　社会工作伦理形成的理论基础

哲学回答的是一些基本的方法论问题，是对周围的人、事、物总的看法和认识。在此基础上人类还有诸多伦理学理论研究，形成了更为具体的对义务、自由、平等、公平、权利进行详细阐释的诸多理论流派，它们为社会工作伦理的发展奠定了坚实的理论基础，关于社会工作伦理的研究基本是在这些伦理学理论流派的理论框架之下完成的。

伦理学的理论研究，在人类历史上浩如烟海，这里只选取其中几个对社会工作伦理发展影响较大的理论流派加以陈述。

一　康德的义务论

伊曼努尔·康德，著名德意志哲学家，德国古典哲学创始人，义务论伦理学的主要代表，著有《纯粹理性批判》、《实践理性批判》、《批判力批判》、《道德形而上学原理》、《理性范围内的宗教》等，其学说深深影响了近代西方哲学，被认为是继苏格拉底、柏拉图和亚里士多德后，西方最具影响力的思想家之一。

康德认为，人是理性的。理性是绝对的，而非假设的，理性可以影响意志，理性的最高实践使命是树立善良意志。

康德的义务论从善良意志（Good Will）出发。康德认为，善良意志是道德哲学的出发点，是可被称作无条件善的东西，是善本身，是绝对的善。

善良意志在日常生活中的具体化，是与偏好相对的义务。义务同善良意志相联系，是见于理性的善良意志；而偏好是常人的感性和欲望，因而不具有普遍必然性，也不具有普遍法则的约束力。正是因为善良意志同义务相联系，康德的伦理学又被称为义务论伦理学。

康德有三个关于义务的命题：①义务是道德价值的来源；②义务本身就是善，本身就具有道德价值；③义务是因尊重规律而产生的行为的必要性。显然，康德的义务论伦理学的"义务"，是指行动者服从理性支配的义务、尊重规律的义务、遵循善良意志的义务。康德强调一种行动只有出于义务、以义务为动机，才有道德价值（康德，1986）。

康德提出了"合乎义务"与"出于义务"两个概念。合乎义务，就是"本身就认同义务所定义的行为，即出自偏好的行为"（康德，1986：42）。而出于义务则是，即使遇到困境、逆境（即那些会使我们背弃义务的诱惑），也依然因循义务而行动，阻挠并驾驭自己的偏好。在"出于义务"的概念基础上，康德提出了关于道德的三个命题：①一种行为具有道德价值必然是出于义务；②一种出自义务的行为，其道德价值并不源于通过此行为而实现的意图（即与目的无关），而源于行为被规定的准则（意欲的主观准则）；③义务是出于对规律的尊重而做出的行为的必然性。

在康德看来，人是目的而不是手段，这是道德行为的最高准则，即人不应该像物一样被当作工具或手段。只有人才是唯一的目的，才具有绝对价值，而物只具有相对价值，且只能被作为手段。因此，人具有至高无上的价值和尊严，在任何时候都不能将人当成达致目的的手段。个人的存在不是为了他人的存在，也不是为了某一集体或社会整体的存在。人在任何时候，都应该把自己当作目的，也把他人当作目的。

康德认为，只有当人具有理性时，才会把自己和他人当成目的，而自由和道德自律是实践理性的根本出发点。康德认为，谈论道德就要谈论自由。自由就是有选择，但自由的选择并不是基于个人自然欲望的选择，而是理性战胜自然欲望的选择。在康德看来，如果一个人为了让自己不饿而去吃饭，是基于自己的欲望而做选择，人被欲望控制，是不自由的。人类只能按照两种方式来行动：一种是行动出于偏好，在这种情况下，意志被欲望或偏好约束，意志所遵循的原则就是他律；另一种是行动出于道德法则，这时，意志完全被理性约束，所遵循的原则就是自律。此时，意志作为实践理性必然无例外地指向理性和道德。康德明确声称，理性的自律服从于理性自身，他律是不道德的。

康德的义务论强调人的自律，认为人类辨别是非的能力是与生俱来的，而不是后天习得的。基于此，他提出道德律令的概念，并认为其是普遍性的道德准则，是一种先验的准则。真正的道德行为是纯粹基于义务的行为，为实现个人功利目的而行事就不能被认为是道德的行为。例如，一个杂货店的老板在销售商品时没有以次充好，是因为：①他觉得以次充好如被人发现会影响小店的声誉，使以后的生意受到影响；②他不是为了任何目的，就是认为以次充好不符合道德法则，本身就是不正当的。在康德看来，第二种行为才是一种道德行为。因此，行为是否符合道德规范并不取决于行为的后果，而是取决于采取该行为的动机。只有当我们遵守普遍的道德原则时，我们才是自由的。

虽然后来有学者对康德的义务论提出诸多批判，认为根本不可能存在独立于经验世界的、与人的欲望和幸福无关的、理性的、普遍的道德原则。他们认为，康德抛开经验世界，在纯粹的理性思辨中寻找道德的根据，认为道德是普遍人性的表现，不具有历史性，就必然使他的理论在实际道德生活中难以把握。但康德从"善良意志"出发，最后落实到人不是手段而是目的、人具有至高无上的价值和尊严的思想，是西方伦理史上的重要创新，同时也是康德伦理思想的精髓与现实意义所在。

根据康德的义务论（见图 2-1），人类有遵循善良意志的义务，维护人的生命、价值与尊严是普遍性的道德准则，对这种道德律的尊重是无条件的。人是理性的，人辨别是非的能力是与生俱来的，有能力选择且能对选择的后果负责，因而相信个体是可以自主和自由的。这些都是社会工作伦理形成的重要理论依据。

图 2-1　康德的义务论

二 罗尔斯的正义论

约翰·博德利·罗尔斯（John Bordley Rawls），美国著名政治哲学家、伦理学家，哈佛大学教授，著有《正义论》、《政治自由主义》、《作为公平的正义：正义新论》、《万民法》等，是 20 世纪最著名的政治哲学家之一。

"正义"一词由来已久，有正当、公平之意，也有人将其译为公正，是伦理学的一个基本概念。在中国，蕴含"正义"意义的概念主要有正直、公平、公道、公正等。《说文解字》和《经籍纂诂》都认为公、平、正、直四字可以互训，公即不私，平即不弯，正即不偏，直即不曲，正义即公平正直之义（何怀宏，2002b）。在现代思想家那里，正义越来越多地被用作一种评价社会制度的道德标准，被看作社会制度的首要德性，也是人类社会具有永恒价值的基本理念和基本行为准则。

罗尔斯的正义论产生于 20 世纪中期，当时的美国社会风云变幻，社会问题层出不穷，罗尔斯相信要解决社会问题，需要从改良西方社会体制入手，其关键在于改变社会上占主导地位的功利主义的正义观。罗尔斯的正义论是对以洛克、卢梭和康德为代表的传统契约论思想的归纳与提升，也是对自由主义的批判。他力图从理论上将国家干预主义和国家福利主义统一起来，把社会经济平等的原则与多元宽容、个人自由联系起来，以努力实现每个公民的自由平等。

正如罗尔斯在《正义论》开篇所述，"正义是社会制度的第一美德"（罗尔斯，2009）。他认为，正义的对象是社会的基本结构，即用来分配公民的基本权利和义务、划分由社会合作产生的利益和负担的主要制度。罗尔斯相信：人们的生活前景受到政治体制和一般的经济、社会条件的限制与影响，也受到人们出生伊始所具有的不平等的社会地位和自然禀赋深刻而持久的影响，这种不平等是个人无法自我选择的。因此，这些最初的不平等就成为正义原则最初的应用对象。正义制度要通过调节主要的社会制度，从全社会的角度处理这种出发点的不平等，尽量排除社会历史和自然的偶然因素对人们生活前景的影响。

罗尔斯指出，"正义是社会制度的首要价值，就像真理是思想体系的首要价值一样……某些法律和制度，不管它们如何有效率和安排有序，只要它们不正义，就必须加以改造和废除"（罗尔斯，2009）。罗尔斯认为，社会是一个互利合作的体系，人们只是为了谋求比单干所能获得的利益更大的利益才组成社会。正义原则之所以必要就在于：人类社会既有利益一致又有利益冲突，因此就需要一系列原则来指导利益的分配。罗尔斯在正义论中提及：社会是由个人组成的多少有些自足的联合体，个体在他们的相互关系中都承认某些行为规范具有约束力，并且在很大程度上愿意遵循它们而行动。当利益发生冲突时，就需要一系列原则来指导人们在各种不同的决定利益分配的社会安排之间进行选择，从而达成有关恰当的分配份额的协议。这些原则就是社会正义的原则，它提供了一种在社会的基本制度中分配权利和义务的办法，以对社会合作的利益和负担进行适当分配（罗尔斯，2009）。

罗尔斯抓住古典自由主义的精髓理念（自由、平等与权利），重新考量它们的关系，建构自己的正义原则。

罗尔斯的正义观是：所有的社会基本价值（或者说基本善）——自由、机会、收入、财富、自尊——的基础都要被平等分配，除非对其中一种或所有价值的不平等分配合乎每个人的利益。罗斯认为，体现这一正义观的两个正义原则是第一正义原则与第二正义原则。第一正义原则，即每个人都有平等的权利享有一完备体系下的各项平等自由权。第二正义原则，即社会和经济的不平等应该这样被安排：①使社会中处境最不利的成员获得最大的利益；②使各项职位及地位必须在公平的机会平等下对所有人开放。

我们通常将罗尔斯正义原则中的第一正义原则称为"平等自由原则"，把第二正义原则下的①称为"差异原则"、②称为"机会公平平等原则"。这两个原则将社会结构分成两个部分：前者所处理的是政治上的权利和自由问题，后者所处理的则是社会经济方面的问题。前者适用于政治领域，包括公民的政治自由以及言论和集会自由等，其核心是确立和保障公民的平等自由，并且这些自由构成一个体系，因为任何一种自由都不是绝对的、无限制的，它不仅受到一些保障自身顺利实施的规则的调节，还要受到其他基本自由的限制，所以必须把这些自由看成一个整体或一个体系。后者涉及社会和经济利益的分配，其核心目的是保障最少受惠者利益。其中，差异原则表达的是在社会经济利益无法做到绝对平等分配的条件下如何做到平等；而机会公平平等原则要求在权力分配方面必须遵从权力职位对一切人开放的原则。在罗尔斯的正义二原则中，第一正义原则优先于第二正义原则，平等自由原则必须首先被满足，以确保公民的基本自由的优先性，而后才能满足有关社会经济不平等的公平原则。对平等自由制度的违反不能因较大的社会经济利益而得到补偿或辩护，正义论否认为了一些人分享更大的利益而剥夺另一些人的自由是正当的。

　　从一般正义观的"合乎每个人的利益"到两个正义原则的"合乎最少受惠者的最大利益"，罗尔斯实际上是从最少受惠者的角度来看待任何一种不平等，他的理论反映了一种尽力想通过某种补偿或再分配使社会的所有成员都处于一种平等地位的愿望。

　　罗尔斯认为伦理学的首要目标是阐明那些可以被证明为正当的原则，这些原则可以在利益冲突的情形下被用来决定哪些利益具有优先性（Rawls，1951）。罗尔斯的正义论对社会工作产生了重要影响。

　　1. 关注社会的差异和差异后的平等

　　罗尔斯认为在最基本的自由权利面前，所有人都是平等的，这是第一正义原则。在第一正义原则之下，没有也不允许以保护所谓弱势群体为名义侵害他人的基本自由权利。在第二正义原则中，罗尔斯强调"不仅要求公职和社会职位在形式上是开放的，而且要求所有人都应该有获得它们的机会"，这里的"所有人"包括弱势群体。"向所有人开放"是从基本自由权利演绎过来的，因为所有人都是平等的，所以在享有机会方面应该做到公平。但是，在一个平等的社会中，对这些基本权利的拥有不一定意味着平等享有，机会在现实中并不能被所有人加以平等地利用。第二正义原则承认人们在经济方面的不平等存在。在实际生活中，这种不平等是不可避免的，自然的、社会出身的以及受教育程度和生活环境等都会引起不平等，这样的不平等是无法消除的。对待不平等的方法不是人为地抹平差别，更不能对强者予以剥夺，这样违背了第一正义原则。从第二正义原则出发，罗尔斯主张对那些实际处于不利地位的人给予一定的补偿，社会合作体系决定了有利者对不利者进行补偿的价值合理性。罗尔斯把这种不平等限定在社会地位和财富拥有领域，也给出了进行这种补偿的可能性和必要性，因为基本自由权利没有差别和被侵犯。

　　第一正义原则优先于第二正义原则，这不仅避免了为了最大多数人的利益而牺牲部分人的自由平等权利的功利主义做法，而且一定意义上也预设了对弱势群体进行帮助的机制。即使在民主平等的社会中，优势群体在财富、机会等方面由于自然和社会的原因也会沦为弱势群体。罗尔斯认为社会从动态来看，是一种社会合作体系，没有社会合作，个体无法增进幸福，而弱势群体因累积的一些不公平因素在社会分配中所占份额较少，那些获得较大份额的群体应该给予弱势群体相应的补偿，这不仅是社会继续合作的保障，也是道德正义的要求。

　　罗尔斯坚决反对功利主义原则。功利主义原则认为可以为了大多数人的利益而牺牲少部人的利益。在罗尔斯看来，功利主义是一个站不住脚的目的论理论，它错误地把个人的选择原则扩大到社会。而正义论不是这样的，它是一种义务论伦理，是一种坚持正当优先于善的正义理论。

2. 关注最少受惠者的利益

罗尔斯提出了"最少受惠者"的概念。他认为最少受惠者的存在是"基本善"分配不平衡造成的。造成"基本善"分配不平衡的原因主要有两个：一个是自然因素，如地理、历史、天赋等；另一个是社会原因，即社会基本制度的安排造成社会基本善的长期分化使得人在原初状态上存在差别。为此，罗尔斯提出基本善是"一种共同资产、一种共享的分配利益"，虽然它的分配是偶然的，但任何获得较多的偶然分配的人都没有权利利用自己获得的较大份额为自己谋利。一个正义的社会体系必须"使任何人都不会因为他在自然分配中的偶然地位或社会中的最初地位受益或受损"。所以他主张在社会基本制度的安排上建立一种互惠的合作体系，在这种制度安排下，天分较高者对天分较低者进行一种天赋并非应得的让利和补偿。罗尔斯认为，只有一种不平等是合乎正义的或者说是公平的，那就是他的差异原则所表述的"要使最少受惠者获得最大利益"的思想。罗尔斯出于两方面的理由特别关注最少受惠者：一方面，这些人之所以受惠最少，往往是因为一些个人无法选择和应对的偶然性因素的影响；另一方面，社会财富从根本上说是产生于社会合作，作为社会组成部分的每个人无论受惠多少都参与了社会合作，只有通过差异原则补偿最少受惠者的利益，才能确保长期的社会合作。

罗尔斯提出正义论（见图 2 - 2）时，正值社会工作专业化运动如火如荼，社会工作为了摆脱社会上对其专业性和职业性的质疑，急需寻找理论依据，而罗尔斯的正义论在强调社会成员权利平等、关注最少受惠者的利益等方面都与社会工作的专业理念不谋而合，因此很快被社会工作专业作为确立和修正自己价值观的重要理论基础。《美国社会工作者协会伦理守则》最新版本的主持修订者卢曼在解释这个守则时，就视罗尔斯的"正义论"为专业价值观的理论基础之一。玛斯（Jeanne C. Marsh）也曾将社会正义看作最重要的社会工作的组织价值（Organizing Value）。他指出，与其他专业一样，社会工作的使命与其他很多职业有重叠，例如教师、护士、临床心理学家等，很多时候，人们会曲解社会工作者的工作，这时候明确一项重要的组织价值至关重要，而社会正义不仅仅是社会工作发展的重要基础，更是社会工作成长壮大的基础。社会工作区别于其他专业的

焦点和我们的竞争优势在于我们的价值观：倡导社会和经济正义。这个价值观使
社会工作能够走得更远。在社会正义这个价值观之上，我们才能抓住每一个机会
去倡导更多有关公众福祉的正义和更多的政策福利，我们才能够塑造独一无二的
社会角色（Marsh，2005）。

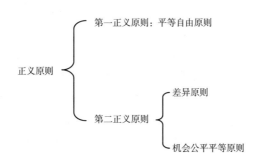

图 2 - 2　罗尔斯的正义论

三　斯坎伦的新社会契约论

托马斯·斯坎伦（Thomas M. Scanlon）是当代西方最著名、最活跃的道德
哲学家之一，也是伦理学巨匠约翰·罗尔斯的学生，1968 年获得哈佛大学哲学
博士学位，之后一直在普林斯顿大学和哈佛大学任教，主要著作有《非自利的
契约论和功利主义》、《我们彼此亏欠什么》等。

1982 年，斯坎伦在他的《非自利的契约论和功利主义》一书中，第一次提
出了"非自利的契约论"（Contractualism）。1998 年，在另一部著作《我们彼此
亏欠什么》中，斯坎伦又将其发展为一套以道德理性为基础的系统的道德契约
主义理论。《我们彼此负有什么义务》一书，也是近几年出现的最为成熟、最重
要的道德哲学著作之一。

斯坎伦将之前的契约论称为"自利的契约论"（Contractarianism）。自利的契
约论从自利的理性人的立场出发，以自我利益的维护或增进为目的，来确立契约
或通过契约同意确立道德与政治原则。非自利的契约论则强调，契约的订立是基
于某种道德的理想或他人无法反驳的理由，从订约人的共同立场或共同需要出
发，依据公平与互惠合作的理想签订契约，并依此确立道德与政治原则。两者之
间的区别主要表现在：按照自利的契约论，契约或道德是各方以个人利益的谈判

为基础的；而按照非自利的契约论，契约或道德是基于某种道德的理想或他人无法反驳的理由。

斯坎伦新社会契约论的主要内容如下。

1. 求助于"合理"（Reason）而不是"理性"（Rationality）

合理与理性的区别在于，"理性"强调满足自己的目标，采取的手段是最有效的。而"合理"希望达到的目标不仅能满足自己，也能满足他人，追求的手段是合适的而不是最好的。斯坎伦用"合理"替代了"理性"，也就是用"合适"取代了"最好"，用"共享的目标"取代了"单一利己的目标"。他认为如果每个人只是从自己的角度出发，人与人之间就是相互竞争的关系，即使我们很希望达成共同的目标，最终却事与愿违。反之，如果我们在提出自己的目标时也考虑别人，这些目标就很可能得到别人认可，在现实中就更能获得满足。

2. 独特的道德动机

道德动机问题是"我们为什么要道德"的问题，斯坎伦认为道德动机包括两个部分，即寻求自身利益和遵守共同的道德原则。

道德动机有两大特点，即重要性和优先性。斯坎伦认为，所谓重要性，一个人对道德的要求无动于衷，较之他对其他类别的理由无动于衷是一个更为严重的过失。如一个人见死不救、通过说谎不当得利比不想刻苦奋斗、不想努力工作更严重。一个人可以没有任何其他的原则或情感，但是不能没有道德，如果一个人没有道德，那么所有人都不愿与之结交（陈代东，2005）。道德的优先性是建立在道德重要性基础之上的，主要包括两点：①道德为其他价值留空间；②其他价值要为道德让步。当某些价值与道德发生冲突时，这些价值则要让位于道德。道德的理由应该优于其他理由，道德是第一位的。

3. 关于行为正当与否的判断

关于道德对错，也就是如何判断一种行为正当不正当的问题，斯坎伦的判断标准是：如果一种行为的发生不能被任何普遍行为规范/原则允许，那么这一行为就是不正当的。

斯坎伦用某种"原则"作为行为判断的标准。这些原则是在信息充分且不受强迫的条件下达成的共识。所谓"信息充分"，是把基于迷信和对行为后果错误的估计排除在外；所谓"不被强迫"不仅包括不被强制参与、强制同意，还包括不能把协议的结果强加于他人。换言之，共识各方能够清楚地意识到自己的处境、背景、目标等各种与共识活动相关的信息，并自由、自愿地参与共识的达成。

斯坎伦把对行为正当与否的判断分为两个阶段：①原则判断，即行为准则的原则是否人们不能合理拒绝的；②行为判断，根据原则对行为的正当性进行判断（斯坎伦，2008）。

如何完成这样的判断：判断的主体是谁？判断的动机是什么？不能合理拒绝的原则是什么？斯坎伦认为，判断的主体是一些具有推理能力的人，即有认知、评估和受理性驱动的人。判断的动机是不但关注自身的利益，也关注相互间的责任、遵循共同的道德原则。通过论证得出不能合理拒绝的原则，即通过"向他人证明行为的正当性"和不能"合理拒绝"这两种方式，提出理由来支持行为，并且宣称这些理由是充分有效的，可以经得住其他任何可能存在的理由的反对。斯坎伦认为这些实质性的道德原则，即我们彼此负有义务的主要是：①保障隐私权；②保护人们不受他人行为的伤害或者因他人行为死于非命；③不受不合理约束追求幸福的权利；④保护人们不受谎言和违背诺言的侵害；⑤由援救原则和援助原则派生出来的相互帮助等（何小勇，2014）。

斯坎伦的理论（见图2-3）与罗尔斯的理论是一脉相传的，他发展了罗尔斯的理论，对道德动机和行为的正当性问题进行了深入的探讨，把罗尔斯的理论从假设的理想社会拉回到现实世界，对社会工作伦理的形成产生了重要影响。

图2-3　斯坎伦的新社会契约论

四　德沃金的权利伦理

罗纳德·M. 德沃金（Ronald M. Dworkin），美国当代著名的法理学家，担任过哈佛大学、康奈尔大学、普林斯顿大学教授，对西方法理学的发展产生了重要影响，代表作有《认真对待权力》、《法律帝国》、《自由的法》等。

第二次世界大战后，美国于20世纪五六十年代爆发了战后最大的经济危机，社会动荡不安且民权运动频发，整个社会面临空前的信仰危机，表现为：①传统的自由主义受到抨击。人们认为社会问题频出是因为自由主义赋予个人过多的权利，如性解放、堕胎、色情文学和吸毒等（李晓峰，2005），个人权利泛滥进而导致国家权利体系的紊乱。②传统的法律体系受到质疑。人们认为传统的法律体系无力解决因社会和经济迅速变化产生的争端，法律的权威性和有效性被严重质疑。

当时，美国社会的主要矛盾有一部分集中在个人权利同国家权力如何获得有效平衡的问题上。针对这一问题，德沃金提出了权利理论，希望能够利用法律解决个人权利与国家权力之间的平衡问题，既强调个人权利至上，又制约个人权利过于泛滥。

1. 道德权利

在德沃金那里，权利包括法律权利、政治权利和道德权利。德沃金反对实证主义对法律至上性的解读，认为个人权利具有至上性，其中道德权利是个人权利非常重要的组成部分，从平等权派生出来。德沃金认为的道德权利是指所有人应得到同等的关怀和对待，所有人必须成为政治社会真正平等的成员。这种平等权包括：①受到平等对待的权利（Equal Treatment）；②作为平等的人受到对待的权利（Treatment as an Equal）。德沃金指出，在经济上，只有采取市场机制，才能实现人们的资源平等（Equality of Resources），实现分配正义；在政治上，民主政治或代议式的民主政治最能体现平等的关注与尊重这项权利（德沃金，1998）。

认真对待权利，即尊重个人的道德权利。对于个人权利与公权力的冲突，德沃金认为，个人具有不可侵犯的权利，这些权利不仅是法律规定的，而且是先于法律规定而存在的（雷斌根，2007）。政府经常需要权衡社会利益与个人利益，但是德沃金认为社会利益是个伪命题，社会利益实际上就是社会大部分人的个人利益，政府维持的是个人利益之间的平衡，而非社会利益，也正因如此，政府不能随便因为社会利益而侵犯与剥夺公民的道德权利，因为没有了被承认的道德权利，每个人的权利都可以被社会普遍利益压制，所谓社会普遍利益也只是一个空壳。因此，道德权利是存在的，行使道德权利不应该受到法律的惩罚。一项原则上尊重个人权利的民主制度，个体负有遵守法律的基本义务，但个体也有权做自己认为正当的事情，有权按照自己真诚的信仰来行事，即使政府会把他投入监狱。政府如需要废除这些权利，也应该有非常正当的重大理由，因为剥夺一项权利比扩张一项权利要严重得多。

2. 道德原则

在德沃金看来，道德权利的存在给予公民依据自己的信仰行事的权利，因此公民不仅仅只有遵循法律的一般基本义务，同时还有遵循自己道德原则行事的义务。当时占主流的法律实证主义将法律看成一套特殊的规则的集合，而德沃金反对这一观点，他认为法律不仅包括规则，而且包括原则。

在德沃金看来，法律保护的是多数人的权利，不是统治者强加给弱者的，法律之所以是让人们信服的，是因为它是有道德原则的法律，人们尊重的是法律中体现的道德权威，人们内心对其怀有真诚的信仰。

德沃金试图用一个例子将原则和规则区别开来：帕尔默的祖父在遗嘱中承诺给他一大笔遗产，但祖父再婚后，他害怕祖父再婚会影响自己对遗产的继承，用药毒死了祖父。他的罪行被揭发后，被判处了监禁。那么现在的问题是：帕尔默是否还能根据遗嘱继承遗产？从现有的法律规则来看，帕尔默可以继承遗产。但是法院指出，一切法律在执行上都受普遍法的基本原则支配，即任何人不得从自己的错误行为中获利。因此，法院应判决帕尔默没有继承权。在此案例中，法官的裁量标准不是法律规则而是法律原则。

德沃金认为规则与原则之间有两点区别：①规则在适用时是以完全有效或完全无效的方式呈现，而原则则说明了主张某种行为的理由，并不要求做出某一特定的决定；②原则具有规则所没有的深度和重要性，当原则相互冲突时，人们可以权衡每项原则的相对分量以解决冲突。

从以上的例子与德沃金的区分中可以看出，法律原则是存在的，并且在某些司法判决中发挥着巨大作用。例如在帕尔默案中，法院根据"任何人不得从自己的错误行为中获利"这一原则，制定了一个新的规则，即"一个杀人者无权根据被害者的遗嘱获得遗产"。

同时，德沃金也再次澄清了自由裁量权的概念，并借此再次强调法律中原则的重要性。法律实证主义者认为，法律规则不是面面俱到的，如果现有的法律规则不能明确处理某一案件，那么这一案件就需要由法官行使自由裁量权来处理。德沃金认为，没有不受限制的自由裁量权，法官的自由裁量权要受到原则限制。自由裁量权就像圈形面包中间的那个洞，如果没有周围一圈的限制，它就是一片空白，本身就不会存在。

需要注意的是，虽然德沃金认为公民的道德权利应该受到保障，但他对当个人道德权利与法律权利发生冲突时究竟该如何解决的具体措施并未进行详细的阐释，尽管他提到在进行判定时要重视道德原则的观点具有指导意义，但对于道德原则的设定、道德原则的具体内容、道德原则在司法中如何才能被真正遵循的诸多方面缺乏可操作性的阐释。

此外，尽管德沃金始终强调政府应该保障公民道德权利的实现、应该平等地尊重和关怀公民，但对于如何才能更有强制力地确保政府真正认真对待公民的道德权利这一问题，德沃金并未详释。

尽管如此，德沃金所提出的权利伦理观点（见图 2 - 4）在回应个人权利与国家权力之间的矛盾与冲突时有其独特的理论贡献，他所强调的道德权利、道德原则以及个人权利与国家权力之间的适应性平衡问题是引人深思的，也对社会工作产生了重要影响。

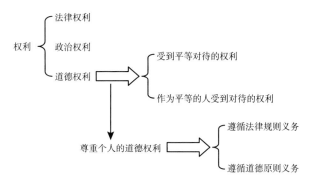

图 2 - 4　德沃金的权利伦理观点

五　内格尔的公平观

托马斯·内格尔（Thomas Nagel），美国当代分析哲学家，以研究政治哲学、伦理学、认识论而著称，主要著作有《你的第一本哲学书》、《理性的权威》、《人的问题》、《本然的观点》等。

内格尔相信这个社会的不公平是真实存在的。但是他并没有致力于为我们提供一种关于消除不平等的解决方案，他只是尝试解释问题是什么以及为什么提供一种解决方案如此困难（内格尔，2000）。

1. 意识的二元性

不同于罗尔斯、斯坎伦等把集体和个人对立起来的观点，内格尔认为集体和个人关系的本质是个人与他自己的关系，即个体的个人意识和非个人意识的关系，这是内格尔著名的"意识的二元性"（Duality of Viewpoint）观点（内格尔，2000）。

个人意识是指对一个人特别重要的欲望、计划、依附和忠诚。个人意识将个人自己与其他人区分开来，对于他看待和体验这个世界有特殊重要的意义；非个人意识是一种集体意识或共同体意识，从个人观点中抽象出来，与其他人保持一致，对人类的生存和发展有重要意义。这两种意识统一于个体，但又在内在自我那里发生分裂，个人立场产生了个人主义的动机和需要，非个人立场产生了对普遍公平和平等的强烈的要求。如果这种对公正和平等的要求是值得向往的社会与政治理想，那么个人主义的动机和要求就为追求与实现这一理想设置了障碍（徐向东，2004）。

内格尔不认为个人和社会之间是对立的。个人存在于社会中，任何社会政治体制都无法忽视存在于社会中的个人。对于他们之间冲突的处理方法扩展到政治理论中就体现为如何处理政治制度和个人动机之间的关系。内格尔认为，每个人都有追求幸福的道德动机，但是这种动机并不一定转化成实际的道德行为，并不一定能带来整个社会的好秩序，因此我们需要制度。国家要为公民提供稳定而安全的制度去保障每个人对幸福的追求、对自己发展的渴望，而个人又同时具有对个人幸福的追求和对相互协作以及互利互惠等普世价值的向往，在安全的制度下，个人的自我意识和非自我意识会和谐地共存于自我之中，从而使个人行为带有道德动机，进而转化为道德行为，促进整个社会的公平、有序。

2. 公平观

内格尔的公平观主要体现在对于不平等问题的思考上，包括对不平等本身和减少及消除这些不平等的补救措施的思考。

内格尔的平等观与康德式的预设一致，即相信每个人就像每个其他人一样，都具有同样的尊严和价值。内格尔认为，人生来就应当是平等的，但是现实是不平等的，比如有的人一出生就有残疾、面临贫困，而有些人生来就健康、享有富足的生活。面对事实的不平等，内格尔认为应务必保障这部分社会最弱势群体的利益。

内格尔把不平等分为两种：①有过错的不平等（Doing Something Wrong）；②无过错的不平等（Without Doing Something Wrong）。

有过错的不平等是被强加的，如歧视、偷窃、暴力抢夺等。这种不公平是一些本不应当影响人民基本权益的因素造成的。内格尔认为，强加的不平等本身就是错误的，对此进行补救的做法是机会面前人人平等，只要你有能力就能得到。

无过错的不平等有两种：①源于天赋（Nature）的不平等，比如努力、技能、能力；②源于非应得（Undeserved）的不平等，比如社会经济背景、家庭出身、阶层、教育等。内格尔认为，这些不平等是个体一降生到这个世界上就会碰到的不平等，与个人运气有关。相比源于天赋的不平等，内格尔认为源于非应得的不平等更加让人难以接受（Nagel，1987）。在一个自由竞争的经济社会里，这两种不平等最主要的表现方式就是个体在薪酬体系上的差异。

内格尔认为，一个正义的社会不应该以正义为由而忽视社会的不平等，如果是社会和经济系统导致这些不平等，就应当由社会负责，制定补救措施。

3. 国家干预

内格尔认为，当社会出现不公平现象时，社会有责任和义务去帮助处于不公平状态的弱势群体，而国家干预就是社会制度实践层面的主要方式。

内格尔的国家干预是在其意识的二元性基础上整合了社会制度与个体需要的干预，既强调社会制度的公平、公正，又尊重个体的个人意识，即国家干预之前先采用道德原则来判定，然后再运用社会制度来协调。

内格尔认为当社会经济制度导致一些人在自己没有过错的情况下生活在物质贫乏社会，这显然是不公平的。这可以通过社会再分配（如税收制度、货币供给和社会福利系统）来防止。

具体的国家干预方式：①税收制度。通过加大对富人的征税力度来缩小财富的巨大不平等，比如，消费税、遗产税、个人所得税等，在内格尔看来，向富人征收赋税是天经地义的、自然的事情，富人有义务和责任拿出一部分财富帮助社会弱势群体。②货币供给。通过货币供给，直接为弱势群体提供货币支持。内格尔认为货币供给的方式最为直接、快捷有效，可以给弱势群体提供最直接的帮助。③社会福利系统。提高医疗保健、食品、住房和教育等基本福利，这是另外一种方式，不是向受助者直接提供货币，而是将货币转化成间接的"物"。

"公平观"是西方政治哲学的一个基本理念。内格尔公平观的创新之处在于：①他对于平等的思考立足于现实，在现实的背景下分析平等和不平等；②他认为个人和社会的关系在于，个人生活存在于社会中，社会生活由个人生活组成，二者并非极端对立，社会政治体制应当保证每个人都过上有尊严的生活，减少个体在生活中遇到的困境和冲突；③内格尔认为个人意识和非个人意识同时存在于一个个体之中，可以通过恰当的社会机制，使个人道德部分转变为公共道德，从而形成一个更值得向往的社会制度。

维护社会的平等是社会工作伦理追求的核心价值之一，内格尔的公平观（见图2-5）为社会工作者如何理解不平等以及不平等产生的原因及个人与社会的关系提供了一个全新的视角。

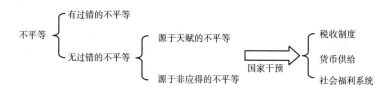

图2-5　内格尔的公平观

六　诺齐克的自由意志论

罗伯特·诺齐克（Robert Nozick），20世纪最杰出的哲学家、思想家之一，哈佛大学教授，对政治哲学、决策论和知识论的发展做出了重要贡献，代表作有《无政府、国家与乌托邦》、《生命之检验》、《哲学解释》等。

20世纪70年代，美国经济陷入"滞涨"的困境，倡导政府实施财政政策进行经济干预的凯恩斯主义失灵，越来越多的人意识到国家对经济过度干预，限制了经济活力。《无政府、国家与乌托邦》（诺齐克，1991）正是在这样的社会背景下出版的，是对3年前出版的罗尔斯《正义论》的批评和回应。

为了反驳罗尔斯所主张的多方干预的多功能式国家观点，诺齐克提出了"最弱意义上的国家"，即一种管事最少的国家、最低限度的国家、除了保护性功能之外再无其他功能的国家，是古典自由主义所谓的"守夜人式"的国家（诺齐克，1991）。在诺齐克看来，个人权利是国家行为的一种根本的道德标准和道德约束，证明最弱意义上的国家的道德依据就是看其是否侵犯了个人的权利。与康德式的道德原则相一致，诺齐克同样赞同"人是目的不是手段"，即个人的权利神圣不可侵犯，不能被牺牲或者被用来达到其他的目的。个人权利至上性是诺齐克自由意志论观点的核心。

诺齐克与罗尔斯在国家的一般政治功能上的分歧不是太大，他们都认为在政治上要保障所有人享有尽量广泛的、平等的基本自由，这种保障优先于对社会福利、功利的考虑。但国家在满足这一条件后，是否还能做更多的事，按照某种社会理想或分配模式进行一种经济利益的分配以达成某种正义，即是否需要功能更多的国家呢？

罗尔斯认为是可以的，诺齐克认为是不可以的，并提出了自己的持有正义三原则权利论，以反对罗尔斯包含平等主义精神的公平正义论。诺齐克的持有正义三原则权利论指出，一个人总的持有现状或者结果是否正当，完全依赖于每个人的持有是否正义，是不是通过正当途径得来的，其核心是权利原则。而衡量个人持有是否正义涉及三个原则：①获取正义原则，持有的最初获得，即对无主物的占有是否合法（只要不损害他人，通过劳动等占有一个无主物就是合法的）。②转让正义原则，持有从一个人手上转换到另一个人手上的过程是否合法（自愿交换、馈赠等得到的东西是合法的，偷窃、抢夺、欺诈得来的东西是不合法的）。但诺齐克认为，并非所有的持有都符合上述两个原则，为了矫正对前两个原则使用中暗含的不正义，他提出了③矫正正义原则，对获取或转让过程及其结果进行矫正。如某个人通过遗产继承从其父亲那里获得了某项财产，这是正义的，但其父亲是从其祖父那里继承来的，而其祖父对这份财产的持有是不正义的，这就需要利用矫正正义原则进行矫正。但这个原则真正操作起来往往很困难。

诺齐克认为，如果一个人按照获取正义原则和转让正义原则，或者按矫正正义原则对其持有是有权利的、有资格的，那么他的持有就是正义的。如果一个社会中每个人的持有都是正义的，那么这个社会持有的总体（分配）就是正义的。在这种情况下，模式化原则下的分配就是不合理的，因为模式化分配就意味着对自由的侵犯，忽略了给予的一面，只注重接受的一面，看到了接受者的权利，却忘却了给予者的权利。

诺齐克的权利理论与罗尔斯正义论的对立，实际上是在经济领域强调自由还是强调平等的对立，争论的是经济领域中自由与平等谁更优先的问题。罗尔斯通过关怀最少受惠者表现出对平等的偏爱，诺齐克则把自由优先、权力至上的原则贯穿于社会和经济利益分配的领域。

在诺齐克看来，只要个人对无主物的占有符合持有正义三原则，国家就应该对个人对物的权利予以尊重，不能为了追求结果的正义而忽视来源正义。如果国家的功能超过最弱意义上的国家，那么就容易将其社会功能延伸至分配领域，从而造成对个人权利的侵犯。

诺齐克承认人们之间的天赋确实存在差别，这是一种不幸，但并不是不公正的，它是事实，可以用另外的方式来处理（如个人慈善等）。诺齐克指出，通过才智较高群体和才智较低群体的合作，本来就使才智较低者能从普遍合作体系中获得更大的利益，差异原则却还要使他们得益更多，这最终只能导致无人想要发挥他们的才智。因此诺齐克认为，一个人拥有自然天赋并没有侵犯别人的权利，他们从自然天赋中得到有差别的利益，只要没有损害别人的权利就是合理且正当的。

作为当代自由主义的主要代表，诺齐克的自由意志论（见图2-6），通过对持有正义三原则权力论、非模式化分配原则等的论证，阐述了个人权利与国家权利、自由与平等之间的关系，强调了个人对持有物权利的合理及正义性，指出差异原则下注重结果正义对来源正义的挑战，从而强调个人权利的重要性，反对借公平、正义之名的国家功能的扩张对个人权利的侵犯，对于社会工作伦理的形成有重要意义。

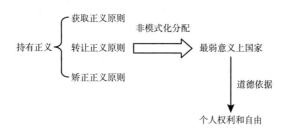

图2-6　诺齐克的自由意志论

七　诺丁斯的关怀伦理

内尔·诺丁斯（Nel Noddings），美国斯坦福大学荣誉教授，美国教育哲学学会和约翰·杜威研究协会前任主席，主要著作有《关心：伦理和道德教育的女性途径》、《培养有道德的人：以关怀伦理替代品格教育》等。

关怀伦理学兴起于20世纪70年代末80年代初的美国，那时全球化过程出现了一系列新问题，如利益冲突、环境污染、恐怖主义、多元价值抉择困难等，整个社会倾向于实用与功利，人们对事物的关注胜过对人的关怀，人与人之间关系疏离、冷漠，传统伦理学无法解答这些问题，在此情况下关怀伦理应运而生。

诺丁斯反思了传统的、以男性主义为中心的文化，强调女性视角在伦理学中的重要作用。她指出，男女两性有不同的伦理推理方法，男性的伦理推理方法是逻辑辩证，即以普遍道德原则为基础进行抽象逻辑分析，他们思考的是权利、正义和规则；女性的伦理推理方法则是情感体验，即对事件发生情境进行细节分析，聚焦于关系、爱与情感。

诺丁斯认为，人们应该通过建立相互之间的关怀关系，以消除后工业社会中出现的人与人之间的淡漠与疏离，以及对物质的过度向往，重新建构"人与人"、"人与自我"之间的关系。

诺丁斯认为，每个人都希望自己的某些需要得到满足，每个人都离不开与其他人的交往，而所有的关怀都是在这些关系中产生的，关怀源于责任和期待，关怀不仅仅是动机，更是现实的行为。每个人都需要关怀与被关怀（诺丁斯，2006）。

诺丁斯在《关心：伦理和道德教育的女性途径》一书中解释了"关怀"，她认为，关怀是一种"投入或全身心投入"的状态，即在精神上有某种责任感，对某事或人有担心和牵挂感。关怀一般只能通过关怀行为表达。关怀行为就是考虑到具体情境中特定个体和他特定的需要，做出的旨在增进其福祉、有益于其发展的行为。关怀意味着对某事或某人负责，保护其利益、促进其发展（诺丁斯，2014）。

诺丁斯将关怀分为两种基本形式：自然关怀、伦理关怀。自然关怀是指对被关怀者需要的直接反应，对象处于亲近关系（子女、友人等）中，是一种自然的本能冲动和真情流露。伦理关怀是一种近似于康德道德取向的义务式的关怀，是一种需要被唤醒、激发及培养的道德感，关怀的对象是那些与我们在社会地位、文化、物理空间和时间上有一定距离的人。诺丁斯肯定自然关怀，且加以珍视。但她同时也认为，自然关怀的范围是有限的，仅有自然关怀是不够的，人类需要第二种情感——伦理关怀，它源于第一种情感，根源于对第一种情感的记忆。为了使人类在互动中有更多的道德行为，仅有自然关怀是不够的，必须努力培育伦理关怀。

诺丁斯的伦理关怀特别强调关怀的关系性，即如何建立、维系以及增强关怀者和被关怀者之间的关系。

在关怀的关系中，倾听非常重要，要专注地倾听被关怀者的需要。诺丁斯用三个场景来阐释这种关系性，其中 A 代表关怀者，B 代表被关怀者，形成的关怀关系是且仅是：①A 关怀 B，即 A 有关怀的意识和动机；②A 做出与①相符的行为；③B承认A关怀B，B的意识特征是认可、接受和反应（诺丁斯，2006）。因此，关怀是一种互动关系，关怀者全身心地、开放地、无条件地关注被关怀者，合理满足被关怀者的需要，也需要被关怀者认可和接受他的关怀行为，并做出积极的回应。

关怀的过程是在动机的激励下，在关系中有实际行为，并得到积极回应。当你在关怀一个人的时候，你的全部热情和内心都会朝向他，你会想自己可以为他做些什么，协助其达成目标。在这里，被关怀者对关怀者的反应是关怀伦理最重要的环节，但这并不意味着被关怀者要对关怀者报以感激，而只是关怀者从被关怀者身上得到"被关怀者接受了我的关心"这样一种积极的反应（辛丰双，2013）。但是，关怀不是盲从，如果被关怀者的自主选择其实是不正确的、是有碍于他的长远发展的，关怀者就不能满足这样的需要，而有责任把自己真实的想法告诉被关怀者，然后由被关怀者在充分掌握资料的情况下做出尽可能正确的选择。关怀是要考虑效果的，但又不是功利的。

与其他伦理学理论相比，关怀伦理学有其独特的理论特色：①突出人们之间的现实关系。以往的伦理学在强调自我时，往往将自我和他人分离，而关怀伦理学认为，自我无法与他人分离，自我是在与他人的互动中，通过与他人的关系展现出来的，强调的是一种互为主体的自我。②关注情境。传统的伦理学都求助于抽象的普遍原则，要求道德行为者让自己的道德体验服从于一个抽象的原则，如康德的"绝对律令"；关怀伦理关注情境，认为对伦理的讨论是在关怀的互动中，与被关怀者一起进行的，关怀者不仅仅寻求原则的指导，同时还转向被关怀者，关注被关怀者的需要（诺丁斯，2008）。③突出经验和情感在道德行为中的作用。传统伦理学把理性与抽象性、普遍性联系在一起，把体验、情感和感受与具体性和特殊性联系在一起，并将其对立起来；而关怀伦理不再将情感、经验和理性截然分开，其突出了经验和情感在道德行为中的作用。④强调道德的实践意义。传统伦理学强调建立原则和对原则进行逻辑演绎；关怀伦理认为不能仅将伦理看成一系列原则，还要把它看成一系列行为，强调道德实践的意义，做到知、情、行三者的合一。

诺丁斯的关怀伦理（见图2-7）为伦理学的发展打开了一扇新的窗，对社会工作伦理强调与案主相互关系的建立、在具体的情境中互动、关注案主的主动性、倾听和回应案主的需求、将伦理建立在实践和操作化的基础上，有重要的意义。

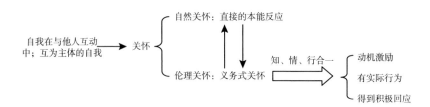

图 2 - 7　诺丁斯的关怀伦理

八　哈贝马斯的商谈伦理

尤尔根·哈贝马斯（Jurgen Habermas），德国著名的哲学家、社会学家，法兰克福学派第二代中坚人物，被公认为"当代最有影响力的思想家"之一，主要著作有《交往的理论》、《走向合理的社会》、《理论与实践》、《知识和人类旨趣》、《公共领域的结构转型》等。

20 世纪是人类历史上生产力飞跃的时期，但也是两次世界大战发生和全球两大经济体冷战的阶段。一方面，生产力高速发展，物质生活极大丰富，人们在不断膨胀的欲望和无止境的消费中迷失了自我，对工具理性的盲目崇拜、对个体需求的极端满足，导致"人的异化"；另一方面，在全球化背景下，不同国家、种族、信仰、社会阶层因利益不同而冲突不断、战争频仍。在此基础上，哈贝马斯提出了"交往理性"，希望消解金钱、权力对人的统治，在交往理性的基础上重建公共领域，在多元价值的世界中找到主体间可以达成相互理解的现实道路。

人类的任何生活形式都以交往关系为基础。商谈伦理是指在公共领域中，人们在交往时，基于商谈（对话），为促进交往活动合理化而应当遵循的一些基本规则。

哈贝马斯不否定人们之间的绝对差异，但他认为在独立的自由个体间存在共同性，提倡通过平等、有效的途径达成一致性。商谈伦理的关键在于对道德判断的有效性逻辑进行重构，而要做到这一点，势必要阐明用来进行道德判断的基本原则究竟是什么，并进一步追问道德原则客观有效性的基础何在。从这种意义上说，用来进行道德判断的基本原则就构成了哈贝马斯商谈伦理的核心要素。哈贝马斯认为，商谈伦理的核心原则包括普遍化原则和对话原则。

1. 普遍化原则

哈贝马斯认为商谈伦理之所以可行，在于它遵从了普遍化原则，满足了每个参与者的利益。只有大家普遍参与后达成的共识才能为大家遵守，才具有普遍有效性。普遍参与原则要依赖具体的言语和行为来体现，应该赋予每个人平等的权利，能够公开地表达自己的意图和动机。商谈伦理是程序理性，严格要求商谈过程的程序公正。

2. 对话原则

哈贝马斯认为，语言是达成共识的基本条件，因为语言是先验的，是人类生活最深的层次，话语在我们进行交谈之前就具有规定的意义，规范只有通过对话的方式得到认同，才能确立下来，才有普遍的意义，任何共识的达成都要借助语言的交往。语言能使我们达到相互理解的目的（胡军良，2010）。交往行动实际上是主体间以语言为媒介的对话。

对话原则是指，所有规范只有得到（或者能够得到）作为实践对话的参与者的同意，才能被宣称为有效的。对话原则是为了说明道德规范的产生是合理且有效的，并且通过对话原则，人们可以进一步对这些道德原则进行判定，同时，在对话原则与普遍性原则的关系中，对话原则起到了保障作用。

商谈伦理的程序性表现为：①通过一个固定的过程，即在平等的基础上，以语言作为媒介，达成主体间的理解。哈贝马斯看重的不再是结果，而是程序上是否公正；②通过明确的规则，提出对话语沟通有效性的要求。一般情况下参与者会经历三个阶段，首先是理解对方的意思，其次是根据对方的质疑进行反思，最后是双方达成一致。商谈伦理在实际推演的过程中，展示出严格的阶段性，要求每个参与者都必须依照程序。

普遍化原则是对话原则的前提和基础，普遍化原则为我们搭建了道德共识的平台——普遍接受的。在这个基础上，我们才能进行平等对话。同时对话原则为普遍化原则的实现提供了有利条件。对话原则为我们提供了主客二元模式互动的桥梁，语言成为最重要的媒介。因此，这两大原则互为因果，解释了商谈伦理的操作模式。

哈贝马斯的普遍化原则与康德的义务论形成了鲜明的对比，康德强调道德是具有先验性的，它不依赖于人而独立存在，并且高高地凌驾于所有人的理性和经验之上，康德认为人可以做到绝对自律地去遵守这一道德律令。而哈贝马斯否定了康德绝对律令的普遍有效性，认为只有在普遍参与的基础上、通过互动和商谈形成的道德规范才能具有普遍有效性。

商谈伦理（见图2-8）是一种关系伦理，重点讨论的是主体之间行为的合理性构建，强调程序的公正性。对于社会工作承认在差异的基础上，通过平等的对话、互为主体性，在理想的交谈环境中平等互动、达成共识、化解矛盾和冲突、形成交往理性具有重要的意义。

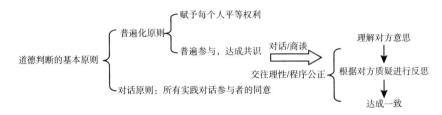

图2－8　哈贝马斯的商谈伦理

从康德、罗尔斯、斯坎伦、德沃金，到内格尔、诺齐克，再到诺丁斯、哈贝马斯，社会工作伦理的发展不是孤立的，而是在人类对人性、个人自由与共同体利益、冲突与合作等关键性问题探讨的基础上不断发展起来的，应和的是整个人类社会的发展。在人类浩如烟海的哲学、伦理学研究成果中，我们只选择了这几位大师的理论，他们对于道德原则、分配正义、平等、国家权利与个人权利、个人意识与社会意识、行为的正当性、义务或关怀以及普遍化道德原则如何形成的讨论与研究对社会工作伦理的形成产生了深远的影响。当然，我们也清醒地认识到，这其实是远远不够的，知识的积累和相互影响，不是简单的罗列可以涵盖的，更多知识的获得还有赖于大家更多的探索。期待社会工作伦理的理论体系不断地完善，人类关于人、关于社会、关于人与人之间的关系、关于我们生活世界的基本问题能找到更多、更好，也许是更多元的答案。

第三章　社会工作伦理的价值来源

社会工作是以利他主义为指导、以科学的知识为基础，运用科学的方法进行的助人服务活动。这种助人活动是社会工作者强烈的助人观念驱动的社会互动，更是一种伦理价值相关的社会互动。

——Reamer，1995

《美国社会工作者协会伦理守则》（1996）修订委员会主席卢曼认为：价值观和伦理是社会工作专业的生命线（Reamer，1998）。波尔曼（Perlman）指出，社会工作的独特之处在于其具有工具性的价值，并且这种价值可经由我们对所发展出来的知识、技术与资源的追求而实现（Reamer，2000c）。毫无疑问，社会工作是一个满载着价值的专业/职业。

第一节　价值的内涵与特质以及价值观的形成

一　价值的内涵与特质

价值是个人或社会群体对周围事物好的和想要的信念、偏好或假设，意味着对生活的目的、手段和条件等方面的经常性偏爱，通常伴随着强烈的情感。

价值观的形成是个人的先天条件与环境相互作用的结果，随着经验积累而不断修正、进化。价值观反映在社会的制度化的行为模式之中，并且使参与者倾向于在共识的基础上依此行动。

从哲学的角度来说，价值具有以下四个特质。

（1）价值是一种信念。价值超越对象和情境而存在，包含认知、情感及行为三部分，是个人的信念系统。

（2）价值具有持久性。价值系统一旦确立并被世人接受，便具有相对稳定性，除非受到强烈而持久的冲击，否则不会轻易改变。

（3）价值反映在行为中。价值虽然是一个抽象的概念，但作为行动选择的判断性依据，是人们行为的标准，在人们的行为中反映出来。

（4）价值具有文化属性。价值并非单纯个人的情绪反映和需求，而是在与他人的互动中形成的一种偏好，具有社会性，和个人生活的社会文化直接相关，包含文化属性。

简言之，个人在社会互动中建立其价值体系，并借此判断社会现象，决定其行为选择。所以，价值体系是为个人提供分析社会规范、思想信仰和行为的架构（杨国枢、李亦园，1992）。

二 价值观的形成

当任何一个人出生来到这个世界时，除了拥有与生俱来的生物体以及先天的本能性的感知觉外，并不具备任何用来思考和评判这个世界的概念和观念。但是，当他开始与周围环境互动后，社会文化与他人行为就会对其产生影响，通过不断地模仿和学习，个体将环境给予的刺激概化，形成自己的经验。这些经验不断累积，使个体形成对周围世界的认知和看法。这些认知和看法，随着个体不断成长，通过自我选择，将其中一部分内化和自主化为人格的一部分，就形成了价值观。当个体再与环境互动时，自主和内化的价值观开始运作，对行为产生影响，指导个体做出行为选择（如图 3-1 所示）。

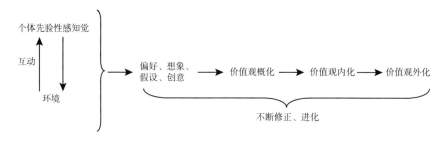

图 3-1 价值观的形成过程

影响和决定个人价值观的主要因素包括：①个人的先天感知觉。这是个体先天的本能因素。②个人的想象力和创造力。即个人在与环境互动时，在刺激反应过程中，对事物的思考能力及学习能力。③个体与环境的互动过程。价值观形成过程是个体对自身经验不断判断、内化和自主化的结果。个体与环境不断互动，环境对个体的期待、个体在互动中形成的认知及情绪体验，慢慢地帮助个体构建自己的价值观体系。

个体的价值观形成是一个不断发展的过程，从不明显到明显、从不稳定到稳定，经由概化、内化，逐渐形成并稳定下来。价值观虽然看不见、摸不着，但当个体做出行为时，价值观就在个体的行为中体现出来，即当个体面临一种抉择情境时，其就要对各种价值选项进行分析、思辨与判断，然后从中排列出优先顺序，指导个体的行为选择。任何人的行为都是自身价值观影响的结果。

第二节　社会工作核心价值观

社会工作价值观是指社会工作者所秉持的一套有关人、人类社会、人与环境关系本质的，与社会工作使命与目标紧密联系的信念系统。

《美国社会工作者协会伦理守则》修订委员会主席卢曼在分析现行伦理守则关于社会工作核心价值观的规定时认为，社会工作价值观之所以独特，并不在于它与其他领域的价值观有多大的区别，而在于社会工作会为了实现其专业使命与目标，从中挑选出一组符合专业特性的价值，以之作为实践的前提和根据（Reamer，1998）。

一　社会工作核心价值观的发展

在社会工作的发展历程中，社会工作的价值体系处于不断的发展中。

1. 社会工作价值观的发展演化

夏学銮曾较为系统地考察了社会工作价值观的演化过程。他将社会工作价值观演化过程划分为三个阶段，分别是早期社会工作实践中的价值观、正式社会工作中的价值观和专业社会工作的价值观。他认为，早期社会工作实践中的价值观与宗教有千丝万缕的联系，把救助看作一种施舍，是对受助者的一种怜悯，它承认和容许受助者的羞耻感及不平等意识；正式社会工作始于工业化和城市化的社会进程中，包括慈善组织会社、睦邻组织运动等，正式社会工作在价值观念上抛弃了救助过程中的尊卑意识，承认人与人之间是平等的，并应该相互帮助；在社会工作专业化的进程中，社会工作中的宗教价值逐渐让位于以科学和知识为基础的专业价值，人本身无条件地被放到社会工作专业的中心位置来考虑，帮助人不再是一种宗教上的义务，而是一种人道主义义务（王思斌，1998）。

今天，回溯整个社会工作专业的发展会发现，20世纪40～70年代，是社会工作价值观形成和发展时期，这一时期社会工作发展明显地受到伦理学的深刻影响，一些著名的伦理学理论被用来指导社会工作价值观的研究与探索，出现了大量的专业著作。社会工作对专业价值观的关注发生了变化，从早期关注案主道德优先，到个人的权利和尊严被重视，再到持久的关注与价值密切相关的人权、福利权、平等权、歧视和压迫等社会问题，社会正义、社会平等、公民权利等价值观在社会工作伦理中开始彰显其重要性。

当然，社会工作价值观也是社会工作专业团体内不断达成共识的过程。

1958年，美国社会工作者协会发展出了社会工作最初的基本价值体系：①个人应得到社会基本的关怀；②社会与个人是彼此相互依赖的；③每个人对他人负有社会责任；④除了人类的共同需求之外，每个个体是独特的，且异于他人；⑤民主社会的基本特质，在于每个人的潜能都能充分实现，个人应通过社会参与承担社会责任；⑥社会有责任提供途径，以帮助个体自我实现。在这六点中，可以明显地看到②、③、④三点强调的是人与人之间的关系，①、⑤、⑥三点则强调的是人与社会的关系。

1996年，美国社会工作者协会通过的《美国社会工作者协会伦理守则》将社会工作的基本价值观再次概括为：①服务，社会工作者的首要目标是帮助处境困难的人，推动超越个人私利的社会服务；②社会公正，社会工作者追求社会变革，特别是同弱势和受压迫的个人和群体一起工作，减少贫穷，确保有需求的人完全就业，消除种族、宗教和性别基础上的歧视，使弱势群体、受压迫群体受益；③个人的尊严和价值，社工尊重人类的价值和尊严，与此相对应，认知文化差异，促进案主自决和自我承担责任；④人际关系的重要性，社会工作认识到人类关系的重要性，关注人际关系的改善，包括案主在治疗过程中为了改变所冒的风险，以及个人、团体和社区福利的提升；⑤诚信，社会工作者认为社会工作是值得信赖的职业，了解社会工作专业和职业的使命，表现出一种责任感，并在工作的机构和组织中促进伦理实践；⑥能力，社会工作者应在专业能力范围内开展工作，致力于增进专业知识和技能，并将它们运用到实际工作中。此时，社会工作的基本价值已经从简单地论述人与人、人与社会之间的关系扩展为对社会工作者具体行为的指引，强调社会工作者如何对待案主、如何提供服务，甚至如何提升自己的专业能力。

2. 社会工作价值观对社会工作发展的影响

美国著名的社会工作伦理专家卢曼认为，社会工作的价值观在四个方面影响社会工作专业的发展：①影响社会工作行业的类型和社会使命；②影响社会工作者与案主、同事以及社会成员间的关系；③影响社会工作的介入方式；④影响实践中伦理困境的解决方案（Reamer，1999）。

卢曼还认为，一路走来，社会工作价值观对社会工作的影响呈现6大趋势（Reamer，1999）。

（1）家长式趋势。主要在社会工作专业发展初期被关注。这一趋势基于一种假设，即社会工作者应当影响案主纠正自己的生活方式，并且使他们能在不依靠社会救助的情况下过一种恰当且有道德的生活。

（2）社会正义趋势。期望减少由于社会资源分配不公引起的社会不平等或导致的社会依赖。依据这种趋势，很多难以解决的社会问题，比如贫穷、犯罪、失业，甚至一些身体疾病都与外在社会结构和社会制度有关，因此，社会工作必须推动基本的社会变革，包括社会财富、社会福利服务的再次分配。

（3）宗教理念趋势。在20世纪初期的几十年里，宗教价值体系与情怀一直主导着社会工作领域，在世界很多地方流行，社会工作因此发展服务去缓解穷人的痛苦，如在施舍处提供免费的热饭菜、在冬天提供过冬的冬衣、在贫困地区给在家治疗的病人提供医疗设施等。慈善捐赠作为一种宗教价值和义务，直到今天依然是影响社会工作发展的重要因素。宗教理念见证了社会工作专业的社会责任和人类的守望相助。

（4）临床趋势。从19世纪70年代开始，临床趋势一度成为社会工作领域的主导趋势，强调的是实务工作者对案主的道德责任，如信息的保密、知情同意、信任专业关系的建立，以及有职业道德地解决问题等。

（5）防御趋势。这个趋势最近变得越来越流行，重点强调的是加强对社会工作者的保护，而非对服务不当的控告和诉讼。这种发展趋势应对的是大量对社会工作的抱怨带来的威胁，比如疏忽、不保密和玩忽职守等。

（6）所谓的"不道德"趋势。社会学和哲学思维的"后现代"转向质疑了普遍价值、包罗万象的宏大理论（包括道德理论）以及专业实践者在与案主关系中的合法性及专家角色。在社会工作领域，也出现了质疑社会工作伦理中价值观的地位，并拒绝认同职业中存在的核心价值观的趋势。目前，这一趋势在使用精神疗法、项目评估和成效分析的社会工作中很受欢迎。

二　社会工作核心价值观的内容

社会工作价值观的发展是在社会和专业发展的基础上，与人类的认识和专业共同体内的共识相互应和的过程，它的每一次发展都对社会工作研究与实务产生了重大的影响。

海珀沃斯（Dean H. Hepworth）等认为，社会工作核心价值观包括：①人有获得资源以解决问题并发展潜能的权利；②人的价值和尊严是天生的；③每个人的独特性和特殊性都应该得到尊重；④人在拥有适当资源时，均有能力成长且改变，因此对处在任何状况中的个人都应给予支持，以增强其解决问题的能力和选择生活方式的机会（Hepworth et al.，1997）。

高登认为有六个基本价值概念构成了社会工作实践的基础：①社会中的个人角色；②个体间的相互依赖；③个体对另一个个体的社会责任；④个体共同需求和独特性；⑤社会行动和社会责任的重要性；⑥消除障碍实现自我的社会义务。他认为，个人是社会首要关心的对象；在社会和个人之间存在相互依存关系；他们具有相互的社会责任；尽管每个人都有共同的人类需要，但是每一个人从本质上说是唯一的，与其他人是不同的；民主社会的一个基本属性就是通过积极地参与社会，实现每个人的潜能履其社会责任；社会有责任提供各种方式，克服或消除在个人和环境之间存在的自我实现的障碍（高登，1962）。

比斯台克强调的社会工作核心价值观包括：人的尊严和价值是至高无上的；人在生理、智力、情感、社会、审美和精神方面有天赋的潜能和权力；人具有实现其潜能的天生的驱动力和义务；人有选择的能力，并且由于其有自我实现的义务，也具有自我决定的权利；每个人都是一个独立个体，并且他有依此被考虑的权利和需要；为了其潜能的实现，人有要求合适手段的权利；每个人需要在其社会提供的权利和社会保证的机会方面和谐发展，以满足他在身体上、心理上、经济上、美学上和精神上的基本需要；人的社会活动在其自我实现的斗争中是重要的；社会有义务促进个人的自我实现；社会通过其个体成员的贡献有权利变得更富有（比斯台克，1961，转引自王思斌，2006）。

泰彻认为社会工作核心价值观应强调：每个人都有作为个人的尊严和价值；

每个人都应该受到尊敬和得到周到的对待；每个人都应该参与影响他的决策；每个人都应该自由发展他自己的能力和天赋；每个人都应该公平地分享对物品和服务的控制；对于为了做出理性行为所必需的信息，每个人都应该拥有完全和自由获得的权利（王思斌，1998）。

这些学者的阐释虽然表述方式不一，但基本内涵是共通的。在综合这些学者的阐释的基础上，莫拉莱斯（Armando T. Morales）和谢弗（Bradford W. Sheafor）把社会工作价值观分成三个方面：对人的价值偏好；对社会的价值偏好；对社会工作的工具价值偏好（Morales，A. & Sheafor，1989）。

下面我们将据此分类，整合各派各家对社会工作核心价值观的阐释，详细地阐述一下社会工作的核心价值观。

1. 与个体相关的核心价值观

"人"是社会工作价值观的核心，社会工作所有的价值观都围绕人展开，为的是维护人的内在价值和尊严，满足人的基本需求。

（1）生命的尊严和价值。每个人都有与生俱来、不可剥夺的生命的尊严和价值，不因出身、性别、种族、贵贱、贫富、健康与否而有所差别。

（2）生存和发展权。每个人都有生存、发展的权利，当个体的基本生存和必要发展受到威胁时，其有权利从环境中获得必要资源以维持基本生存和必要发展。如面临重大灾害时被救助、身患重大疾病时享受基本医疗等。

（3）每个人都有发展潜能。每个人终其一生可以不断地成长和改变。每个个体都应从社会获得必要资源，以发展自己的潜能。社会工作者致力于帮助案主恢复其社会功能，消除影响个人发展的环境障碍。

（4）个别性和独特性。人有共同的需求，但人也有个别性和独特性，个体的个别性和独特性理应得到尊重。维持个体的自主和自决，帮助个体在不违反法律、道德，不影响他人权利和自由的基础上选择自己想要的生活方式。

2. 与社会相关的核心价值观

人际关系是社会工作一直强调的核心价值观，是社会工作在提供服务时重要的依赖工具。而人与社会的关系一直是社会工作提供服务的重要内容，强调的是人与社会之间的相互义务与责任。

（1）人际发展的重要性。人与人之间彼此相互依赖，每个人对他人负有社会责任，人与人之间的合作是推动社会进步的重要力量。

（2）社会对个人的义务和责任。虽然意识到个体的差异及文化的多元性，但社会对每个人都应给予平等的关怀和尊重。社会工作承认不平等确实存在，而且很难消除，但社会应有为人的成长与发展提供平等机会的义务，提供资源和服务以满足人们的需求以及避免诸如饥饿、住房不足、教育不足、疾病、歧视等问题。社会工作倡导在尊重个人权利的基础上，影响社会政策，参与社会行动，支持弱势群体，尽可能地追求社会公平与正义。

（3）个人对社会的义务和责任。社会有权利要求个人承担相应的义务与责任，社会工作期待提升个人能力，促进个人参与社会，发挥社会功能，承担社会责任，推动社会进步与发展。

3. 与社会工作工具价值相关的核心价值观

社会工作价值观中有一部分是与社会工作的专业使命紧密相联的，是明确地指导社会工作实际服务、强调社会工作服务的手段。

（1）提供社会服务。社会工作者承诺向案主提供支持以协助其获得必要的资源，并用专业知识与技术推动有效满足人类需要、超越个人私利的社会服务发展；社会工作者始终意识到自己的专业使命，并用与之相契合的方式开展实际工作，相信人们应有尊严地被对待，有权利自决，并认识到自我的独特性；社会工作者不断致力于增进专业知识和技能，坚持不懈地投身服务案主的事业之中。

（2）推动社会变革。社会工作者致力于社会变革，特别是同弱势和受压迫的个人与群体一道工作，和他们一起寻求社会变革、参与社会行动，推动更好的社会政策与社会制度的形成，增进人类的福祉。

社会工作的核心价值观既强调个体的尊严与权利，也强调共同体的利益；既关注个人对社会的义务，也关注个人问题形成背后的社会原因，致力于推动社会变革，协助人类创造更好的生活环境。这些核心价值观是社会工作专业共同体对什么是好的、什么是我们想要的信念的共识。社会工作专业价值观深刻地影响了社会工作的专业发展方向和社会工作者在实务中的专业选择。在协助案主的过程中，社会工作者首先考虑的不是技巧问题，而是价值观的问题，特别要清醒地意识到价值观对助人目标和方法的影响。

第三节　多元文化下的社会工作价值观

基于价值观的文化属性，在考察价值观时多元文化问题是一个必须面对的问题，也是最令人困惑的问题之一。

一　与多元文化相关的几个概念

对多元文化的认识、具有多元文化的敏感性是社会工作的基本能力之一。而要了解和理解多元文化，必须从以下几个与多元文化相关的基本概念谈起。

1. 文化与价值观

美国人类学家克娄伯（A. L. Kroeber）和克拉克洪（Clyde Kluckhohn）曾在合著的《文化：关于概念和定义的探讨》一书中分析了 161 种文化定义后，将文化界定为：文化存在于各种内隐的和外显的模式之中，借助符号的运用得以学习与传播，并构成人类群体的特殊成就。同时他们认为，文化的基本要素是传统思想观念和价值，其中尤以价值观最为重要。而学者郝斯（Ames House）也认为文化就是一系列关于"是什么"和"应该做什么"的能够被认知和评价的信念，这一信念被一个社会系统中的人们共享，而且被传递给新的成员。斯韦德（Swidler）指出，文化更容易被界定为一种类"工具箱"的事物，它包括不同的标识、故事、宗教仪式以及世界观，这一切全都富有意义，人们也是基于此来建构他们行动的策略（蔡文辉、李绍嵘，2013）。

显然，不论从哪个方面讲，文化与价值观都有着紧密的联系，文化是价值观形成的深厚基础与背景，价值观是文化重要的组成部分。

2. 多元文化与价值观

根据《韦伯国际词典》的定义，多元文化指的是人类群体之间在价值规范、思想观念乃至行为方式上的差异。多元文化的概念在西方 20 世纪 20 年代就已经出现。20 世纪 50 年代前后，随着现代化理论的产生，多元文化被概括为两种文化现象：一是殖民地和后殖民地社会的文化；二是不同民族的文化。20 世纪六七十年代后，在后现代理论的推动下，多元文化的含义开始扩展。不但殖民地国家存在统治文化与被统治文化的分野，世界上其他国家同样也存在文化差异。事实上，几乎任何一个国家都存在多元文化，并且价值体系、思想观念上的差异也不只是在民族间才存在，在各社会阶层之间、地域之间、年龄之间、性别之间、群体之间和宗教之间同样存在。至此，多元文化的含义开始由只关注种族、民族差异，逐渐扩展到对价值规范、行为方式等差异的关注，开始越来越多地与"文化"自身的含义相对应。

多元文化的差异带来了价值观上的差异，价值观的差异反映在多元文化中。

3. 文化偏见与文化殖民

文化偏见是基于种族、民族中心主义而出现的一种态度，总是不自觉地用自己所处文化的价值和行为观念去评判其他社会群体，认为自己的文化和族群是最优秀的，对其他文化和族群进行高低、优劣的评判，如种族偏见和歧视等（古学斌等，2007）。文化殖民是指一个群体不自觉地用自己所属文化的价值和行为观念去推断其他社会群体，持一种文化霸权的态度，认为自己的文化是最优秀的，进而在实践中试图用自己的文化替代另一文化。

文化偏见和文化殖民都是带上了文化"有色眼镜"，有明显的"我族中心主义"倾向，是社会工作者必须警醒的文化视角。

4. 文化整合与文化冲突

文化冲突是指不同文化间出现的碰撞状态，即不同文化在互动过程中产生的某种抵触或对立的状态。文化整合是指二者之间的相互融合，使文化内部各个成分都能够融洽共处而相辅相成，和而不同。

文化冲突产生压力，但很多时候文化冲突又是难以避免的。文化整合是值得期待的，但通常这是一种理想的状态，要真正达到和实现不是一件容易的事。但正如费孝通教授所说，可以"各美其美，美人之美，美美与共"，社会工作者应承认冲突、尊重差异，在冲突中了解、沟通、协商、接纳，尽可能达致整合。

5. 文化震惊与文化识盲

文化震惊发生于进入一种完全陌生的文化时，两种相异文化碰撞，由于对当地文化的陌生感而引起的心理上的不适，之前的经验好似突然"短路"。文化识盲是指虽然置身于自己所属的文化系统中，却对本土文化有一种陌生的感觉，产生认知和心理上的震惊，甚至有错误的认知和理解。

社会工作者进入新的、全然陌生的环境，介入案主系统时，完全不了解另一种不同的价值观，"文化震惊"常常伴随出现。文化识盲表明，文化虽然是一群人共享的意义体系，但群体内部也具有多样性，文化的问题不只是在不同文化或不同族群之间才存在，在同一个文化群体内也会产生文化问题。虽然有时文化震惊和文化识盲在所难免，但不论哪一种情况，都可能预示着社会工作者对进入的文化不了解，缺乏对多元文化的深刻理解，以及文化敏感性不足。

不同的文化模塑了不同的价值观，但有些社会工作者常常由于缺乏对多元文化的敏感性，陷入价值冲突而不自知，出现不尊重、不接受价值观的差异，强加价值观的问题，也就无法提供差异化、多样化、适切性的社会工作服务，更谈不上利用当地的文化体系和文化资源，结合社会工作专业知识与技术，提供合适、有效的服务。

二　多元文化下的价值观冲突

多元文化可能会带来价值观上的冲突。多元文化中的价值冲突表现在以下几个方面。

1. 主流文化与次属文化的冲突

大部分社会工作者所受的教育、知识累积、价值观念都是在主流文化背景下完成和形成的，他们的言行、思考也往往会自觉不自觉地受到主流文化价值观的约束。在实际的工作开展过程中，如果社会工作者的主流文化思维方式与案主的次属文化意识发生冲突，就会形成价值观上的冲突。

案例：晓茹来找社会工作者说，她有一个男友，已经要谈婚论嫁，按照她家乡的风俗，男方是要付一笔彩礼钱的，但男友一直支支吾吾，迟迟不拿出这笔钱，她也知道男友家的经济条件不是太好，最近男友爷爷生重病，可能令原本不富裕的家庭雪上加霜。但是她认为这笔钱是不能省的，少了也不行，如果男友爱自己就应该拿出这笔钱，哪怕借也行，哪怕她和男友以后慢慢还，因为这关系到她的面子，也关系到她们家在当地的面子，这很重要。

2. 不同民族、宗教文化的碰撞

世界各地存在以相对较小区域为独立单位的"文化集丛"，不同区域、民族、种族之间的文化千差万别。在悠久的历史长河中，各民族都形成了自己独有的思维与行为习惯，如各少数民族大都有自己的图腾、宗教信仰以及应对问题的方式，这是他们在日常生活中解释个人及家庭问题的核心。社会工作者在进入这些陌生的"文化集丛"时，如果无法理解、尊重其文化价值观，就可能会导致相互之间的隔阂、距离。有些社会工作者还可能会冒犯案主的族群禁忌，导致沟通和交流的障碍，甚至服务失败，给案主造成不必要的伤害。

案例：一个9岁的小女孩下课后在操场上昏倒，被送至医院，医生检查后建议对头部肿大处做切片处理，但在征求其父母意见时，其父母说他们的宗教信仰禁止用针等尖锐物体刺透大脑。他们拒绝进一步治疗，认为孩子可能是冲撞了什么邪恶的东西，他们回去找"大仙"帮孩子叫叫魂就可以了。

3. 传统与现代文化的交织

文化虽有稳定性，但伴随着生产力的发展以及人类知识的累积，也在不断地发展变化。但是，不同地方由于社会经济发展水平的差异，不同群体受教育程度和社会经验的差异，传统保留与现代化的程度不同，文化观念上难免存在差异。这种传统与现代文化差异也是社会工作者常常碰到的问题之一。

案例： 一对夫妻，都是独生子女，丈夫家三代单传。他们已经育有一个女儿，活泼可爱，但是婆婆一直不喜欢这个孙女，非要他们再生一个儿子，以"传香火"。但是儿媳认为，"传香火"是一个太老土的说法，一个孩子挺好，女儿也挺好，她的工作又很忙，不想再生育，对婆婆总想生孙子的想法很是反感。一家人弄得很不开心，矛盾重重。

这些多元文化带来的价值观上的冲突是社会工作实务中必须面对的问题，也是难题之一。

三　多元文化下价值观冲突的社会工作应对

关于多元文化下价值观冲突带来的伦理问题，各国/地区的伦理守则中都有强调。

中国香港在《香港社会工作者注册局工作守则》中规定：①社工应认同其服务的群体在种族及文化方面存在的差异；②社工应熟悉案主的文化并保持敏锐性，明白他们之间在国家本源、国籍、宗教和习俗各方面的区别。

中国台湾在其《社会工作伦理守则》中也提到：①社会工作师应接纳案主的个别差异和多元文化；②社会工作师应包容多元文化、尊重多元社会现象，防止因种族、宗教、性别、国籍、年龄、婚姻状态及身心障碍、宗教信仰、政治理念等歧视造成的社会不平等现象。

《美国社会工作者协会伦理守则》指出：社会工作者必须了解文化及其对人类行为和社会的功能，并认知所有文化的存在与力量。社会工作者应具备有关案主文化背景的知识基础，并在提供服务时能展现对案主文化的敏感度，也要能分辨不同人群和文化族群间的差异。社会工作者应透过教育并致力于了解社会多元文化的本质，以及关于人种、族群、国籍、肤色、性别、性倾向、年龄、婚姻状况、政治理念、宗教信仰或身心障碍的压迫问题。

《英国社会工作伦理守则》从两个方面强调了对文化多样性的关注：①社会工作者应该意识到并且尊重他们所工作环境中的文化的多样性，对个人、家庭、群体和社区的差异都加以考量；②社工应该尊重案主的信念、价值、文化、目标、需求和偏好，以及它们的关系和联系，充分意识到他们自身的偏见，来确保在工作中不会歧视任何人和团体。他们应该确保以一种符合文化的、合适的方式来提供和传递服务。

显然，多元文化对价值观，进而对社会工作伦理与实务的影响，是各国/地区社会工作者都明确关注和强调的问题。

在处理多元文化带来的价值冲突问题时，社会工作者应：①认识到实践中文化的重要意义，采取具有文化敏感性的行动，同时意识到自己持有的价值和文化认同、观点及偏见会对不同文化中的案主、同事和实践产生的影响；②意识到并且承认文化内部和文化之间的多样性，仔细考察个人、家庭和群体以及社区的需求与差异；③接触不同的文化、语言和社会团体，掌握一系列专业实践的知识，理解案主的种族、文化归属、认同、价值、信念和习俗，如有需要，应向有关人士进行咨询；④对不同个体、群体、社区和社会的宗教信仰与个人价值观始终保持一种尊重、接纳的态度；⑤弄清并仔细考虑，在多元文化和实践的情境下以何种方式来应对是恰当的，不同文化所能容忍的干预类型不同，助人者应当对这种差异保持敏感和灵活性，并接受这种差异；⑥努力地运用案主能够理解的语言和方式为其提供服务，必要时在合适和可行的条件下为案主寻找能够胜任的翻译人员；⑦在教育、培训中学习，充实经验。保持开放性思维，始终对周围的世界抱有兴趣，并增加、提高自身关于文化、跨文化和文化能力实践的知识积累和能力。

第四章 社会工作伦理守则及其主要内容

事实上，除了提供伦理抉择的处理原则外，伦理守则还有其他的功能，它保护专业免于外界的控制，建立与专业使命相关的规范，提供一套标准以处理实务工作者的不当行为。

——Welfel and Lipsita，1984，转引自 Corey，Corey，and Callanan，2001

经过社会工作理论与实务百年来的发展，社会工作伦理的内容已经逐渐清晰。在美国、英国、加拿大等西方国家，甚至在中国香港、台湾等地区，社会工作专业领域内已经就社会伦理基本议题达成共识，形成了统一的社会工作伦理守则（以下简称伦理守则）。但在中国大陆，社会工作刚刚起步，很多伦理议题还需进一步探讨、实践和检验，伦理守则还有待进一步达成共识。这里，我们借助西方伦理守则的基本框架，对社会工作伦理守则的内容进行详细阐述。

第一节 制定伦理守则的意义及其历史演变

社会工作伦理守则是指引社会工作者以及社会工作机构具体工作的道德法则，是有效规范社会工作者和相关机构行为的道德工具。

一 制定伦理守则的意义

案例：学校社会工作者小宁在介入小洁的个案过程中，发现小洁的父亲是个酗酒者，常常喝醉酒回家就乱发脾气，甚至殴打她和母亲。更令人震惊的是，一次小洁提到，父亲竟然有时候会对 12 岁的女儿进行性侵。但在后来的个案面谈中，当小宁再去证实这件事时，小洁却矢口否认，并且对小宁说，她不希望这件事再被提起，因为她不想父亲去坐牢。

面对这样的案例社会工作者应如何选择？是为案主保密，还是不遵守保密原则？是案主自决，还是在案主利益最大化下有其他的选择？当社会工作者感到困惑时，从哪里获得帮助？是否可以从伦理守则中找到行为的指引？

1. 伦理守则的出现标志着专业逐步成熟

戈多夫等指出，任何一种职业都在努力为提升其专业地位而发展一套专业伦理守则（多戈夫等，2008）。

伦理守则的修改和完善是随着社会环境不断变化、社会问题逐渐复杂以及社会工作实践范围逐渐扩大而逐步发展起来的，是促使社会工作走向制度化和专业化的必然选择，也是预防和解决潜在的或已经发生的伦理问题的手段与措施。

随着伦理守则的逐步完善，专业使命、核心价值、基本工作原则等社会工作发展中的一些基本问题，以一种共识的形式被确定下来，既确定了专业地位、树立了专业权威，也极大地推动了专业的发展。

2. 伦理守则是维护案主权益的重要手段

伦理守则提供了一系列社会工作服务适当性的准则，对社会工作者的行为有明确的约束性：①伦理守则规范社会工作者的服务行为，使其与专业所信守的价值相契合；②伦理守则提供具体的专业服务指南，案主可以据此对社会工作者的行为提出要求和产生期待；③当针对社会工作者提供的服务发生争议时，伦理守则成为对服务适当性做出评判的标准。

伦理守则为从业人员提供从有好有坏的决定中做正确抉择的指导，有力地保障了案主的权益。

3. 伦理守则是保障社会工作者及相关机构权益的重要措施

伦理守则是除了规范社会工作者的专业行为外，也能帮助社会工作者及机构规避风险、维护合法权益的有力保障。一方面，伦理守则提供服务适当性的标准，社会工作者依据守则行事，可以避免专业过失行为，保护自己的利益；另一方面，社会工作者可以据此拒绝案主的不当要求，即使受到案主的投诉，也可以依据守则进行申诉，维护自己的合法权益不受侵害。

二　伦理守则的演变历程

　　医神阿波罗·阿克索及天地诸神为证，鄙人敬谨宣誓，愿以自身能判断力所及，遵守此约。凡授我艺者敬之如父母，作为终身同世伴侣，彼有急需我接济之。视彼儿女，犹我弟兄，如欲受业，当免费并无条件传授之。凡我所知无论口授书传俱传之吾子，吾师之子及发誓遵守此约之生徒，此外不传与他人。

　　我愿尽余之能力与判断力所及，遵守为病家谋利益之信条，并检检束一切堕落及害人行为，我不得将危害药品给与他人，并不作此项之指导，虽然人请求亦必不与之。尤不为妇人施堕胎手术。我愿以此纯洁与神圣之精神终身执行我职务。凡患结石者，我不施手术，此则有待于专家为之。

　　无论至于何处，遇男或女，贵人及奴婢，我之唯一目的，为病家谋幸福，并检点吾身，不做各种害人及恶劣行为，尤不做诱奸之事。凡我所见所闻，无论有无业务关系，我认为应守秘密者，我愿保守秘密。倘使我严守上述誓言时，请求神祇让我生命与医术能得无上光荣，我苟违誓，天地鬼神共殛之。

——《希波克拉底誓言》

　　值此就医生职业之际，我庄严宣誓为服务于人类而献身。我对施我以教的师友衷心感佩。我在行医中一定要保持端庄和良心。我一定把病人的健康和生命放在一切的首位，病人吐露的一切秘密，我一定严加信守，绝不泄露。我一定要保持医生职业的荣誉和高尚的传统。我待同事亲如弟兄。我绝不让我对病人的义务受到种族、宗教、国籍、政党和政治或社会地位等方面的考虑的干扰。对于人的生命，自其孕育之始，就保持最高度的尊重。即使在威胁之下，我也绝不用我的知识做逆于人道法规的事情。我出自内心以荣誉保证履行以上诺言。

——转引自艾钢阳，1986

　　几乎所有的现代专业都制定了专业伦理守则，但守则并不是现代的产物。在人类历史上，2000多年前就出现了《希波克拉底誓言》。《希波克拉底誓言》是希波克拉底警诫人类的古希腊职业道德的圣典，要求全希腊的医生都宣誓保证遵守专业和伦理操守。1948 年，世界医学会在《希波克拉底誓言》的基础上制定了《日内瓦宣言》，使医生的职业道德的特殊性和重要性再次引起人们的重视。

医学是古代社会首个制定伦理守则的专业，1803 年英格兰的托马斯·帕西瓦尔（Thomas Percival）写出了首个现代专业伦理守则。美国医学会 1847 年颁布的《美国医学会医学专业规范法典》，是美国首个专业守则。

就大多数职业团体来说，伦理守则或多或少都与把职业正规化、转型为专业相伴而生（多戈夫等，2008）。社会工作追求成为"完全专业化的职业"，并期待拥有与医学、法律等媲美的地位，因此用专业主义特征向公众证明自己的专业地位与专业权威就显得非常必要，这被看作社会工作专业化、职业化的一部分。

社会工作伦理守则也是在专业共同体的推动下随着专业和社会的发展不断完善的。社会工作在专业形成之初，就已经意识到伦理守则是专业获得认可的先决条件，并开始着手制定伦理守则。1920 年首个社会个案工作伦理守则试行草案问世。之后，1924 年美国最大的社会工作专业团体——美国社会工作者协会开始着手制定伦理守则，并成立专业伦理全国委员会。1960 年美国社会工作者协会全国代表大会通过了第一个伦理守则，几经修订，2008 年形成现行的伦理守则。

第二节　世界各国/地区的社会工作伦理守则比较

各国/地区的社会制度、文化背景、社会工作发展阶段不同，社会工作伦理守则的内容也不同。对不同国家/地区社会工作伦理守则进行比较和分析，对于促进我国社会工作伦理守则的制定有重要的参考价值。

一　各国/地区社会工作伦理守则的主要内容

这里，我们选取美国、英国等国家，以及中国香港、台湾等地区的社会工作伦理守则进行比较分析，希望在比较的过程中发现有价值的信息，以更加深刻地了解伦理守则的实质，思考我国大陆社会工作伦理守则的完善方式。

1. 美国的社会工作伦理守则

早在 20 世纪 20 年代，里奇蒙（Mary Richmand）等一批学者就尝试对社会工作伦理守则进行系统的阐释。1960 年，美国社会工作者协会在耗时 5 年后，通过全国代表大会正式批准了第一个社会工作伦理守则。1960 年《美国社会工作者协会伦理守则》（以下简称《伦理守则》）仅有一页纸，由 14 条宣言组成，以第一人称的方式阐释，如"我将我的专业责任优先于我的个人价值"、"我尊重案主的隐私权"、"当社会有紧急事故发生时我承诺提供适切的专业服务"等。在这些宣言之前还有一个序言，阐明社会工作者的责任是坚守人道主义理念，提供并改进社会工作服务，发展专业的哲学与技术。在 1967 年又加入了排除种族歧视的宣言。

但 1960 年的《伦理守则》太过抽象，一线社会工作者抱怨其根本无法协助解决现实服务过程中所遇到的伦理困境。因此，1977 年美国社会工作者协会成立特别工作小组，任命查尔斯（Charles Levy）为主席，主持《伦理守则》的修订事宜。1980 年，修订工作完成，新的《伦理守则》开始实施，这一版本成为其后伦理守则的基础。新的《伦理守则》在前言中阐述了伦理守则的一般意义，并提供了社会工作者实务操作的原则。近 80 条伦理原则被划为 6 大部分，分别阐述了社会工作者对案主、同事、雇主、工作机构、社会工作专业及广大社会的伦理责任及社会工作者作为专业人员的伦理责任。在原则前面还有一个前言，说明了《伦理守则》的目的、隐含的社会工作价值。

此后，随着伦理议题不断推陈出新，在 1993 年美国社会工作者协会会员代表大会上，代表们认为应当制定一个全新的伦理守则。于是会员代表大会通过决议，确定成立一个委员会草拟全新的伦理守则，提交 1996 年会员代表大会审核，委员会的任务是制定一个更全面、内容更契合当代实务应用的伦理守则。伦理守则校订委员会于 1994 年成立。1996 年 8 月，美国社会工作者协会将新修订的《伦理守则》提交会员代表大会批准通过，并于 1997 年 1 月正式实施。

1996 年《伦理守则》，在 1999 年、2008 年又做了稍许修订，形成目前美国社会工作者协会使用的《伦理守则》。

《伦理守则》包括序言、目的、原则、准则四个部分（见表 4－1）。其中收录了 155 条明确的伦理标准。这些伦理标准与所有社会工作者的专业活动有关，用以指导社会工作者的行为操守，并成为裁决有关美国社会工作者协会会员各种伦理申诉的基础。这 155 条伦理标准主要关心三类议题：①社会工作者可能会犯的错误，比如在公共场所或公共领域提及案主的姓名、将与案主治疗有关的信息泄露给第三者等；②社会工作者面对的伦理困境及困难的伦理抉择，比如，是否可以将一些机密信息泄露给第三方以避免案主受到伤害，如何去分配有限的资源，是否要去干涉案主的自杀行为，等等；③社会工作者的伦理不当行为，比如，对案主进行剥削、违反专业角色界限等。《伦理守则》特别指出，有的伦理标准对专业操守有强制性约束，有的只是期许。每项标准的强制程度，取决于负责处理违反伦理标准人员的专业判断（沈黎、刘斌志，2008）。

表 4 - 1　《伦理守则》主要内容

序言	目的	原则	准则
社会工作的重要使命是增进人类福祉、满足所有人的基本需求。关切的重点是弱势群体、受压迫者与生活贫困者的需求和增权。社会工作的着眼点是社会生活中个体的福祉和社会的福祉。社会工作者寻求增强人们处理自身需求问题的能力，也力求促进组织、社区和其他社会制度对个人的需求和社会问题有所反应	• 明确社会工作使命所依据的核心价值观 • 概括反映核心价值观的主要原则，并建立一套用于指导社会工作实践的具体伦理准则 • 在专业责任出现冲突时，明确要考虑的相关因素 • 向社会公众提供伦理标准，用以监督社会工作者履行职责 • 让新从业人员了解社会工作的使命、价值观、伦理原则和伦理准则 • 阐明社会工作专业自身评定社会工作者的职责行为是否有违伦理标准	• 服务：协助有需要的人们及处理社会问题 • 社会正义：挑战社会不公正现象 • 人的尊严与价值：维护个人的固有尊严与价值 • 人际关系：增强人际关系 • 正直诚实：所作所为应当诚实可信 • 能力：在力所能及的范围内开展工作，努力提升专业能力	• 对案主的伦理责任（16 项56 条） • 对同事的伦理责任（11 项26 条） • 对机构的责任（10 项30 条） • 对社会工作专业的伦理责任（2 项21 条） • 对广大社会的伦理责任（4 项7 条） • 作为专业人员的伦理责任（4 项7 条）

资料来源：NASW，The Code of Ethics of Social Work，1996。

从 1960 年第一个正式《伦理守则》出现，到 2008 年修订后的《伦理守则》，前后经过 5 次修订。美国社会工作者协会对《伦理守则》的制定和日臻完善起到了至关重要的作用。而日趋完善的《伦理守则》，也为社会工作从业人员的实务工作提供了更加完备的指导，从而更好地促进了专业的发展。

除了制定和完善《伦理守则》外，美国社会工作者协会的官网将《伦理守则》放在协会简介的首要位置，使协会会员以及其他社会工作从业人员加深了对《伦理守则》的了解，一定程度上也能起到潜移默化的指导与约束作用，从而做到对伦理风险的有效管理和规避。

2. 英国的社会工作伦理守则

英国的社会工作伦理守则由英国社会工作者协会于 1975 年初制定，至 2002

年版已经较为翔实，有 5 项 42 条。现行版本是 2012 年颁布的第三版，2014 年进行了稍许修订。

英国社会工作者协会的《英国社会工作伦理守则》主要分为范围和目标、背景、价值和实务原则四大块，加上对范围和目标的陈述（见表 4 - 2。）背景介绍中将《英国社会工作伦理守则》的目标解释为：并不是为了详尽无遗地列出所有社会工作者普遍会遇到的伦理挑战和问题，以及在这种情境下应该如何行为，而是通过大纲列出一般伦理原则，以鼓励英国的社会工作者在遭遇挑战和困境时做出与专业伦理相符的行为决定。《英国社会工作伦理守则》阐释的社会工作核心价值为"人权、社会正义、专业诚信"，围绕这三个核心价值有 17 条实务原则。

表 4 - 2 《英国社会工作伦理守则》的主要内容

范围和目标	背景	价值	实务原则
社会工作专业协会有责任确保成员履行伦理责任和行使专业权利，保障和增进案主权益。案主包括使用社会工作专业服务的个人（儿童、青少年、成人）、家庭、团体和社区	● 社会工作中的伦理：道德意识是社会工作者职业实践的基础。尊重人权和致力于促进社会正义是社会工作实践的核心。伦理守则包括：(1) 有关人权的价值观及伦理原则、社会正义和职业操守；(2) 实践原则，即在实践中应该如何应用伦理原则 ● 社会工作的国际定义（2000 年）：社会工作促进社会变革，解决人际关系中的问题，增权并解放人类以增进其福祉。社会工作运用人类行为与社会系统理论，从人与环境互动层面介入。人权和社会正义是其工作的基础	● 人权 ● 社会正义 ● 专业诚信	● 发展专业关系 ● 评估及处理危机 ● 提供知情同意的案主服务 ● 提供信息 ● 适当分享信息 ● 依照人权原则行使专业权威 ● 增能 ● 挑战剥削人权者 ● 危险预警 ● 保护隐私 ● 清楚正确的服务记录 ● 致力于客观、自我探索的专业实践 ● 运用督导和同事支持改善服务 ● 对自己的行为及专业持续发展负责 ● 致力于不断完善专业实践 ● 协助他人（学生、同事）的专业成长 ● 促进社会工作评估和研究

资料来源：BASW，The Code of Ethics for Social Work，2012。

3. 中国香港的社会工作伦理守则

中国香港的伦理守则由社会工作者注册局制定。现行版本为第一版，1998 年制定，并在 2010 年、2013 年进行稍许修订。

中国香港的伦理守则名为《香港社会工作者注册局工作守则》，总体上参照

《伦理守则》的思路制定，但在详细程度和一些文字表达上有所差别，分为前言、基本价值与信念、原则与实务三大部分，如表 4 - 3 所示。其处理申诉的流程与《英国社会工作伦理守则》相近：接受书面材料申诉申请之后即进行审议或更进一步的纪律研训。与英美不同的是，中国香港的社会工作者注册局列出了直接可以认定的"违纪行为"范围，社会工作者可以有法律代表介入，也允许社会工作者在不满申诉结果的情况下向法院提出上诉。

表 4 - 3　《香港社会工作者注册局工作守则》的主要内容

前言	基本价值与信念	原则与实务
为社会工作者的专业操守提供实务指引，制定此守则的目的是为保障服务对象及社会人士，增强社会人士对社会工作专业的信任和信心	• 首要使命为协助有需要的人士及致力于处理社会问题 • 尊重每个人的独特价值和尊严 • 相信每个人都有发展的潜质，鼓励每个人自我实现 • 有责任维护人权及促进社会公义 • 相信任何社会都应为其公民谋取最大的福祉 • 有责任运用自身的专业知识和技能去推动个人和社会进步，务求每一个人都能尽量发挥自己的潜能 • 社工认同人际关系的重要性，会尽力增强人际关系	• 与服务对象有关 职责、文化意义、知情决定及自觉、使用资料及保密原则、利益冲突、性关系、持续提供服务、收费措施 • 与同事有关 尊重、跨界别合作、督导及培训、咨询、服务对象的选择、同事间的沟通、性关系 • 与机构有关 提供具效率及效能的专业服务、做出建设性及负责任的行动 • 与专业有关 专业责任、能力、尊重、独立提供社会工作服务、专业发展 • 与社会有关 唤起决策者或公众人士关注、倡导修订政策及法律、推动社会福利政策的实施、致力于防止及消除歧视、参与制定和改善社会政策及制度

资料来源：香港社会工作者注册局《香港社会工作者注册局工作守则》，2010。

4. 中国台湾的社会工作伦理守则

1997 年，中国台湾通过了《社会工作师法》。《社会工作师法》规定，《社会工作伦理守则》由"社会工作师公会全国联合会"（以下简称联合会）制定，提请会员代表大会通过后，报请主管机关核备（秦燕，2013）。因当时中国台湾的联合会还没有成立，1998 年"内政部"委托社会工作学者制定了首个《社会工作伦理守则》，共 18 条，简明扼要。2002 年，台湾联合会成立。2004 年在联合会的主持下对《社会工作伦理守则》进行了修订，2006 年会员代表大会通过，

"内政部"于 2008 年 3 月核定，并正式实施。

2008 年版《社会工作伦理守则》修订历时近 3 年，分三大章，包括总则、原则、准则、违反伦理守则的处置，如表 4－4 所示。

表 4－4　中国台湾《社会工作伦理守则》的主要内容

总则	原则	准则	违反伦理守则的处置
● 定义:社会工作是以人的尊严与价值为核心,增进全民福祉,协助个人、团体、社区发展,谋求社会福利的专业服务 ● 使用对象:社会工作师、社会工作师之服务机构及负有督导、考核、监督、协助社会工作职权者 ● 核心价值:以人性尊严为核心价值,努力促使案主免于贫穷、恐惧、不安,维护案主基本生存、享有有尊严的生活	● 尊重生命,平等、诚实、信用原则 ● 接纳案主的个别差异和多元文化 ● 在社会公平的基础上,支持关怀案主表达需求,增强案主能力,努力实现自我 ● 基于社会公平与正义,维护案主最佳利益 ● 以坚毅的精神、理性客观的态度帮助案主,协助同事 ● 诚实、负责、自信、廉洁、守法自律,并不断充实自我,提升专业知识和能力	● 对案主的伦理责任 ● 对同事的伦理责任 ● 对实务工作的伦理责任 ● 作为专业人员的伦理责任 ● 对社会工作专业的伦理责任 ● 对社会大众的伦理责任	● 社会工作师违反法令、社会工作师公会章程或本守则者,除法令另有处罚规定外,由所属之社会工作师公会审议、处置

资料来源:"社会工作师公会全国联合会"《社会工作伦理守则》，2008。

二　各国/地区社会工作伦理守则比较

通过对不同国家/地区社会工作伦理守则进行比较，可以为中国大陆社会工作的发展提供借鉴。

1. 从制定主体看

美国与英国基本一致，社会工作伦理守则均由社会工作者协会起草并最终成文。中国《香港社会工作者注册局工作守则》的制定主体是社会工作者注册局，法源是香港法例第 505 章《社会工作注册条例》，中国台湾的《社会工作伦理守则》是由联合会制定，法源是《社会工作师法》。从制定主体看，它们的共性是都由社会工作专业团体制定，但是也有差异。美国和英国完全是专业团体的独立行为，但中国香港的社会工作者注册局是官方背景，中国台湾由专业团体制定后要报主管机关核备，政府在其中的角色明显有差异。

2. 从可操作性看

伦理守则基本上都包括前言、价值原则和伦理准则三大部分，伦理准则是其主要部分，大体分为对案主、同事、工作机构、专业和社会的责任，其中对案主的责任又是内容最多的部分。但从详细程度看，美国的伦理标准最为翔实，共有155条，可操作性最强，被称为世界社会工作伦理守则的典范。相比较而言，英国的伦理守则有63条，中国香港地区的伦理守则有54条，中国台湾地区的伦理守则有30条，可操作性都有欠缺。以专业关系中对性关系问题的规范为例，美国分为性关系、性骚扰和身体接触三个方面，且对每个方面的假设情境、主体、权责也做了详细阐述，而中国香港只有"社工不应与案主有性接触"一条，差异较大。

3. 从价值观看

关于价值观，各国/地区都意识到其对伦理守则的重要性，也都在开篇的前言或总则中进行了清晰、明确的论述。具体的表述虽有不同，但核心价值观基本相似，包括对人权、尊严、公平正义、诚信、专业能力等核心价值观的认同与共识。不同之处在于不同国家/地区会有符合自己文化背景的核心价值观表述，如美国强调环境和人际关系的重要性、社会工作者对社会的伦理责任、社会福利、公众参与等；英国强调人权、社会正义和专业诚信；中国香港强调案主的个人潜能、鼓励个人的自我实现，社工有责任促进人的发展和推动社会进步；中国台湾的核心价值观更强调人性的尊严。当然这也只是表述不同，内含的价值原则几乎是一样的。

4. 从目标看

从目标看，各国/地区的伦理守则的目标都强调保障案主的利益，增进人类福祉、促进社会变迁。但也略有差异，中国香港和台湾地区专注于社会工作专业地位的提升和社会工作制度的建立，而美国和英国特别强调服务质量的提升，这实际上反映了各国/地区社会工作发展不同阶段的情况。通常情况下，专注于服务质量提升的国家/地区伦理守则，一般其社会工作都较为发达，而专注于社会工作地位确立以及促进社会工作制度化则说明该国/地区处于社会工作发展不太发达的阶段，还需要伦理守则作为工具以推动其发展。

5. 从处置方式看

从对违反伦理守则的处置方式看，因社会工作发展阶段不同，各国/地区也存在差别。中国台湾、英国在处理社会工作者违规行为上有相关的规定，如吊销资格证书以及给予相关的处罚，但实际情况显示，其执行力度并不是很大，如《英国社会工作伦理守则》的处罚程序几乎从未实施。与此相比，美国和中国香港处理社会工作者违反伦理守则的执行力度明显要更大。美国伦理全国委员会特别委员会对符合受理标准的投诉有调解和裁定两种处理。特别委员会站在第三方立场上协调争议，促进双方达成和解，但特别委员会并不对被申诉人的行为做是否违反伦理守则的判断。裁定后的制裁方式是通报、训诫、暂时注销会员资格等。特别委员会把投诉事件通报给被申诉人的雇主和工作机构，而不是直接注销或暂停注册资格。美国的处置方式虽然执行力度大，但强度并不是太大，比较而言，中国香港的执行强度要大得多：《香港社会工作者注册局工作守则》的适用范围包括所有注册社会工作者；同时，香港投诉程序中没有调解的方式，一旦投诉符合受理标准，被申诉人就会面对一定的制裁；就制裁方式而言，除了口头训诫之外，还包括永久注销注册资格、暂时注销注册资格及在注册记录册上记过等。

6. 从修订程序看

各国/地区伦理守则都是依专业发展的需求制定，但是制定后会随着专业的进一步发展，每隔一段时间进行修订，并且随着社会工作伦理问题的复杂化和对社会工作伦理议题理解的加深，越修订内容越翔实。

中国大陆社会工作尚处于发展初期，没有专门的伦理守则，只有一部由民政部发布的《社会工作者职业道德指引》。《社会工作者职业道德指引》是以政府文件的形式发布，是相关政府机关、事业单位、民间机构与专业团体的工作指南，虽有一定的政策性，但可操作性较差，约束性也较弱。

在目前社会工作者的素质普遍不高、具体实践缺乏切实可行的伦理守则指引的情况下，实务过程中难免出现不符合伦理的行为，损害案主利益，同时也有损社会工作的权威性及专业性，阻碍社会工作的发展。因此，我国社会工作的发展迫切需要制定一部具体的、清晰的、具有一定权威性的伦理守则。

第三节　伦理准则的主要内容

伦理准则是伦理守则的主要内容，各国/地区社会工作伦理守则的内容不一，与此相应，伦理准则的内容也有差异，但大体上都可以分为对案主、同事、工作机构、专业和社会的伦理责任五个部分，如表4-5所示。因为《伦理守则》的内容最为翔实，也是各国/地区伦理守则的典范，所以本节主要以《伦理守则》

的内容（伦理标准）为例，也兼顾其他国家/地区伦理守则有代表性的内容，详述社会工作伦理准则的具体内容。

表4-5 社会工作伦理准则

对案主的伦理责任	对同事的伦理责任	对工作机构的伦理责任	对专业的伦理责任	对社会的伦理责任
①案主利益优先原则 ②尊重并推案主自决（限制其自决的情况：对自己、他人或社会造成严重的、可预见的、近在咫尺的重大伤害） ③知情情况下的授权 ④在专业能力范围内提供服务（专业积累、文化背景、适当的培训及督导、排除干扰） ⑤尽量减小利益冲突（与机构、社工、他人、社会的冲突） ⑥隐私和保密，打破保密原则的前提和程度（对象、时间、地点、内容——披露与目的直接相关的资料） ⑦对记录中有可能对案主造成伤害的资料进行适当的处理；保护记录中第三方的隐私；等等 ⑧性关系的限制（案主及其亲属朋友、前案主、前性伴侣） ⑨身体接触的限度、不可性骚扰、严禁诽谤性语言 ⑩服务费用公平合理，顾及案主支付能力 ⑪确保不因意外而影响服务的延续 ⑫结案时注意事项：案主无需要，及时结；避免遗弃仍需服务者；预见终止，通知—征询—移交、转介、延续	①尊重同事 ②学科合作 ③不得利用同事和雇主的纠纷从中获益 ④咨询和转介 ⑤同事能力受损、不胜任工作、有悖伦理时的实务处理	①提供督导和咨询、担负教育和培训的社工在能力所及的范围内工作，保持纯洁关系，公正评估 ②关于案主资料的记录：准确、及时、充分、限于与提供服务直接相关的资料、妥善保存 ③转介案主：考虑案主需要，讨论其他服务提供者与案主关系的性质，以及与新服务提供者关系的意义；讨论是否向前任社工咨询情况 ④社工行政人员在机构内外获得充足资源满足案主需求；倡导公开、公正的资源分配；确保所负责的工作环境符合守则规定、人员遵守守则 ⑤对雇主的承诺：确保雇主了解守则存在的意义；消除机构在工作分配、政策中的歧视；合理使用机构的资源 ⑥介入劳资纠纷：组织或加入工会，改善工作环境	①专业诚信（践行专业使命，支持并推进专业价值观、伦理、知识；阻止未经授权和不符合资格要求的人从事社会工作） ②评估和研究：监察并评估政策、项目实施和实际的干预工作；批判性审视与社工有关的知识；考虑可能产生的后果；获得参与者知情情况下自愿给予的书面授权；告知参与者有权退出；专业目的；保护隐私；避免利益冲突和双重关系	①增进社会整体福利 ②为公众在知情情况下参与制定社会政策和制度提供便利 ③尽其所能在突发公共事件中提供适当的专业服务 ④社会和政治行动：意识到政治领域对开展工作的影响—推动政策、立法改变—改善社会条件；拓展选择余地，增加所有人的选择机会；尊重文化和社会的多元性；消除歧视和剥削

一 对案主的伦理责任

对案主的伦理责任可分为4个部分：维护案主基本利益的伦理责任、建立专业关系的伦理责任、关于专业能力的伦理责任及服务过程中的伦理责任。

1. 维护案主基本利益的伦理责任

案例：文俊，男，一名14岁的初三学生，还有半年将要面临中考，但本次期中考试他有三门功课没及格。老师很担心这样会影响学校的升学率，将他妈妈找来，希望其带孩子去医院做智商检测。文俊妈妈不明就里，按老师的要求带孩子做了检测，并将结果反馈给了老师，两个星期后，文俊妈妈发现文俊被重新编了班，她在询问老师的过程中才得知自己孩子的中考成绩不会被计入学校升学率，文俊妈妈诧异之余，和老师起了冲突，学校社会工作者小宁介入。

在上述案例中，小宁要怎样做才符合伦理？

社会工作基于人的生命价值、人性尊严的价值信念，致力于维护案主的基本利益，具体包括如下4点（见表4-6）。

表4-6 对案主的伦理责任

案主利益优先	案主自决	知情情况下的授权	隐私和保密
①在专业能力范围内提供服务，必要时可咨询同事、督导 ②保密原则、披露资料的程度 ③记录妥善保存 ④保持专业关系的纯洁性 ⑤不能不正当地利用专业关系谋取私利	①告知案主"自决的意义" ②判断案主是否有自决能力。若有，何时可以剥夺；若无，社工寻找合适的第三方保护案主的利益，设法保证其行为与案主的意愿和利益一致 ③尽最大可能使案主在完全知情的情况下做出决定 ④减少操控，为案主提供充分的资源支持和足够的信息，鼓励案主自决，提高案主自决的能力 ⑤运用专业技能帮助所有人获得自主权	①告知案主所需知的内容，获得案主的同意授权 ②给案主提问和质疑的机会 ③获得案主同意后的授权	①尊重案主的隐私权 ②透露信息的前提和程度（对象、内容、时间、地点） ③如有可能，告知案主披露程度及可能的后果

（1）案主利益优先

案主利益优先表现在专业关系存续期间，社会工作者应通过服务，尽可能地满足案主与服务内容相关的合理需求，最大限度地保障案主生理与情感上的安全，防止案主由于自己、他人或环境的原因被自己、他人伤害或伤害他人。

社会工作者的首要职责就是增进案主的福利。对案主服务的承诺是社会工作的首要伦理。社会工作为案主的权益与福祉谋求最适宜的协助，协助其满足基本人性需求，尤其关注弱势群体、受压迫者及贫困者的需求并增强其力量。作为专业伦理，社会工作伦理将专业责任置于个人利益至上。《伦理守则》指出：一般情况下，应当把案主的利益放在首位。中国台湾《社会工作伦理守则》也认为："社会工作师基于社会公平、社会正义，以促进案主福祉为服务之优先考虑。"

当然，大部分国家/地区的伦理守则都认为案主利益优先是指在一般情况下，也有例外。因为社会工作者对广大社会或特定法律的责任也可能在某些情形下取代对案主的承诺，而案主也应被这样告知。例如，当社会工作者被要求通报案主虐待儿童，或当案主威胁要伤害自己或他人时，社会工作者一旦经过专业判断，发现有这样严重的、可以预见的、近在咫尺的重大伤害时，会用对特定法律和社会的义务与责任取代对案主的承诺。

当案主的利益与社会工作者自我保护及自身重大利益相关时，社会工作者是否必须优先考虑案主的利益，而放弃自我保护和自身重大利益？有些专业人士认为，应当永远奉行案主利益优先的伦理义务，而不管是否会给自身带来不利后果。但有的学者提出，即使与案主接受专业服务的权利发生冲突，社会工作者也不一定要放弃维护自身福祉的权利，在特殊个案中，无条件地忠于案主的利益高于一切原则不现实，也不明智。

事实上，不可能毫无原则地按某一原则处理任何个案，在特殊情况下对一项原则的诠释或违背要根据具体情境，所以，当社会工作者自我保护和自身重大利益出现问题时，社会工作者是可以酌情处理的。

（2）案主自决

社会工作者应尊重并推进案主的自决权。在尊重案主的价值和尊严，以及确信案主具有改变能力的前提下，提供给案主认识自身潜能的机会，尽力协助案主确认和澄清目标，对当下情境做出分析，并在充分确定相关信息后做出决定。

但充分尊重案主的自决权，并不意味着社会工作者对案主的生活不能干预。社会工作者可以通过目标澄清、动机提升、能力培养等促进案主自决。另外，当案主的行动或潜在行动会对自己或他人造成严重的、可预见的和近在咫尺的重大伤害时，社会工作者可以限制案主的自决权。

（3）知情情况下的授权

知情同意是指有能力的案主在充分了解服务可能带来的风险和收益后的自愿同意，社会工作者只应在这种同意的专业范围内提供服务。社会工作者应尽最大的可能使案主能在知情情况下做出决定（多戈夫等，2008）。

知情同意有两层含义：社会工作者告知，案主同意并授权。告知是专业关系生成的条件，并据此产生后续义务。在此专业关系下，由于双方的权利和资源具有不对等性，要求社会工作者"坦诚告知"。

知情情况下的授权是从基本的道德原则演变而来的，即道德主体有能力主宰自己的命运，这一能力必须被给予尊重。知情情况下的授权强调的是案主自决与自主自由的精神。

知情同意在实务中的具体操作如下。①行为能力。知情同意的授权人需要有相应的行为能力，对限制行为能力人的授权，社会工作者应寻求适当的第三方（通常是监护人）的同意，并以案主所能理解的程度告知案主，以保护案主的利益。在这种情形下，社会工作者应确认所找的第三方是符合案主期望和利益的，并采取必要的步骤增强案主被告知后同意的能力。②非强迫，即案主的同意是自愿的，没有欺骗、威胁等强迫性行为的存在。③信息充分。社会工作者应提供与案主利益相关的充分信息并没有隐瞒地告知案主。

知情同意在实务操作过程中应注意如下几点：①尽可能详细地告知案主所需知的内容，例如，签订服务契约前应告知服务的目标、有关风险、服务限制、相关费用、合理方案选择、拒绝或撤回同意的权利、同意的时间范围、记录的手段、社会工作者的信息、投诉途径等；②打破保密原则前应告知案主即将公开信息的内容、场合、时间以及对案主的生活可能造成的影响；③告知时应用案主能够理解的语言和表达方式，清楚、易懂地告知对方，如案主不识字或有其他理解障碍时，提供详细的口头说明，或安排相关的翻译人员；④告知时要给案主提问、质疑的机会，社会工作者有义务进行说明和澄清，以达成双方的合意；⑤如果社会工作者借由电子媒体（如电脑、电话、广播和电视）提供服务，应告知服务接受者这类服务的局限性和风险；⑥如果案主是非自愿案主，应告知其拥有拒绝服务的权利，同时也应告知这样可能带来的后果；⑦如果社会工作者需要录音、录像或有第三方旁观，应在录音、录像或允许第三方旁观之前，得到案主的同意；⑧对服务方案和计划的重大改变，应及时向案主做出详细的说明；⑨如果事情紧急必须打破保密原则而来不及报告以获得知情同意时，社会工作者事后应当提供必要的证据予以证明。

（4）隐私和保密

隐私是指公民不愿意为人所知或不愿意公开的个人私生活秘密。隐私是个人的自然权利，除非为提供服务或进行社会工作评估或研究的需要，否则不应诱使案主说出隐私信息。一旦隐私信息被提供出来，社会工作者在一般情况下不应该把从专业关系中获取的有关受助者的资料向其他任何人透露。

但保密也有例外，例外的情况包括：①经过案主同意，或经过合法授权的案主代理人同意；②案主或有可确认的第三方遭遇严重的、可预见的、立即的伤害时；③法律或规定要求披露而不需案主同意，如案主有致命性传染性疾病、案主涉及刑事案件等。

但即使在这些例外的情况下，也有伦理规范对这些例外情况的处理：①例外的情况应先告知，在与案主建立专业关系后，或在整个服务过程中，社会工作者应与案主及其他利益相关者讨论在某些情况下保密的信息可能会被公开，以及依法必须打破保密原则的要件；②如果例外的情况确实发生了，应公开与达成目标所需的最相关及最必要、最少量的保密信息；③应在公开保密信息前的合宜时机，尽可能地告知案主保密的限制以及可能产生的后果。

2. 建立专业关系的伦理责任

案例： 文丽，28岁，一位公司白领，因自己和父母关系问题来找社会工作者小宁寻求帮助。父母总是催促文丽赶快找男友结婚，但文丽是个单身主义者，因此常常和父母发生冲突。在提供个案服务的过程中，小宁发现自己竟不知不觉喜欢上了文丽，有好几次还忍不住在个案服务后约文丽一起吃饭。一段时间后，小宁向文丽表白，被文丽拒绝。有些羞怒的小宁一次碰到文丽公司的同事，竟将文丽在个案服务中说的话"添油加醋"说给了她的同事听，并对她的单身想法进行了嘲弄。

在这个案例中，小宁的行为符合伦理吗？

建立专业关系是社会工作实务的关键组成部分，如何在这一过程中坚守伦理是非常重要的。关于建立专业关系的伦理责任，可以分为下面五个方面。

（1）双重或多重关系

当社会工作者和现案主、前案主或与案主有重要关系的他人建立超过一种以上的关系，不论是专业的、社交的还是商业的关系，都是双重或多重关系。

社会工作者不应从任何专业关系中获取不当利益，或是剥削其他人得到个人的、宗教的、政治的或商业的利益。为了避免剥削或可能伤害案主的风险，社会工作者不应与现有或先前的案主发生双重或多重关系。

如果因为社会工作者与案主之间专业关系的紧密性，或资源有限，双重或多重关系难以避免，社会工作者应采取行动保护案主，并有责任设定清晰的、适当的及符合文化敏感性的界限，避免剥削和伤害案主。

社会工作者应避免收受案主的物品或服务作为提供专业服务的回报。此类交换，特别是涉及服务上的交换，有可能导致利益上的冲突、剥削，以及与案主有不当的关系。只有在非常有限的情况下，社会工作者可以尝试接受案主的回报。比如，本地社区的专业人员接受案主的物品或服务，认为这对于提供服务十分重要，这样做是协商而非强迫的结果，由案主首先提议，并且案主是在知情的情况下同意这样做。

社会工作者如果接受了案主的物品或服务作为专业服务的回报，应全权负责证明这样做不会伤害案主或专业关系，且事先向案主声明此项伦理，并以恰当的方式拒绝过案主回报的物品或服务。

双重或多重关系的出现会引发社会工作者与案主利益的冲突。利益冲突是指专业服务领域的一种现象，即委托人的利益与提供专业服务的从业人员本人的利益或与其所代表的其他利益之间存在某种形式的对抗，进而有可能导致委托人的利益受损，或者有可能导致专业服务品质出现实质性下降。专业服务过程中存在的利益冲突必将伤害专业服务的职业精神和特定职业的社会公信力。因此，无论是立法还是职业道德规范均要求专业服务提供者或机构有义务采取有效措施避免出现利益冲突。在实务过程中，当双重或多重关系出现，存在实际或潜在的利益冲突时，社会工作者应适时告知案主，并以案主利益优先为原则，本着尽可能维护案主最大利益的态度，采取必要措施解决冲突，包括终止专业关系并做适当的转介。

（2）诽谤性语言

社会工作者在与案主进行书面或口头沟通，或言语涉及案主时，都应使用准确、尊重的语言，不得使用诽谤性语言。

诽谤性语言包括议论是非、指责过失、造谣污蔑、恶意中伤。

美国有关法律规定，构成诽谤的要件有四个：诽谤性语言、诽谤的语言必须是关于受害人的、诽谤的语言被公开给第三方、受害人的名誉受到了损害。其中诽谤性语言并不需要对原告的名誉造成实际的损害，只要确定有损害他人名誉的倾向和效果，就是诽谤性语言。

社会工作者与案主有不同的文化意识和价值观，对于特定语言是否属于诽谤性语言会有不同理解，但如果因为某些语言的不恰当对案主造成伤害，社会工作者应与案主进行恰当、及时的沟通，舒缓案主心理压力。社会工作者也应避免使用案主容易误解的语言。

（3）身体接触

如果身体接触的结果有可能对案主产生生理和心理上的伤害，则社会工作者不应与案主有身体接触。身体接触是日常生活中不可避免的现象，当然也是社会工作实务过程中无法避免的。

事实上，身体接触有时不失为一种潜在的辅助治疗方法。有研究证实，被治疗师"触摸"过的案主比那些没被"触摸"过的案主对辅导的评价更为积极，特别是如果触摸者是异性的话，效果更为明显。因此，有人质疑禁止身体接触在伦理上是否合理。但也有人认为，身体接触可能只是行为的第一步，它可能会导致完全意义上的性关系。不过，并没有明确的证据来证实这一点。因此，在一定界限内的身体接触应该是被允许的。社会工作伦理强调的是，当身体接触有可能对案主产生心理上的伤害时，不应与案主有身体接触。如果社会工作者因服务需要，觉得有必要与案主有身体接触时，应有责任设定清晰的、适当的、具文化敏感度的界限，以约束类似的身体接触。不同文化的国家有不同的信仰，也就意味着同样的肢体语言存在意义差异，相同的身体接触在不同文化中的解释是不一样的，具有文化敏感度的界限指的是应该按照每种具体的文化制定个别化的界限。

（4）性骚扰和性关系

社会工作者不得对案主进行性骚扰。社会工作者无论在任何情况下都不可以对现案主进行性骚扰或和现案主发生自愿同意的或强迫性的性接触。

性骚扰包括性接近、性引诱、性要求和其他含有性本质的语言或行动。广义的性骚扰并不限于异性间，对象亦不单指妇女而言；同性间亦可构成性骚扰。任何以言语或肢体做出有关"性的含义"、"性的诉求"或性的行为，使案主在心理上有不安、疑虑、恐惧、困扰、担心等，均属性骚扰。性骚扰属于违法行为。

不仅仅是社会工作者，任何人都不得对他人进行性骚扰。而性关系一旦发生，则意味着社会工作者与案主间已经出现了除专业关系以外的另一种关系，实际上是另一种形式的双重关系。因性关系的特殊性，社会工作伦理强调，无论在什么情况下，无论是自愿还是胁迫，社会工作者都不得与案主发生性关系。在有些国家和地区，社会工作者与案主之间的亲密接触不仅会违背伦理，还可能会触犯法律，被绳之以法。

在西方，同案主有性行为是社会工作行业里最常被举报的违背伦理的行为。美国对提供直接服务的美国社会工作者协会会员的抽样调查显示，尽管只有比例很少的 1.1% 的人宣称同前案主有性关系，但近 5% 的社会工作者认为这类行为在专业上没什么不合适。之后，伯克曼及其同事研究了 349 名进入最后一学期学习的社会工作硕士研究生对与案主有性接触的态度，他们发现这些学生对在特定的情况下，社会工作者与案主有性接触持赞成态度的比例相对较高。这些特定的情况包括专业关系终止之后的性接触、简短治疗后的性接触和社会工作者帮助案主获得具体服务，如帮助入院或申请补充保障收入后的性接触。一项关于美国社会工作者协会在 1982～1992 年间的 300 个私下判决案例的研究发现，对社会工作者提出控诉的、有记录的、与性关系有关的案例有 72 个，占总数的 24%，是其他对案主产生现实或潜在威胁的双重或多重关系案例的两倍（Berkman et al.，2000）。

因此，社会工作伦理倡导：①社会工作者不得与案主的直接亲属或与案主有亲密个人关系的他人发生性关系或进行性接触；②社会工作者不得和先前的案主发生性行为或进行性接触；③社会工作者不要为先前曾与自己有性关系的个人提供临床服务。这样做的原因是，这可能会使社会工作者和案主难以维持适当的专业界限，伤害案主的利益。如果在某些特殊的情况下有例外发生，那么社会工作者负有维护案主利益的责任，并在有需要时负有完全的责任来证明案主并未因此遭受有意或无意的剥削、强制或操纵。

当然，在禁止与先前的案主发生性关系方面，仍存在争议。有人认为"案主身份"在服务终止的时候就已经终止，案主已转化为普通人；也有人认为一旦成为社会工作者的案主就永远是案主，这违背了社会工作相信人是可以改变的基本价值，因此认为服务终止后隔一定的时间案主的身份就不复存在。从这种意义上说，不能与先前的案主发生性关系似乎不恰当。但也有学者指出，伦理强调的是避免对案主造成潜在伤害，并且认为从社会工作与案主的特殊关系来看，在知道了案主大量的私人信息后，这样潜在的风险是存在的。

（5）缺乏行为能力的案主

当案主缺乏行为能力时，社会工作者应该采取合理的步骤保障案主的权益。

"行为能力"是指权利主体为获得权利和履行义务，按自己的意志进行独立活动的能力。一般来说，当人达到一定的年龄之后，智力发育正常，就自然具备这种能力。影响行为能力的因素有：知识和智力成熟程度、大脑功能正常与否以及重要器官生理功能如何。

在面对此类缺乏行为能力的案主时，社会工作者首先应尊重案主监护人、法定代理人、委托人之意思，尊重他们的决定，但如果出现有权代理人的决定明显伤害案主或第三方合法权益，社会工作者应以维护案主合法权益为考虑，进行有效干预，以维护案主的基本权益。

3. 关于专业能力的伦理责任

案例：社会工作者小宁在做一个个案，个案很复杂，涉及一个家庭数代的伤痛。小宁用了理性情绪治疗和叙事治疗，成效都不大。一天，他突然想起，去年他接受过一期海宁格的"家庭系统排列治疗"培训，看起来挺神奇，好像效果也不错，也许可以试试。在尝试之前，小宁还找出培训的笔记仔细研究了一下。

请问小宁这样的行为是否符合伦理？

（1）专业能力

社会工作者应仅在自己所受的教育、训练，所受的咨询或督导的经验，及相关专业经验的范围内提供服务。当社会工作者要在独立的领域提供服务，或采用新的介入技术或取向时，应在相当的研习、训练、咨询或接受具备该介入技术或取向的专家督导下才可施行。在普遍认同的标准尚未确立的新兴实务工作领域，社会工作者应谨慎地判断，通过负责任的学习获得确定的知识、技术与经验，以确保能胜任这一工作，并能保护案主免受伤害。

（2）文化能力和社会多元性

社会工作者必须了解文化及其对人类行为和社会的功能，并认识到存在于所有文化中的力量；社会工作者应具备关于案主文化背景的知识基础，并在提供服务时展现对案主文化的敏感度，分辨不同人群和文化群体间的差异；社会工作者应通过教育致力于了解社会多元化的本质，以及民族、种族、国籍、肤色、性别、性倾向、年龄、婚姻状况、政治信仰、宗教或身心障碍等问题。

社会工作者在与案主互动的过程中，应该把自己的专业知识与案主所在环境的特定文化方面的信息结合起来，在认识到自己可能存在偏见的前提下，用一种批判的、开阔的眼光去理解案主的文化，对案主的语言、行为、情绪、心理、态度等背后存在的异质文化具有敏感性和洞察能力。

4. 服务过程中的伦理责任

（1）工作记录和获取工作记录

在服务过程中，社会工作者应如实记录服务过程，并采取合理步骤保证工作记录准确。社会工作者的工作记录应充分、及时，如实反映所提供的服务，并保证将来的服务具有延续性；社会工作者应尽可能地保护案主的隐私，记录的内容应只限于与提供服务直接相关的资料；服务终止后，社会工作者应保存好记录，以备查考。记录保存的年限应符合法令或相关协议的要求。

工作记录不是给社会工作者增加负担，而是社会工作服务过程中的重要环节：一方面，可以明确给案主提供的服务，并保证将来的服务具有有效性；另一方面，当社会工作者被案主或其他人质疑所提供服务的适当性时，记录就变成了重要的证据。

社会工作者除了要做好工作记录外，一般情况下，还应为案主提供合理的获取与其相关的记录的途径。因为：①通过看记录，案主有机会纠正错误；②案主只有在了解记录内容的情况下才能给予知情情况下的授权；③对情况的了解会带来改变，而一无所知只会维持不尽如人意的现状；④开放记录可证明案主与社会工作者合作的效能，甚至会使案主更多地参与社会工作服务。

但是，社会工作者在允许案主获取工作记录时应注意：①在允许案主获取记录时，社会工作者应设法保护记录中其他表明身份的或牵扯到的其他人的隐私；②社会工作者如果担心案主获取记录可能引起严重误解或对案主有害，应对记录进行解释，并向案主提供咨询；③当有不容置疑的证据表明获取记录会对案主造成严重伤害的特殊情况下，社会工作者应限制案主获取全部记录或部分记录；④案主获取记录的要求和社会工作者拒绝给予部分或全部记录的理由都应记载在案主的档案中。

那么，什么样的记录可能对案主造成伤害？①案主可能无法理解记录中的内容；②一些案主可能无法接受不同风格的沟通；③记录中可能包括还没有核对过或评估过的"原始资料"；④社会工作者可能会利用记录来探索各种可能性，或者问自己一些需要进一步澄清的问题，案主阅读这样的记录，可能会有损其对社会工作者的信任；⑤记录中可能包括普通人会曲解的资料；⑥记录中可能包含社会工作者在工作过程中运用的一些工作技术或策略，让案主感到难以接受；⑦读到或听到有关自己的负面的东西可能会使案主受到伤害。

案例：小军的违法行为可能是他对从小失去母亲缺少爱、后寄居伯父家被拒绝和情感剥夺的反应，这种拒绝和情感剥夺致使他感到沮丧、焦虑和有罪。督导组认为，小军表现出了明显的不安全感和一些反社会人格，值得警醒。小军和家人之间的问题造成了他不被需要和失望的感受。小军的父亲表现出了改变的力量，包括对非正常父子关系的不满，以及对良好关系的向往，这个因素在辅导中可以被利用，但小军继母的不接纳、强烈排斥的行为又会成为其中很重要的影响因素。

案例：丽华向社会工作者小宁求助，称丈夫可能有第三者，自己的婚姻摇摇欲坠，为此痛苦万分。在搜集资料的过程中，丽华的儿子很自然地表示父亲与公司的同事有染已经很久了，有一次他上学忘记带作业回家拿时，还撞见过。小宁便以为丽华也知道此事，就和丽华沟通，没想到丽华对此并不知情……

上述记录是否可以向案主公开？上述案例中社会工作者的处置是否适当？

（2）服务费用

在社会工作服务过程中，社会工作者应考虑案主的支付能力，确保收费公平合理，与所提供的服务相称，严禁私下向案主索取任何费用。

在社会工作服务过程中，有的社会工作者为案主提供特别设施，有的为案主提供特别的服务，凡此种种都需要经费，因此，有时收取一定的费用是合理的。但社会工作者的首要目标是帮助处境困难的人并解决社会问题，并不单纯以营利为目的，社会工作者应视服务他人高于个人利益。

如果需要收费，社会工作者必须肯定自己的收费公平合理，与提供的服务相称。当陷于收费困境时（尤其在案主中途付不起费用时），社会工作者应尽力整合利用各种资源，切不可草草终止专业关系。私人执业的社会工作服务机构需要收取服务费用来维持机构的正常运转，但是社会工作的专业精神要求专业人员要以案主利益为先，因此，应积极寻求其他办法来解决难题，而不能因案主无力支付服务费用而抛弃案主。

（3）服务的中断

案例：社会工作者小宁是一个养老机构的社工，最近养老院里有一位老人，不知什么原因，非常闹人，常常无缘无故地发脾气，而且拒绝与社工沟通，并且有一些异常行为产生，弄得小宁筋疲力尽。小宁有些害怕，已经有三天没有去见这位老人了，同事和他讲起这位老人的情况，他也尽量不去回应。

在上述案例中，小宁的做法是否合适？

在社会工作服务中，一旦出现诸如脱不开身、搬迁、生病、伤残或死亡等中断服务的情况，社会工作者应做出合理的安排，以确保服务得以延续。

突然中断服务的行为无疑会对案主造成伤害：会让案主再次陷入无助状态，受到心灵伤害；案主所面临的问题仍然没有得到合理解决；案主可能对整个社会工作行业产生不信任感，日后无法再接受其他社会工作者的服务；等等。

在非结案阶段服务中断的"合理安排"常表现为移交机构其他同事或转介其他社会工作机构。

如果是由案主不配合或外在资源有限等客观因素导致服务无法延续，则社会工作者无须承担相应的伦理责任。但如果是因为社会工作者自身不够努力或者过于看重个人利益造成服务中断，那么就有悖伦理，甚至会面临渎职的危险。

（4）服务的终止

案例：社会工作者小宁一直在对案主王女士进行辅导，王女士是因为丈夫有婚外情来寻求帮助的，在辅导进行两个月后，王女士与丈夫的婚姻解体。但小宁评估后，觉得王女士在认知和情绪上还有一些需要处理的问题，虽然王女士表示想结束个案关系，但小宁一直表示个案需要继续进行下去。

上述案例中，小宁坚持服务要继续下去，是否符合伦理？

终止服务，主要根据社会工作者的专业判断，认真考虑案主自身的感受与需要，判断何时终止服务和专业关系。例如，当案主已有能力独立解决问题时，社会工作者应鼓励案主自立；鉴于社会资源的有限性，在已经确定案主的问题得到妥善解决后，社会工作者可以将资源运用或分配到更需要的地方。

不及时终止服务的后果很明显：导致案主不能自决与独立，生活反而受到干扰，还可能使案主对问题本质的认识发生偏离。而第三方（如政府或保险公司）可能会支付不必要的费用，造成资源浪费。因此建议社会工作者若非必需，不要扩大服务范围，社会工作者在案主不再需要所提供的服务和建立的专业关系时，或者是所提供的服务和专业关系已不再符合案主的需要或利益时，应该终止服务和专业关系，以维护案主利益。

终止服务的原因可能是：①案主没有合理的改进或者案主不肯合作，无法与社会工作者建立专业关系；②社会工作者有需要终止服务的特殊情况；③社会工作者可能缺乏某特定案主所需的专业能力，已经没办法满足案主需求；④提供有偿服务的社会工作者在案主未付费的前提下，可以自主选择是否放弃服务。

当这种提前终止服务的情况发生时，社会工作者应该采取合理措施，避免放弃仍然需要服务的案主。社会工作者只有在非常特殊的情况下才可以马上退出服务，但即使这样做，也必须仔细考虑所涉及的因素并尽量减少对案主造成的不利影响。必要时，社会工作者应协助案主做出适当的安排，使服务得以继续。社会工作者若预见到服务会终止或中断，应迅速通知案主，并根据案主的需要和意见，设法移交、转介或延续服务。社会工作者不得为了追求同案主建立社会、金钱或性关系而终止服务。

二 对同事的伦理责任

案例： 阿文和小宁是一家社会工作服务机构的同事，他们为自闭症儿童提供服务已经两年了，在这两年里他们经常在一起讨论、交流，并成了很好的朋友。一天，阿文告诉小宁他和妻子离婚了。妻子离开了他，还带走了3岁的儿子。离婚后，烦闷无比、思子心切的阿文经常出去喝酒。起初，小宁认为阿文去喝酒只是暂时的情绪低落，但是当他看到阿文喝得越来越厉害、案主可能会因此受到他的伤害时，他开始考虑是否要去告知机构主任。但就在此时，阿文向小宁坦白说他已经患上酒精依赖症，无法自拔，很痛苦。小宁建议阿文向机构主任和督导寻求帮助。阿文承诺他会努力控制自己不去喝酒，但后来他仍有好几次醉醺醺地来工作。

在上述案例中，面对同事阿文的情况，小宁应该如何应对？

这里说的同事，是广义上的同事，包括机构的领导、一起工作的机构员工、被其督导培训和实习的学生、同一专业毕业但来自其他机构或组织的同事以及跨学科合作的其他专业人士。社会工作服务是一项多元合作基础上的专业服务，仅仅依靠社会工作者一人无法完成，特别强调专业基础上的同行合作，因此，社会工作者对同事的伦理责任也就显得非常重要。

美国社会工作者协会对 1986～1997 年累积的 894 件涉及伦理问题的投诉案进行分析的结果显示，有 93 宗投诉同事（10.4%）、40 宗投诉雇主或督导（4.5%）、174 宗投诉雇员或受督导者（19.5%）。总的来说，有 34.3% 的案件是针对同事、雇主或督导的（Strom-Gottfried，2000）。

下面分别从与同事建立关系时的伦理责任、与同事合作时的伦理责任及对同事服务有争议时的伦理责任三方面来探讨社会工作者对同事的伦理责任。

1. 与同事建立关系时的伦理责任

（1）尊重

社会工作伦理强调，社会工作者与同事的合作应以相互的尊重为基础。这种尊重表现为：向他人介绍同事的资格、观点看法、职责时持客观的态度；在与案主和其他专业人员交流时，应避免没有根据地批评指责同事，包括指责同事的工作能力及同事的个人特质，如种族、民族、国籍、肤色、性别、性取向、年龄、婚姻状况、宗教信仰、精神或身体上的伤残等；尊重同事不同的意见及工作方法，任何建议、批评及冲突都应以负责任的态度表达和解决。

尊重是社会工作者与同事相处的重要基石，不仅合作时如此，而且向同事咨询、与同事发生争议、发现同事的操守有悖伦理时，如果都能本着尊重的态度与之相处或解决问题，应能够减少矛盾与冲突，更好地增进案主的利益。

（2）保密

这里的保密表现在两个方面：一是对同事在专业服务中与之分享的资料应充分保密；二是当社会工作者将案主的资料与同事分享时，应确保同事已了解保密的原则和与之相关的例外情况。

（3）涉及同事的争议

当同事与机构领导发生纠纷时，社会工作者不得利用此纠纷来满足自身私利；当同事与案主发生争议时，社会工作者也不得利用此争议为自己谋利益。同时，社会工作者不得对同事与机构领导、同事与案主的冲突妄加评议。社会工作者不应介入同事与案主的专业关系，除非是案主要求或对其有利。

争议、冲突在所有组织和人际交往中都是难以避免的。因此，社会工作者应认识到处理各种争议是其工作的一部分，且争议的存在也是一种正常现象。社会工作者应设法尽快解决涉及同事间的争议或将这一争议的伤害降到最低。莫拉莱斯（Morales）和谢弗（Sheafor）在《社会工作：一体多面的专业》中指出，"要解决这些争执，社会工作者就需要运用倡导、谈判、调解等手段来解决员工、案主和机构之间的矛盾。这项工作包含了在一个'充满感情'的机构里面人与人之间的互动，社会工作者要听从各个方面的不满意见然后从中斡旋解决问题"（莫拉莱斯、谢弗，2009）。

2. 与同事合作时的伦理责任

社会工作者应与本专业或其他专业的同事合作，共同增进案主的利益。

（1）咨询

为了案主的最佳利益，社会工作者应咨询同事的意见，并在需要时寻求同事的辅导。

咨询是两种专业人员——咨询者与受咨询者——之间的互动过程，通过这一过程，咨询者提供专业知识和技术给受咨询者，以帮助解决工作中的问题，提高服务质量。

咨询的目的是维护案主的利益，确保为其提供更加有效的服务；咨询的对象是具备解决案主问题相关知识和技能的同事；咨询的原则是社会工作者只披露达到咨询目的所需的最少的资料。

社会工作中的同事咨询是一种自觉自愿的启发性、意愿性学习交流行为，双方未形成契约性的约束关系，行动结果由受咨询者来承担，这一点有别于督导的责任连带制。

（2）转介

社会工作者为了案主的利益，在需要时，向同事完成必要的转介。转介条件是案主的问题超出社会工作者的专业能力，或是社会工作者认为自己的服务没有成效或无法取得有效的进展，需要其他社会工作者或其他领域专业人员的协助；转介原则是社会工作者应该在征得案主知情和授权的情况下，把所有相关资料披露给新的服务提供者，并保证专业责任的移交有条不紊地进行；在转介的过程中，社会工作者没有提供专业服务的，禁止收取转介费。

有些案主为了自身利益的最大化，可能会同时在两个或几个机构寻求服务，如果社会工作者在接受新案主的时候没有做到全面的评估，很可能就会陷入案主设置的这种陷阱，在后续的工作中，案主会对比不同机构、不同社会工作者对其提供的服务，从而出现质疑社会工作者或机构的服务能力的情况，这样就会影响专业关系的健康发展。

如果转介来的案主与社会工作者存在其他社会关系上的联结，社会工作者碍于"人情"和"面子"，不好拒绝而答应其要求，就会在后续的服务过程中形成多重关系，从而影响社会工作者的专业判断，影响专业服务的质量。

由于前后不同的专业机构提供的服务可能不同、不同的社会工作者对案主问题的理解和归因可能不同，如果转介操作不当就会导致案主更加迷茫，对自己的境遇和问题无法理解，不知道如何做出应对或改变。

转介时应注意：社会工作者要与转介来的案主建立良好的关系，和转介机构同事保持互动。社会工作者在与同事转介交接的过程中，要做到将责任有条不紊地转移，推动案主与转介同事建立积极的专业关系。转介完成后，社会工作者就退出与案主的接触，以利于转介同事工作的顺利开展。

3. 对同事服务有争议时的伦理责任

（1）同事能力受损

美国社会工作者协会纽约市分会报告，在一项研究中，43％的人知道至少一位社会工作者有吸毒或酗酒问题。对印第安纳州分会的所有成员的调查表明，53％的人知道有一位社会工作者的表现受到情感或精神健康问题、滥用物质问题、职业倦怠问题或性行为失当问题的影响。

能力受损的社会工作者有时会对案主和同事使用不恰当的语言，有不合适的行为举止，对工作上的要求随意应付，工作半途而废或者常常旷工。受自身问题的影响，社会工作者会有能力不足的情况，甚至做出有悖伦理的行为。这会降低公众对社会工作专业的评价和信任，损害案主和其他人的利益，给其他社会工作者带来伦理上的问题。

当社会工作者确信同事由于个人问题、心理/社会压力、物质滥用或心理健康问题而损及他们的表现、影响他们的实务工作效果时，如果可能的话，应与同事讨论，并帮助其采取补救行动。

（2）同事违反伦理

社会工作者确信同事违反专业伦理、危害案主的利益时，应采取必要的措施进行阻止和纠正。

阻止的过程包括确信同事的行为有违伦理，应与同事讨论并帮助其采取补救行动。如果与同事讨论后，同事并未采取有效的行动去面对和处理，社会工作者应通过寻找机构、社会工作者协会，以及其他专业机构等建立的有效渠道获得帮助并采取必要的行动。

当然，社会工作者也应为受不当指控的同事辩护并给予帮助。

三 对机构的伦理责任

案例： 小宁是一家儿童服务机构的社会工作者，在机构已经工作两年。在工作中，小宁发现机构明显有忽视儿童利益的规定，如以所谓儿童安全的理由，拒绝有康复需要的孩子去专业机构接受康复训练，即使那些机构愿意提供免费的服务也不行。在选择寄养家庭时，过于强调管理效果，使一些不太适合的家庭进入寄养家庭名单，加之后期的评估不严格，儿童的利益时常被侵害。小宁对这些规定提出质疑，机构的回复是：机构有自己的难处，专业人手不够，有些事知道是对的，但无法做。无奈，小宁向督导求教，督导表示：这是制度的问题，目前无力改变，还是多一事不如少一事吧。

在上述案例中，小宁做得对吗？除了这些，小宁还能做些什么？

社会工作者对机构的伦理责任可以分为以下两部分。

1. 对机构承诺的伦理责任

社会工作者应信守对机构的承诺。

对内：①遵守机构的制度与规则，竭尽所能达成机构的服务目标，呈现服务效果；②致力于推进机构的规则、程序及服务效能的改善；③采取合理措施确保机构的规则、程序、规章条例或命令符合社会工作的伦理要求，推动所属机构按照符合伦理的原则展开工作，社会工作者不应让受雇组织的规则、程序或命令与社会工作伦理相抵触；④协助员工（包括志愿者）加深对机构的结构、运作和使命感的认识，加深员工（特别是志愿者）对所提供服务的认识，培养、维持或增强员工的归属感。

对外：①协助公众了解机构，在公众中树立良好形象；②协助资料搜集及研究工作；③协助进行志愿者的招募及训练；④协助募捐经费；⑤协助争取政策法律的支持；⑥协助有真正需要的人使用机构所提供的服务、参加机构所组织的活动。这种承诺不仅包含口头上的，也包含书面、法律和道德伦理方面的。《美国社会工作者协会伦理守则》指出，社会工作者一般应履行对雇主和雇佣组织承诺的职责。但一般情况是机构的规则、程序、命令不存在妨碍社会工作者从事符合伦理要求的社会工作实践的因素。如果不是这样，社会工作者应致力于完善机构的规则和程序，减少机构规则程序中不符合伦理守则的内容。

有时社会工作者的伦理义务会与机构的规则或相关法律条文发生冲突。在此情况下，社会工作者必须努力用与伦理守则所表述的价值观、原则和标准相一致的方式解决冲突：①向机构提出建设性评论及建议；②就可能违反伦理守则及有关法律条文的机构规定，提醒机构修改；③如果机构仍然维持其规定，使案主利益受损或可能受损，应将事件提请有关组织注意；④无法找到更好的途径时，应寻求适当的咨询。

2. 提升机构服务效能的伦理责任

（1）督导和咨询

社会工作咨询是由资深的咨询者向受咨询者提供所需要的社会工作知识、技术的指导，以帮助受咨询者解决工作中的问题，提高服务的质量。咨询者既可以是其他专业的资深人员或专家，也可以是社会工作者；既可以是在同一部门工作的其他专业的同事，也可以是并非在同一部门工作的人员。

社会工作督导是专业训练的一种方法，由机构内资深的社会工作者，面对机构内新进入的工作者、一线初级工作者、实习生及志愿者，通过定期、持续的监督、指导，传授专业的知识与技术，提供支持、促进成长并确保服务质量。

督导和咨询的限制包括：①应仅限于在自己知识与能力范围内提供督导或咨询；②在提供督导或咨询时，有责任设定清晰的、适当的和具文化敏感度的工作界限，这些界限重点体现在尊重督导、受督导者以及机构的案主在种族、民族、社会性别和感情取向上的不同；③社会工作者不应该和受督导者发生双重或多重关系，以避免对受督导者造成剥削或潜在伤害；④社会工作者在担任督导时，对受督导者的表现应予以客观、公正的评估。

受督导者的服务是督导工作的延伸，督导对所指派和分配的工作负有最终的责任。一旦某被督导的行动被付诸实施，如果实施不力，督导要为授权给一个不得力的社会工作者实施这一行动而承担责任。因此，作为一名督导，要为自己所承担的督导工作负责。为了减少责任风险，督导必须熟悉每一位受督导者的个案、清楚每一名受督导者的能力水平，以确保每个受督导者能够妥善处理所分配的工作。

连带责任的提出要求督导必须做到：①提供信息让受督导者征得其案主的知情同意；②指出受督导者的错误；③对受督导者依照周密的计划开展的干预工作进行监督；④知道什么时候受督导者的案主应该被重新分派、转介或终止服务；⑤知道受督导者什么时候需要得到辅助；⑥监控受督导者的行为能力，指出其工作中的缺陷与不足以及伦理上的失误；⑦监控受督导者与案主之间关系的界限；⑧审核受督导者的文案以及个案记录；⑨定期对受督导者进行督导；⑩对督导工作进行记录；⑪避免与受督导者发生双重关系；⑫对受督导者给予及时和内容充分的反馈，并对他们的工作表现予以评估。

双重关系的建立会破坏督导关系。督导关系受到移情、矛盾与抗拒以及早期成长冲突的影响，如督导是潜在的家长化身，督导与受督导者之间的关系在一定程度上类似亲子关系，师从于他的受督导者会像兄弟姐妹一样竞相博得"家长"的欢心和照顾。督导也会由于情感上的喜好而对某一位受督导者格外关照，从而忽视其他受督导者，进而不能公正、客观地评估受督导者的表现。

除了双重关系，在督导关系中有三种关系是有害的：①督导关系被定义为社会工作者与案主的关系。在这种情况下，受督导者说的更多的是自己，而不是工作，他向督导寻求帮助以解决个人的问题，有些社会工作者也会将工作中的难点和这些问题联系起来。一旦这种督导关系形成，督导对受督导者的要求就会降低，督导任务难以完成。②督导关系被定义为社会关系。受督导者与督导一起购物、喝咖啡、共进午餐，一起参加私人聚会，甚至对方的家庭聚会，在督导会上双方聊得十分投机，社会关系胜过了专业关系。③督导关系被定义为同伴关系。督导在督导过程中最大限度地参与，与受督导者一起处理案主的问题，一起参与问题的解决，在这种关系中督导很容易失去专业权威，令受督导者产生依赖，使督导过程受阻。

（2）教育和培训

社会工作者在担任教育者、培训者时，应仅限于在自己知识与能力范围内提供指导，且提供的是专业中最有效、最有助益的咨询和知识。社会工作者在担任教育者或实习督导时，对学生的表现应予以公正与尊重的评估；若是由学生为案主提供服务，则有责任采取行动确认案主已依程序被告知。

社会工作者在担任学生的教育者或实习督导时，不应该和学生建立双重或多重关系，以避免对学生造成剥削或潜在伤害。社会工作教育者或实习督导有责任设定清晰的、适当的和具文化敏感度的界限。

一般来说，作为胜任的社会工作机构的教育者、培训者，应具备一定的知识与能力，包括：成熟的人格和乐观进取的生活态度；具有严格的社会工作专业训练背景；丰富的实践工作经验；接受过教育学和心理学的训练；有足够的教导学生的能力和意愿；熟知机构的规定和工作程序并与机构保持良好的沟通与合作；等等。

（3）善用机构资源

社会工作者应审慎地运用机构的资源，绝不滥用或不依指定用途使用资源。

社会工作者应倡导公开、公正的资源分配程序。当资源不能满足所有案主的需求时，在分配程序上应对案主一视同仁，运用的原则要恰当、前后一致。

（4）公私分明

社会工作者不得让自己的私人操守妨碍履行专业职责。明确区分私人身份和代表社会工作专业、专业社会工作组织或服务机构在言行上的不同。社会工作者在公共场合应能确实分辨何者是自己言论与行动、何者是代表服务机构的言论与行动。

社会工作者应在硬件（证书、学历等）和软件（能力、将取得的服务成效等）方面向案主、机构、公众呈现真实的自己，不得造假，不得夸大，如果有不实之说，应及时澄清。

社会工作者不得利用某些不当影响，操纵或胁迫或诱使一些潜在案主成为自己的案主。

四　对专业的伦理责任

案例： 小宁大学毕业后，一直在一家社会工作机构从事社区服务，但他并不认同社会工作的价值，觉得工资不高，干的活也没什么大的意义，和自己的理想差距较大，因此工作的积极性不高，也不大愿意参加机构组织的培训。但是，暂时没找到更合适的工作，所以就在机构待着，也没跳槽。最近，有同事发现，小宁在利用自己做小组工作的机会，向案主暗示一种保健品的功效，并有私下推销的嫌疑，而小宁的妹妹就是这家保健品公司的销售主管。

上述案例中，小宁的行为是否恰当？是否有违伦理？

1. 专业忠诚

专业忠诚是道德层面的指导与要求。它要求每个人要以专业忠诚开展工作，对组织或个人真实无欺、遵守承诺和契约：①社会工作者应致力于保持和推动高标准的实践，尊重专业价值观、伦理，推动专业知识体系发展，通过适当的学习研究、积极讨论、负责任的专业批评来维护、强化专业的诚信；②社会工作者应投入推动尊重专业的价值观、诚信和能力的活动中，这些活动包括教学、研究、咨询、服务、社区宣讲及参加自身的专业组织；③社会工作者应对丰富社会工作专业知识有所贡献，并分享自己的知识；④社会工作者应采取行动阻止未经授权和不符合资格要求的人从事社会工作。

2. 专业推进

社会工作者致力于推动专业发展：①社会工作者应致力于证据为本的项目设计与实施工作；②社会工作者应推动评估和研究工作，并为之提供方便；③社会工作者应批判性地审视正在出现的有关新知识并能跟上当前的发展，充分应用评估和研究成果；④社会工作者应准确无误地报告评估和研究结果，不得捏造或虚报，发现任何错误应予以纠正。

3. 专业廉洁

社会工作者要为增进专业价值、维护专业尊严而努力工作，并有责任保持廉洁的专业形象。

五 对社会的伦理责任

案例：汶川地震后，社会工作者迅速组建团队，参与救灾。以都江堰震后重建为例，社会工作者在这次救灾中的角色与作用包括：①外来心理救援机构、民间组织的沟通与协调；②促进物资公平发放；③干群冲突的协调；④鼓励个人和集体表达哀伤和悼念，尊重和利用当地的传统文化和习俗，让受灾群众在悼念活动中体验积极、正面的情感，植入希望；⑤在工作过程中创造性地运用个案工作、小组工作的方法，帮助受灾群众舒缓压力，重建社会关系，恢复生活信心；⑥将经济发展与社区重建结合起来，通过社区工作帮助灾民构建互助网络、恢复生产、重建生活秩序。

案例：为协助上海"11·15"胶州路火灾事件的善后处理工作，市民政局、市社会工作者协会连夜跟有关社会工作专家讨论后形成介入方案，赴火灾现场了解情况并与静安区民政局进行沟通，达成共识，成立了由复旦大学、华东师范大学、华东理工大学、上海大学、上海师范大学、浦东新区社会工作者协会组成的社会工作者服务督导组，并由上海市社会工作者协会发起、静安区社会工作者协会牵头组建"上海社会工作者服务团"静安社会工作者服务队，将其纳入静安区民政局火灾事故处理指挥部的整体工作架构。服务队经培训进驻相关安置点和殡仪馆开展社会工作专业服务。整支队伍由静安社会工作者、浦东资深社会工作者和专家督导三部分力量组成，约60人，统一佩戴"静安社会工作者"标识，分五组进驻各安置点开展工作。

以上案例清晰地呈现出在突发公共事件中社会工作者承担的社会责任。

社会工作者对社会的伦理责任分为以下四个方面。

1. 在社会福利中的伦理责任

社会工作者致力于为增进人类的福利而服务，经过专业训练，合理地运用现存的关于人性和人际互动的知识，整合社区资源，平等、公正地提高人类的生活质量。

社会福利思想拓宽了社会工作的视野，使其有了明确的社会目标：一个理想的社会应有职责与能力去为每个人提供克服困难、预防问题及促进自我能力实现的充分机会。

从社会福利的发展历程来看，社会工作的方法可以说是从社会福利提供过程中逐渐发展出来的，始终存在于特定的社会福利系统内。社会福利的三大要素是责任、资源和服务。社会福利从政策层面规定了服务案主的标准以及所要达到的目的，但如何实施这一制度和确定具体的案主、如何从心理社会层面帮助他们克服困难、如何提供福利资源并且帮助人们特别是有困难者享用这些资源，需要社会工作者深入调研和分析。社会工作是将社会福利政策项目转化为现实的具体服务的过程，是实现社会福利的重要手段与途径，其工作的目标就是实现受助者社会福利水平的提升。

2. 在政策与制度制定中的伦理责任

社会工作者应为公众在知情的情况下参与制定社会政策和制度提供方便条件；为公众提供充分的信息资料，使其对社会政策和社会制度有透彻的了解；增强公众的参与意识，使其认识到这既是权利又是义务；给公众提供表达、申述的途径和资源，使社会工作者成为联结政府与公众的桥梁。

具体原则：①公平的原则，判断标准主要依据是否给公众提供了足够的参与机会，首先需要判断的是究竟谁应该成为参与者；②知情原则，如果参与者在参加公众决策之前没有事先获得充分的信息，那么他们就不可能提供完全正确、合理的意见，其作用的发挥就会受到限制。

具体做法：①向政府有关部门、社会有关方面反映社会成员需要社会工作解决的问题，以及对社会工作的意见和建议；②向社会成员宣传国家有关社会工作的政策、方针和法规，鼓励和组织社会成员积极参与社会事务；③按照民主集中制的原则，主动提供咨询意见，努力使计划实施获得最佳效果，圆满地完成社会工作的各项任务。

3. 在突发公共事件中的伦理责任

突发公共事件指突然发生，造成或者可能造成重大人员伤亡、财产损失、生态环境破坏和严重社会危害，危及公共安全的事件。总体预案将突发公共事件主要分成四类：自然灾害、事故灾难、公共卫生事件和社会安全事件。面对突发公共事件时，社会工作者应尽其所能、竭尽全力，提供适当的专业服务。

具体的实务操作：①潜伏期，社会工作者承担宣传教育工作、预防组织工作；②爆发期和高潮，社会工作者开展信息联络、联结资源、困难救助、心理疏导、创伤辅导工作；③缓和期，社会工作者进行心理和生活调适、重建社会关系、恢复生产、重建社区。

4. 在社会政治和社会行动中的伦理责任

社会行动是指组织社会上受忽视、压迫或受政策不合理对待的下层群体，通过集体行动，争取第三方的支持，以维护权益，向当权者争取群体的利益，以期获得相应的资源，使社会权力及资源得到合理的再分配，并在过程中增强参与者的社会意识，改变他们的无能、无助感，建设更公平、更公正的社会。

社会行动的方式包括社会调查、社会分析、社会工作研究、传播有关信息、组织各种行动（活动）等。社会行动的目的是实现制度的改变，使权力、资源得到再分配，并影响政策制定。

社会工作者应采取行动拓展所有人的选择余地和机会，特别是脆弱的、处境不利的、受压迫和剥夺的人与群体的选择余地和机会。20世纪八九十年代后，社会工作界逐步认识到，人们面临的问题可能不仅仅是自身能力不足的反映，更多的是社会上存在的压迫问题、政治问题、经济问题与权利问题的反映，需要同时从个人层面和社会政治制度层面来解决。

社会工作者致力于社会变革，特别是与那些脆弱的、受压迫的个人和群体在一起，并代表他们致力于社会变革，变革的目标主要是解决贫困、失业、歧视和其他形式的社会不公正问题，力求促使公众敏锐察觉压迫问题、文化多元性以及需求多样性问题，并增进公众对这些方面的认识。社会工作者致力于保证所有人有途径得到所需的资讯、服务和资源，享有机会平等，并以有意义的方式参与决策。

第五章　社会工作伦理的主要议题

> 在普遍与特殊之间、在抽象的原则与具体行动之间、在普遍的人类权利和特殊的关系之间，作为伦理思考和行为的不同方面，它们是需要被认真思考与关注的。
>
> ——Levy，1976b

社会工作伦理的一般内容中，有一些非常重要的伦理议题需要被详细陈述，因为这些议题非常重要，但又很复杂，实践起来非常困难，是社会工作中的伦理难题，不论在理论上还是在实践上，都需要进一步深入探讨。我们将就这些议题做深入探索，抛砖引玉，让大家做更多的思考与研究。

第一节　保密原则

保密原则源于伦理领域和法律领域对个体隐私权的关注，是社会工作专业伦理中最为重要的原则之一。保密原则的实践不仅仅关系到社会工作者对案主隐私权的尊重、与案主专业关系的建立和维系，更是社会工作作为一门助人专业取得社会信赖、获得专业权威的必要条件，无论怎么强调都不为过。

一　隐私权

保密原则强调社会工作者应尊重案主的隐私权。那么，何谓隐私权？

关于隐私权（Privacy）的讨论最早始于1890年美国哈佛大学法学教授塞缪尔·沃伦（Samuel Warren）和路易斯·布兰戴斯（Louis Brandeis）在《哈佛法

学评论》上发表《隐私权》（"The Right to Privacy"）一文，在文中，沃伦和布兰戴斯将隐私权定义为"不受他人干涉的独处权利"（Warren and Brandeis，1890）。其实，人类从用树叶遮体开始即产生了最初的保护自身隐私的初级思想，拒绝将自己的身体暴露在公共视野之下，学者认为这是由羞耻心而引发的一种自觉意识。沃伦和布兰戴斯的文章引发了人们对隐私权的反复探讨。

随着社会的发展，人们将对隐私的关注，逐渐从身体发肤的保护转移到对自我情感、思想与感受的保护。再后来，学者们认为仅仅将隐私权定义为"不受他人干涉的独处权利"，是一种消极而被动的隐私权，应将其扩展为积极的信息自决权。例如，有学者将隐私权定义为，自然人对与其有关的一切无碍于社会公共利益的个人信息、个人空间和私人活动所享有的，不愿他人知晓及不受他人非法干扰的人格权（高志宏，2009）；还有学者将隐私权定义为，每个人在私人领域内对有关人格尊严的事务有免受他人干涉而自主决定的权利（张新宝，1997）。

1960 年威廉姆·普奥瑟（William L. Prosser）给出了侵犯隐私权的分类：侵犯他人私生活的安宁；宣扬他人的私生活秘密；置人于公众误解的境地；利用他人特点做商业广告（转引自邹文静、裴林亮，2011）。2005 年，贝特·瑞斯乐（Beate Rossler）在《隐私的价值》一文中，从伦理学角度给出了隐私的三个维度——决定的隐私、信息的隐私和居所的隐私（转引自吕耀怀、熊节春，2012），将主要问题引向个人对信息的自主控制与可能的结果。

不论从哪个角度定义，学者们都认为隐私权是：①不受他人与外界干扰的个人独处权利；②对自我隐私空间、信息的自主抉择权利；③一种具有人格与自我尊严价值的人身权利。

二　保密原则

社会工作伦理中，保密原则有两层含义：①隐私是个人的自然权利，除非为提供服务或进行社会工作评估、研究的必要，否则不应诱使案主说出隐私信息；②一旦隐私信息被提供出来，社会工作者在没有得到案主在知情情况下给予的许可，一般情况下不应该把利用专业关系获取的有关案主的资料向其他人透露。

保密原则是社会工作伦理重要的原则之一，在社会工作伦理中占有重要地位。①从尊重个人的人格与尊严来说，当代社会人们公认隐私权是自然赋予人类的天然权利，源于人之天性，对人格的健全和发展具有重要的意义，代表了他人与社会对个体人格自然存在的基本尊重。个人对自我信息的控制与保护、公私领域的相对隔绝，是培育与展现个人独特性、保护个人独立人格的重要前提条件。②从维护案主的自决权来说，隐私是案主个人的、与公共利益无关的信息，这些信息的所有权属于案主自己，案主对此拥有自主支配的权利。从个人角度出发，隐私对自我意识的形成具有重要的意义。拥有隐私权的重要性不仅在于其自身，而且在于它是行使自由和自决权利的重要条件（逯改，2002）。拥有隐私，人才可能免于社会期待的迫使，发展自我体验与个人意识。对隐私权的破坏就是对他人进行自主抉择、做出自我行为的干涉，无论出发点是有意还是无意、结果是否造成损失，都在既定事实上侵犯了他人的合法权益。③从建立专业关系、提供有效服务的角度来说，信任是专业关系建立的基础，私密信息的分享是彼此之间建立信任关系的重要标志之一。一般而言，越是信任或尊重的人，我们越是愿意与他分享不能为其他距离更疏远的人或公众知道的信息，对于信息保密的伦理责任建构了分享者之间的契约关系。越是个体认为重要而私密的信息越是需要安全的保护，越是强烈严苛的专业关系对隐私保护的要求越高，只有这样才能获取对方的信任，尽可能地获取有用的信息以达成专业契约的目标，树立专业权威。

三　保密原则的实务操作

保密原则的实务操作，可以分为以下三种情况。①社会工作者与外界之间的保密。社会工作者应采取措施确保案主的服务记录存放在安全的地方，并保护其他未被授权的人无法接触到这些记录；除非社会工作者可以确定案主的隐私权得到了保障，否则不可以在任何场合讨论案主的隐私信息，如大厅、办公室、接待室、电梯和餐厅等；在运用电脑、传真机、电话传送机密资料时，社会工作者要注意确保其安全性，必须避免在任何可能的情况下泄露可供辨识的资料；在面对大众媒体时，社会工作者应保护案主的隐私权；在诉讼过程中，即使是法律允许的范围内，社会工作者仍应保护案主的隐私权，未经案主同意，即使在法庭或其他法定代理人的要求下，社会工作者也可以要求保持记录是密封的，或是使记录在公开调查中不被曝光；当社会工作者为提供服务而讨论案主信息时，除非得到案主的同意或有强制性的需要，否则不可泄露任何可供辨识的资料；社会工作者在面临离职或死亡时，应采取可行的防备措施以保护案主的隐私权。②团体成员之间的保密。当提供服务给家庭、夫妻或团体时，社会工作者应使每位成员均认识到其他成员有保密权利，同时对他人所分享的机密资料有保密的义务。社会工作者也必须提醒参与家庭、夫妻或团体成员，社会工作者没有办法保证所有的参与者均能遵守他们的保密协议。③社会工作者之间的保密。社会工作者为教学与训练目的而讨论案主相关问题时，除非案主同意披露隐私资料，否则不可泄露任何可供辨识的资料。社会工作伦理强调，即使案主已去世，这些保密原则同样适用。

四 保密原则的例外

案例： 一位在加州大学咨询中心接受心理治疗的年轻男子告诉治疗师他遭到所爱慕之人塔拉索夫（Tatiana Tarasoff）的拒绝，该名男子告诉治疗师他计划杀了塔拉索夫；治疗师告诉了校警，但是校警质疑当事人只不过在表达其幻想，该治疗师被责备违反了为当事人保密的原则，治疗师被告知应把所有有关当事人幻想的资料销毁。2个月之后，该名男子杀了塔拉索夫，她的父母对学校提出诉讼，认为该咨询中心所聘的治疗师应该有责任对他的女儿提出警告。在经过多次判决及逆转之后，该案最后上诉到加州的最高法院，最后法官做出治疗师的决定不适当的判决，亦即治疗师在过程中所做的警告不够，治疗师未告知塔拉索夫，她可能身陷危险之境，以尽到保护其人身安全之责。（多戈夫等，2008）

这是助人专业发展史上一个著名的案例，对社会工作伦理的发展也产生了重要影响，它提醒实务工作者保密是一个审慎的话题，有时也有例外。

保密的例外情况如下。首先，要得到案主同意，或是得到合法授权的案主代理人同意。

其次，预防案主或可确认的第三方遭到严重的、近在咫尺的、可预期即将发生的伤害，即：①必须有足够的证据表明案主对他人存在暴力威胁；②暴力行为是可预见的；③暴力行为即将发生；④社会工作者必须能够识别出潜在的受害者。

最后，法律或规定要求披露而不需案主同意的，如案主有致命危险的传染性疾病或涉及刑事案件等。

案例： 小宁是某大医院的社会工作者，病房里有一位病人，68岁，在他的部门做肝部手术，医生说该病人情况比较糟。一天，病人拉住小宁，问他自己到底得了什么病。他说，他很想知道真实情况。但这时，病人的女儿岔开话题，把小宁叫出了病房，她请求小宁，不要让她的父亲知道他得的是肝癌。她说，如果她父亲知道了一定无法承受这样的打击。她同时拜托小宁帮她请求医生也不要告诉父亲事实。面对这样的情况，小宁该如何做，是要尊重家属的要求保密还是告知病人？

案例： 在一次小组社会工作中，小组成员谈到孩子的教育问题。有一位成员特别提到，小区里有一群少年很有问题，最近他们竟然在商量去抢劫附近的一家网吧，弄点儿零花钱花。社工小宁在核实时，那个组员说是儿子回家偶尔谈起的，也没多问，儿子还说了要她保密的。社会工作者要为那些孩子保密，还是去告诉警察或网吧的老板，抑或告知其他人？

案例： 张先生因为令他痛苦不堪的婚姻来见社会工作者小宁，以寻求帮助。张先生说，他妻子爱玲拒绝和他一起来接受辅导，还一直威胁说要离婚。张先生说他虽然偶尔会很生妻子的气，还"扇"过她一两次耳光，但是他很爱妻子，为了这个家他没日没夜地干，已经做了所能做的一切，如果妻子真的离婚的话，他要杀了她。小宁从张先生的口中还了解到，他妻子为了离婚的事已经见了律师，因此，他不能肯定，是应该为张先生说的话保密，还是告诉他妻子，提醒她注意安全。

案例： 小鹰，是社区矫正社会工作者小宁的案主。有一次在个案工作过程中，小鹰提到，当年在他们的抢劫案中，实际上最后重伤保安的那一板砖是他打的，他一板砖打在那人的太阳穴上，才使那人昏倒、重伤。但他不是真的想打死他，当时的场面很混乱，他是为帮助自己的同伴才这样做的。后来，他和同伴一起被抓，同伴不知道是感激他的"帮助"，还是弄不清当时的状况，顶下了主要的罪责，结果被重判。小鹰一直有些内疚，但也有一丝庆幸。小宁建议小鹰向警察说出真相，但小鹰拒绝了小宁的建议，而且要求小宁保密，并且威胁小宁不能将此事说出去。

上述案例是否为保密的例外情况，在上述这些案例中社会工作者要如何做才符合伦理？

当然，即使是保密的例外情况，打破保密原则也是有规定的：①例外的情况应先有告知，在与案主建立专业关系前，或整个服务过程中，社会工作者应与案主及其他利益相关者讨论在某些情况下保密的信息可能会被公开，以及依法必须接触保密约定的要件及后果，如保密的限制、获取信息的目的（评估、机构要求、法律要求、第三方要求等）、谁有权获取、信息使用渠道、查阅记录的权限等；②如果例外情况确实发生了，即使公开，应公开与达成目标最必要、最直接相关且最少的保密信息；③应在公开保密信息前的合宜时机，尽可能地告知案主保密的限制以及可能产生的后果。

有的国家伦理守则规定，社会工作者负有法律规定的相关报告责任，如案主涉及刑事犯罪或法庭传唤时，此时，社会工作者需根据已有行业惯例及专业经验对是否披露隐私进行判断；但也有国家规定，社会工作者拥有在法庭上的法外之权。

案例：1991 年 6 月 27 日，瑞德姆德（Mary Lu Redmond）警官在其执勤过程中开枪射击，致使一名男子死亡，该案因在场目击民众看法不一而持续接受调查。在这段时间里，瑞德姆德警官开始接受持有执照的临床社工师贝耶尔（Karen Beyer）的心理咨询。同时，该名被击毙男子的遗产受益人杰夫（Carrie Jaffee）对瑞德姆德警官提出其损害该男子的权益、过当使用武力致使该男子死亡的控告。至此，瑞德姆德警官已接受 50 多个咨询疗程，而受害人的律师凯瑞要求给予警官心理咨询的社会工作者上法庭接受交互诘问，但遭到贝耶尔及瑞德姆德的拒绝（为保护当事人隐私起见）。在最后判决时，法官告诉陪审团有关社会工作者并无合法上庭辩护的资格，陪审团最后做出对警官不利的判决。该判决结果最后到上诉法院有了逆转，上诉法院认为该判决法院拒绝保护社会工作师与案主之间达成的保密协议，而做了错误的判决。1996 年 6 月 13 日，美国最高法院做出了判决，最高法院法官思蒂文斯（Stevens）认为对于持有执照的精神科医师、心理学家的保密原则应"扩及具有心理治疗背景且持有执照的社会工作师"，因为社会工作师也提供心理健康方面的服务。①

五 保密原则在实务操作中遇到的问题

案例：王阿姨的儿子大鹏是一个吸毒成瘾者，从强制戒毒所出来后，正在接

---

① 资料来源：http://www.wenkuxiazai.com/doc/dbebf513a011bc17sfoe48df-3.html。

受社区戒毒。戒毒社会工作者小宁来家里做过访谈，和王阿姨谈了很久。最近，儿子好像又和过去的那些毒友有联系，王阿姨实在不放心，去社工站找小宁。当时小宁不在，王阿姨就坐在小宁的位子上等他。无意间桌上摊开的一个笔记本吸引了她的注意，本子上记录了一些大鹏的情况。她发现，儿子和小宁说了她很多的不是，嫌她唠叨，不顾别人感受，自私，认为自己婚姻失败完全是母亲导致的，王阿姨伤心欲绝。

案例：因为下午有个个案要督导，社会工作者小宁想将案例打出来以便讨论，因为只是给自己和督导组成员看，小宁就没有把可识别的案主的相关信息删除。刚刚按下打印键，机构里突然出现一个紧急事件，要小宁去处理，小宁随即离开了机构。一个小时后，小宁回到机构，才突然想起，他刚才打印的文件还在机构的公共打印机上。

案例：华琴是一名乳腺癌患者，做过乳腺切除手术，但她不想让人知道她有这个病，也不想看到别人同情的眼光。一天，她去参加一个机构的乳腺癌患者支持小组，她很喜欢这个小组，觉得很有收获。但奇怪的是，自从参加了这个小组后，突然很多人知道了她的病情，上门或打电话来安慰她，令她很困惑。一问才知道，那个机构在她们参加小组后，写了一个报道，发在微信公共平台上，上面还有她的照片，朋友是从那里知道的。

案例：小青的儿子，14岁，有较严重的强迫症倾向。小青曾经和丈夫带儿子去一个专业机构接受过家庭治疗。一次，她的一个很久没有联系的高中同学，突然打电话来问她儿子的情况，她很奇怪，不知道她是怎么知道的。同学告诉她，自己正在接受一个专业培训，老师放了她们一家接受咨询的录像，作为教学分析片。她想起，接受咨询时，咨询师确实说过要录像，但只说是为治疗团队分析讨论用，并没有说要做教学片啊。

案例：小夏是社会工作者小宁的社区矫正对象，有吸毒史，HIV检测呈阳性。但最近，小宁发现小夏找了一个女朋友，问及小夏是否告诉过女朋友自己的情况。小夏也很坦诚，说没有。他怕和女朋友说了，对方会离开他。隔了一段时间，小夏的女朋友碰到小宁，很高兴地告诉小宁，她和小夏年底要结婚了。

以上案例中，社会工作者面对这些情况应如何处理？其中，社会工作者的行为是否符合伦理？

1995年，经过调查，卢曼罗列了27种受到控诉的社会工作不当行为。在这27项不当行为中，除去性关系与不良治疗以外，排名第三的就是泄露私密信息，大约占8.68%。其中，违反保密原则，泄露案主隐私而导致案主权益受损被视为违反伦理守则的渎职行为，是不该为而为之的行为；而无意泄露案主信息或者在泄露信息前忽略了案主的知情同意权，或者在教学、研究过程中使用了可辨识的案主具体信息则被认为是不符合专业伦理的过失行为（Reamer，1995）。

互联网时代，电子信息、网络技术对社会工作中的隐私保密提出了更大的挑战。首先，第三方（保险公司）付费形式出现、电子文件在社会工作机构和服务管理机构之间传输，保密的风险加大，存在不同形式的泄密可能（Rock and Congress，1999）。其次，社会工作者运用在线咨询、电话咨询、视频咨询等新的咨询方式，其中存在的泄露案主个人隐私的可能性明显增大。最后，社交网络、电子邮件、短信微信等作为与案主沟通的工具，虽然强化了社会工作者与案主之间的关系、提高了服务产出，但是对案主隐私的保密提出了挑战。

如何界定社会工作者在工作中是忽略而未遵守保密原则还是故意违反保密原则是困难的，因为两者指向的是同一结果：案主隐私被泄露。社会工作者违反保密原则的原因如下。

（1）个人疏忽。个人疏忽的行为主要包括忘记签署知情同意书、口头泄露、档案管理失误、未授权使用可辨信息等，让无授权的第三方知晓了案主的个人私密信息，不论对案主有没有造成影响，都值得社会工作者在今后的工作中不断反思警醒。个人疏忽主要与社会工作者本身的职业热情、专业投入与责任意识有关。

（2）错误地评估自身能力。社会工作者自认为找到了最适合的工作方式，但因专业素养问题而不清楚自己的专业目标与职责，形成错误认知，如过于夸大和低估自己的能力，导致保密原则中渎职与不当行为的出现，产生危害结果。这一点，在网络时代更有可能出现，如错误地认为在线咨询不会泄露案主隐私，电子资料存档、电子邮件传输、公共平台打印没有采取足够的安全保护措施等。

（3）专业服务的狭隘。社会工作者只专注服务效果的达成，而故意违反保密原则。如在审核项目、资源整合过程中，为了获取更多的资源而在未经授权的情况下递交案主信息，出现伤害案主的行为；为了机构、项目的宣传目的，故意将案主可辨的信息公开；等等。

（4）对有关高危人群的保密问题处置不当。面对高危人群往往会陷入保密的伦理困境，稍不谨慎就可能专业行为失当。艾滋病毒携带者、自杀倾向人群、暴力倾向人群等都是高危人群。不仅仅要考虑当下的利弊，更要考虑未来可能预见的伤害；不仅仅要考虑案主个人利益，还要考虑案主之外其他人的利益。因为高危人群有潜在威胁，保密原则的例外情况不确定，社会工作者一旦把握不当就会给案主带来伤害。

第二节 案主自决

案主自决是社会工作伦理的基本原则。社会工作者尊重和推动案主自决。

一 案主自决的实质

作为一项伦理原则，案主自决是指案主有自由选择和决定的需要与权力，社会工作者应当鼓励和促进案主面对生活做出自己的决定与选择，并按照自己想要的方式去生活，社会工作者不应当欺骗或驱使案主进入一个违背他真实意愿的行动过程（Horne，2001）。这里的案主自决不仅指意志上的自决，而且指在实际生活中真正有权利做决定，不受他人限制、干涉和命令。

自决权是案主应有的权利，应予以充分尊重。洛克认为，"人生来就享有自然的一切有利条件，能够运用相同的身心能力，就应该人人平等，不存在从属或受制的关系"，"人们都是平等和独立的"（洛克，2008）。康德认为，人在道德上是自主的，人的行为虽然受客观因果的限制，但是人之所以成为人，就在于人有道德上的自由能力，能超越因果，有能力为自己的行为负责（康德，2003）。

案主自决是对人的自主和自由的尊重。当代自由主义学者伊赛亚·伯林江曾将自由分为"消极自由"和"积极自由"，对于人们理解自由的实质产生了重要影响。伯林江认为消极自由是从无干涉中获得自由，是一个人成为他自己而不管别人是否喜欢或赞同的自由；而积极自由则被描述为不是一种无条件的自由，而是在一定范围内做出的自由选择，给定的范围越大，选择的自由度也就越大（转引自戴香智、侯国凤，2009）。

基于积极自由和消极自由，可将案主自决分为两种：①理想的案主自决。理想的案主自决是一种消极自由导向的案主自决，是指个体的行为完全出于自己的愿望、选择，反映了个体支配自己的生活并做出相关决定的权利。其中又分为正向的自决和负向的自决。正向的自决是指个人可依据自己的愿望自由地采取行动，运用能力及资源去完成个人的目标；负向的自决是指消除任何阻碍个人根据自我意愿或朝向目标发展的负向障碍。②现实的案主自决。现实的案主自决是一种积极自由导向的案主自决，是指相对于特定范围而做出的自由抉择，需要且允许适度干预，而非无条件的自我决定或选择。

在大量的实务中，社会工作越来越意识到理想的案主自决存在许多难以克服的限制和障碍，如：①个体可能为了自己和他人的利益而产生某些冲动行为；②有些案主自身能力有限，特别是随着社会的发展，越来越多生命中的重大决定涉及普通人常常无法理解的专门知识，自身知识和阅历的缺乏导致案主无法全面理解问题并找到合适的解决方案（多戈夫等，2008）；③案主往往是弱势群体，处于社会边缘，不易被主流文化所接纳，也被资源所限，尤其是那些穷人和受教育程度低的人，在做决定时往往依赖社会工作者的专业帮助（Ejaz，1991）。这些因素决定了他们无法做到真正的"自决"，依赖有特定知识的专业人士的干预是事实。

所以，随着社会工作的不断发展，社会工作者对案主自决的理解更多地偏向积极自由的自我决定，即将案主自决理解为在社会工作实务过程中，案主有权利自由选择，社会工作者有义务充分尊重且促进案主自决，而不能将社会工作者自己的意志强加于案主。但案主的自决不是无条件的，而是存在一定的限制。在某些特殊的情况下，允许对案主的个人生活进行干预，并认为有些情况下出于对案主自身、他人或社会整体利益的考虑，对案主的生活进行干预是合理的。

《美国社会工作者协会伦理守则》对案主自决进行了明确规定：自决是社会工作者尊重且促进案主的自决权，并协助案主尽力确认和澄清他们的目标，但在社会工作者的专业判断下，当案主的行动或潜在行动具有严重的、可预见的和立即的危险会伤害自己或他人时，社会工作者可以限制案主的自决权。

《英国社会工作伦理守则》也认为，案主有能力做出积极的、有建设性的决策，但必须被限制在道德的结构框架之内。

二 案主自决的伦理意义

案主自决的概念源于自治的道德原则，是一种自我的决定，源于 17 世纪的希腊语"autos"（自己）和"nomos"（法律）。1683 年《牛津英语词典》最早使用"自我决定"概念并将其定义为"运用个体的精神或意志努力去达成一个目标的决定"(Simpson and Weiner, 1989);《美国英语传统词典》定义自我决定是"个体决定自己的命运或其行动过程没有强迫自由意志"(Morris, 1992);有学者认为,自我决定本质上是指一个人在自己的精神或自由意志的基础上的行为,没有外在的强迫(Wehmeyer, 2004)。在临床社会工作中,案主自决被定义为案主自己做出对自己生活有影响的决定,并且不受他人限制,不依赖他人,是一种对自己生活做出有影响决定的自治权利。

从哲学视角来看,案主自决是作为案主的绝对权利存在的,而非实现人类服务专业目标的技巧或实践原则。这一绝对主义观点在社会工作文献中经常出现,与社会工作核心价值观密不可分。罗斯曼(J. Rothman)归纳了案主自决原则产生的合理性(Rothman, 1989)。

(1)功利主义的视角。功利主义将案主自决视为案主能力提升的工具。罗斯曼(Rothman, 1989)认为,案主自决的作用表现在,减少案主依赖、减低案主对服务的抗拒、获得案主对服务的承诺。比斯台克(F. P. Biestek)归纳了案主自决能够达成的目标:①协助案主厘清问题;②协助案主发现和利用能够带来潜在益处的相关资源;③激发案主的潜能;④建立促使案主成长并且解决问题的关系(Biestek, 2002)。

(2)应对人类的文化疏离。一些学者将案主自决视为对现代社会中限制个体自由、引诱个体变得无助和依赖,并产生疏离感的力量的反抗。案主自决不仅是应对案主自身特殊问题的方法,也可以抵消社会中的失范和疏离给案主带来的影响,强调案主自己参与解决问题,并且对自己的问题负责任。

(3)政治和情感上的解放。一方面,案主自决可以作为抵抗政治专制的方式。大萧条时期,社会改革家将案主自决视为一种政治意识形态,与变革社会的需要相联系(Freedberg, 1989)。另一方面,案主自决能够限制社会服务的科层力量,支持案主对抗公共援助机构对公民自由权的干涉。

从具体的实务意义来看,案主自决的合理性在于:①个体的自决权是人的自然权利,个人决定自身命运的权利是无条件的,康德曾指出,尊重个人自主性就是相信每个人具有无条件的价值(王海明, 2001);②每个人都具有自主选择和自由行动的能力,都可以自决,这是对个体潜能的尊重;③案主是最了解自己的人,只有案主自己能够做出最有利于自己的决定;④正因为是案主自己所做的决定,他才更可能自我负责;⑤案主自决是案主选择并负责,不论是抉择还是负责都是一种重要的能力，案主自决有利于提升案主的社会能力，避免依赖和逃避责任。

因此，案主自决是一项被高度认同的专业伦理原则，几乎所有国家地区的社会工作伦理守则都将其列为基本的原则之一，强调社会工作者应尽一切努力促进案主自决。

三 案主自决的实务操作

多戈夫等认为，只有当下面的条件都具备时，个人才能被认为是自由的：环境提供给个人一系列有待抉择的机会；不强制个人出于任何原因选择一个给定的机会；这个人对所有的机会都是熟知的；这个人有关于每一个机会的代价和结果的准确信息，以便能够现实地评估它们；这个人有能力或优先权在评估的基础上做出选择；这个人有真实的机会在他或她所做的选择的基础上行动（多戈夫等，2008）。

在具体实务中，社会工作者不是消极地不去干涉案主的自由，而是有责任运用自己的专业知识、技巧和资源，采取积极行动提供必要的条件，增强案主的能力，以使案主更好地自决，包括：①分析选择的动机与原因，帮助案主了解自身的需要和当下的现实情况；②从环境中找出所有可能的选项；③帮助案主获得相关的信息，信息尽可能全面而充分，以使案主了解每个选项及可能产生的后果；④尽可能联结到更好的选择所需的相关资源；⑤不欺骗或胁迫案主，使其能够进行真实的意思表达；⑥确定案主有能力做出选择，包括确定该选择与其智力和行为能力相适应；⑦排除障碍，帮助其将选择变成实践的行为。这是社会工作者帮助案主更好地自决的过程，也是案主更好地自决的前提条件。

需要注意的是，以上实务操作不是社会工作者独立完成的，而是社会工作者和案主一起共同完成。这七条原则为社会工作者提供了操作化指南，但随之而来的问题是，案主自决的自由被限制在很小的范围内，因为这七条原则对大多数案主来说是很难同时满足的，从这种意义上说，这是否隐含着对案主自决原则的违背？

四 案主自决的例外

案例：晓晴，一个16岁的高二学生。小宁是学校的社会工作者。一天晓晴告诉小宁，她怀孕了。那个男孩是谁，她不肯说，也不想说。她说，这件事是她自己想做的，不怪那个男孩。她不敢告诉父母，他们最近一段时间老是吵架，闹离婚，也不怎么管她。她告诉父母自己最近住在同学家，他们也没多问。晓晴告诉小宁，她想打胎，但没有钱，也不知道该如何做，还很害怕。她想，不如把孩子生下来，反正也不想上学了，干脆就不读书了，出来工作算了。

案例：丽芸是社会工作者小宁的案主。丽芸上个月生下了女儿。婆家兄弟三个，丈夫最小，前面两个哥哥都生的是女孩，婆家一直希望丽芸生个男孩。不幸的是，孩子生下来后，不但是个女孩，而且还有严重的先天性心脏病。在辅导过程中，丽芸向社会工作者透露，婆家给她很大的压力，她想放弃这个孩子。

案例：一位业主向社会工作者小宁反映，她最近经常半夜听到隔壁人家打孩子及孩子的哭闹声，昨天她看到那个孩子时，发现那个孩子脸上有瘀青，走路也有点跛。她知道，隔壁人家是一个再婚家庭，丈夫在妻子去世后，去年刚娶了一个年轻的妻子，孩子只有 8 岁，她很担心那个孩子的状况。小宁上门去核查情况，那个家庭的男女主人都不欢迎小宁的到来，他们否认对孩子有虐待和暴力行为。

上述案例中，前两个案例中的案主是否有自决权？在第三个案例中，社工是否要尊重孩子父母的决定？

案主有自决权，但在社会工作伦理中，自决在某些情况下是受限的，有时是在例外情况下被干预的，包括如下两个方面。

（1）案主自身的限制。案主的自决权是否从法律上被限制，应从案主的生理、年龄和心理状态看，是否符合法律上认定的基本行为人的条件，未成年人、精神疾病患者、高龄而意识不清的老人等将由其监护人代为做出决定，社会工作者需要做的是确定其监护人的决定不会对案主造成重大的、可预见的伤害。

（2）伤害性的后果。如果自决后果会对案主、他人或社会造成可以预见的、近在咫尺的重大伤害；或自决有危害性，且这种危害是不可逆转的，如案主出现自杀、暴力对待他人、遗弃自己病重的孩子等行为，在此种情况下，应限制案主的自决权。

上述案例是案主自决的例外吗？在这样的情况下，社会工作者可以做些什么？

五　案主自决在实务操作中遇到的问题

案例： 瑾萱是社会工作者小宁的案主，因为丈夫的家庭暴力而进入妇女庇护所。今天瑾萱的丈夫打电话给她，威胁她，如果今天晚上她不回家，他一旦找到她，就会打断她的腿。瑾萱越想越害怕，决定带着年幼的女儿回家。但小宁觉得那是一个十分错误的选择，这样她会再次陷入暴力处境，让自己处于越来越不利的地位，而且还会危及孩子的安全。小宁反复劝说瑾萱，让她不要回去。但瑾萱很犹豫，庇护所只能住很短一段时间，她暂时还没有稳定的工作，不回去怎么办？

案例： 王大伯，65 岁，自喻为"美食家"，但有严重的糖尿病。这次因血糖过高引发并发症而住院，医生一再嘱咐病人要控制饮食，少吃多餐，有些食物最好少吃、不吃，并给他制定了一个食谱，可是大伯拒绝和医生合作。医务社会工作者小宁和他沟通时，他表示希望大家能够满足他的需求，他不相信事情会变得那么糟，即使那样，他也愿意选择继续吃自己喜欢的东西，否则对他来说太痛苦。

案例： 车祸后腿脚留下残疾的阿德是社会工作者小宁的案主，经过长时间的接触，小宁对阿德很了解，阿德也对小宁有充分的信任。小宁帮阿德申请补助，给他报技工补习班，陪着他一起找工作。阿德觉得小宁为他做了很多，一直对他充满感激，有什么事都来问小宁，小宁也尽可能地给出意见，帮他拿主意。

案例： 丁大爷是一位 78 岁的独居老人，他有三个儿子和一个女儿。去年老人得了一场大病，已将毕生的积蓄花光。现在老人要进行后期的治疗，没有钱，向四个子女要，但没有一个子女愿意出钱。而且，经过上次的手术，老人的身体状况大不如前，已无法自理，他希望可以有子女来照料他的生活，但没有一个子女愿意。社区社会工作者小宁和老人的子女多次沟通无果，非常气愤，又担心告诉老人会令老人更伤心，于是决定用法律的手段帮老人讨回公道。

在康德看来，每个人都有自主选择和自由行动的能力，因此，任何外界以所谓理性为借口试图干预或改变一个人思想或决定的行为，都是不为道德所接受的；而在比斯台克等学者看来，应对案主自决权进行某种限制，即在案主自决时，权利被限制在案主有能力做出积极与建设性的决策的范围内，被限制在民法、道德与法律的范围内（Biestek，2002）。一方面要相信案主的能力，强调他可以对自己负责；另一方面又认为案主能力有限，无法做出对自己来说利益最大化的选择，进而进行各种限制。这实际上代表了在案主自决问题上的不同态度。如何把握这两者之间的"度"？限制还是不限制？在何种情况下限制？怎样限制？限制到什么程度？这些是很多实务操作要面临的困境。

基于这些困境，实务工作者认为，案主自决的实务操作比理念上复杂许多，要将这样的原则融入实务工作中十分困难（Freedberg，1989），案主自决也因此成为伦理守则中最具争议和困扰的原则。尤其是在社会大众对机构责任有期待，并要求社会工作者承担危机责任的实务环境中，案主自决和结果导向的实务工作常是冲突、不相容的概念（Rothman et al.，1996）；有学者曾表示在实际的服务中，案主自决原则很难落实，特别是在经费削减、个案量负荷较大的情况下，案主自决常是社会工作者第一个违反的原则（Tower，1994）。

因此，萨尔兹伯格（R. P. Salzberger）认为要在实务工作中落实案主自决原则，是不切实际且太过理想化的想法，他甚至用"错觉"一词来形容社会工作对案主自决原则实施情况的误解，萨尔兹伯格认为实务工作中的各项要素（例如法律、政治和角色的限制，使案主没有能力对情境和选择保持敏感，严重地缺乏自我意识，对环境现实性的评估能力不足等都会限制案主"自决权"的行使，让"案主自决"原则的落实受到干扰（Salzberger，1979）。学者斯皮克（P. Spicker）也认为"案主自决"是个被滥用的词，因为社会工作者的行动不可能完全遵循案主的想法或期待，而改变案主的想法、直接限制案主的选择，甚至对案主进行某种控制，常是社会工作行动的目的，因此在实务工作的过程中，案主自决的效果其实早就被稀释了（Spicker，1990）。

除了案主的自决权利和案主利益最大化之间的冲突，案主自决碰到的另一个重要问题就是资源分配的不公正。弗德伯格认为资源的不公平分配，会严重限制案主自我决定的能力。当社会工作者处于弱势群体（有贫穷、疾病、犯罪等问题）和特权群体（掌握权力想要维护现状的群体）之间，社会工作者作为机构的调解人，而案主是被剥削的公民时，社会工作者和案主之间基于"自我决定"和个人主义价值的民主根本就不可能存在（Freedberg，1989）。

因此，案主自决要想付诸实践，困难颇多。罗斯曼等提醒社会工作者，案主自决需要在案主、社工和机构共同建构的实务中被定义，其强调的案主内在的能力会被机构功能和社区需求所调和、被支持的大众所决定，不可避免地限制了个人自我决定的力量（Rothman et al.，1996）；弗德伯格也表示服务的消费者和控制服务的有产阶级这两个不同利益群体之间既存的张力，其实早已存在（Freedberg，1989）。

虽然争议颇多，但无论怎样，在案主自决的实务操作中，有两种情况还是需要警醒的。

1. "家长主义"与案主自决

这里所说的"家长主义"是指社会工作者对干预的标准有不同看法，或对问题的认知与案主不一致，强调为了案主的利益而采取违背案主意愿的干预行为。

在实务过程中，下面几种情况可能会引发社会工作者的"家长主义"干预：①案主能力有限，如儿童、老人、智力残障者、精神残障者、重病患者等，很难自我决定，或即使做出决定，也时常前后矛盾；②抉择存在外在限制，如案主受经济条件、家庭背景等限制，无法自我决定；③价值不一致，如某些社会工作者的价值与案主所拥有或追求的价值不一致，社会工作者有意忽视案主的自主选择，甚至反对或干扰案主的自决行为。

列维（Levy）提出了案主"相对脆弱"（Relative Vulnerability）的概念，他认为所谓的相对脆弱指"案主是带着迫切的需要和问题的，正是这些需要和问题引导他们寻求社会工作者的帮助。处于危机或种种原因造成的绝望状态之中的案主很可能被削弱了判断的能力并过度地依赖社会工作者"（Levy，1976b）；或者如多戈夫等所分析的"自由地放弃权力"的情形："即使案主的权力比社会工作者的权力大，案主也常常因为把他们生活中的大部分隐私暴露给社会工作者而变得脆弱。"（多戈夫等，2008）

2. "父权主义"与案主自决

这里所说的"父权主义"是指社会工作者为了案主的利益，故意传播不正确的信息，或直接干预案主的行为，实际上是为了案主的利益而干涉案主的权利。

"父权主义"有三种形式的表现：①保留信息，如认为告诉案主所有的实情会给案主带来伤害，因而对案主有所保留；②对案主说谎，比保留信息更进一步，认为真相会伤害案主；③违背案主的意愿而有身体上的强迫干涉，如强制治疗、强制院舍照顾等。

"父权主义"之所以产生，大多数情况下是因为社会工作者有强烈而迫切的愿望要利用一些有意义的介入来帮助案主。虽然表面上看起来是为了帮助案主，但实质上是对案主自决权的侵犯，反映的是社会工作者的控制欲，值得警醒。当然，如果社会工作者是为了私利或其他不可告人的目的而对案主进行欺骗和干扰，那就不是"父权主义"的专业问题，而是法律问题了。

案主自决原则与案主利益最大化的承诺看似目标相同，都旨在增进案主的福祉，但两者在行动上是一条直线的两个方向。案主自决强调案主福祉的增进需要案主自主决定，而社会工作的承诺要求社会工作者介入，强调外力的作用。随之而来的问题是：受限于案主能力等因素，绝对的案主自决并非实现案主利益最大化的良方，而为了实现案主利益最大化进行干预，则有可能破坏案主自决。

有学者研究发现，在不同历史和文化背景下，对案主自决原则的认识是不同的，案主自决的普世性受到质疑（Ewalt and Mokuau，1995；Furlong，2003）。在一些地区，推行案主自决是相当困难的，人们甚至认为当前的遭遇是命运的安排而不愿对未来进行选择（Ejaz，1991）。因此，社会工作者如何根据当地文化，在案主自决和案主利益最大化之间进行现实的考量，是必须面对的挑战。

第三节　价值中立与价值操控

伦理源于价值，是价值在实务层面的具体化。有学者强调在社会工作实务中应保持价值中立；但也有些学者认为价值中立是一种虚言，社会工作实务中必然包含价值关联。价值中立到底是什么？是非此即彼，还是价值中立与价值关联两者之间的平衡？

一　社会科学中关于价值中立的争论

价值中立，最早源于英国哲学家大卫·休谟提出的"是"与"应该"的划分，他认为事实判断和价值判断之间有不可逾越的鸿沟，不能简单地从"是"或"不是"中推导出"应该"或"不应该"。

后来，马克斯·韦伯在慕尼黑大学"以学术为业"的演讲中首次清晰地提出了价值中立的概念。韦伯认为在经验科学和价值判断之间应划分明确界限，知识可以分为两类：一类是"既存知识"，它是关于"实然"的知识；另一类是规范知识，即关于"应然"的知识。一门经验科学不能告诉人们应该做什么，而只能告诉他们能够做什么，以及在特定的情况下，希望他们去做什么。他认为社会科学是一门关于具体现实的经验科学，只能以研究"实然"为任务，而不应涉入"应然"领域。

学者们一般认为，韦伯的价值中立观有两层基本含义：①它要求社会科学家一旦根据自己的价值观选定了研究课题，在研究过程中，必须停止使用自己的或他人的价值观，不能把自己的价值观强加于资料；相反，应当根据资料的指引，从事实资料中概括出结论，而不管研究的结果对自己有利还是不利，这样才能保证社会科学研究成果的客观性和普遍有效性。②强调"事实"和"价值观念"是完全不同的两个领域，应该区分"实然"与"应然"、"认识"与"评价"。科学只能认识"实然"，不能评价"应然"。虽然社会科学有时能帮助人们搞清自己能够或希望做什么，但绝不能劝导任何人应该做什么（周晓虹，2005）。

后世学者中，涂尔干和帕森斯深受价值中立思想的影响。涂尔干认为无论选题、观察、归纳，还是分析、预测，研究者都必须排除自己的情感、道德判断、先入为主的观念和世俗成见的干扰，保持价值中立。帕森斯认为，社会科学研究应同自然科学一样，采取价值中立的研究方法。

但与此相对应，也有学者认为价值中立是不可能实现的，且价值中立本身就是一种价值观。如当代著名的哲学家 N. R. 汉森、T. S. 库恩、波普尔、霍克海姆等都是价值中立观的反对者。他们认为，社会研究根本不可能排除主体的旨趣及其他主观因素的影响。研究者必须运用自己的价值观去考察研究对象，才有可能真正解释该研究对象的本质特征和它存在的意义。其中，李凯尔特最早提出了"价值关联"的概念，指出价值关联是社会科学研究的主要方法。他认为，我们之所以能够了解外在世界、自我以及与人沟通，其中的一个主因是我们具有一个相应的道德架构。无论此道德架构是与生俱来的或后天社会教化而成，还是先天和后天两种因素共同建构出来的，总而言之，这是使世界事物对我们呈现意义的必要条件。价值关联不是价值评价：价值评价是主观的、个别的，对同一事物人们完全可以得出相反的结论；而价值关联则是客观的、共同的，既非褒，也非贬（参见赵一红，1999）。德国学者哈贝马斯曾从三个方面对价值中立提出深刻的批判：①社会现象不具有自然科学式的客观意义，不能脱离研究者的意识独立存在；②科学研究必然要涉入研究者价值；③提出共识真理论，对韦伯的相应真理论进行了批判（参见高清海，2010）。我国学者郑杭生教授也认为，社会科学研究不可能一点"价值判断意味"也不包含。价值中立把科学性和价值性绝对对立起来、割裂开来，不是一种科学的态度，在理论上是片面的、有逻辑矛盾的。他认为，有正确立场、观点、方法的人，能正确反映客观事物；有错误或片面立场的人，则会不自觉地歪曲客观事物（郑杭生，1991）。

二 社会工作中价值中立的含义

社会工作中的价值中立原则主要受人本主义心理学家卡尔·罗杰斯来访者中心理论的影响，价值中立原则由其在1938年首先倡导。罗杰斯的价值中立是指咨询师在咨询过程中要始终保持一种客观中立的态度，充分尊重、接纳来访者的价值观，对其思想和行为不做是非好坏的价值评判，不给来访者提供问题的答案，不把外在的价值观和价值标准强加给来访者，而由来访者自己做出价值判断和价值选择，最终自己解决问题。

罗杰斯的价值中立原则是建立在人性本善的人性观基础之上的。他认为人性不仅是善的，而且是富有积极性的。人有一种成长与发展的天性，心理咨询和治疗应该趋向这种人类的天性，即朝着自我实现的方向迈进。咨询师在咨询与治疗的实践中应坚信人具有建设性和创造性潜能，强调发挥和实现这些潜能的重大意义。同时，罗杰斯认为，人具有主导、协调、控制自己的能力，不必向外求诸权威和规范，在心理咨询过程中一旦咨询者运用了权威和规范，就出现了外部的价值干预，反而阻碍了自我价值的实现（江光荣等，2004）。

社会工作吸收了罗杰斯的这一思想。但是因为社会工作和心理学在专业使命、工作对象、专业方法等方面存在差异，在价值中立原则的实现上也有不同。社会工作是一个有高度社会理想的专业，它的专业使命就根植于一套核心价值观之中，基于人权与社会公正的基本原则而开展，目的在于促进社会变迁、增进人类的福祉，要践行这个使命，没有道德判断是不可能的，并且社会工作的对象大都是弱势群体，存在能力和资源的不足，有时有现实问题急需解决，常常需要来自外在的介入，如必要的评估、资源整合、社会救助等。因此，社会工作伦理中的价值中立与卡尔·罗杰斯的价值中立不完全一样，罗杰斯同样认同社会工作者不应把自己的和外在的价值观强加给案主，不对案主的人格和价值观做是非好坏的主观判断，充分尊重、接纳案主的价值观，但强调在助人过程中，通过专业的指导和干预，协助案主自己做出价值判断和行为选择，解决自己的问题。所以社会工作的价值中立，不是对案主的思想和行为不指导、不干预，而是不评价、非批判，但有引导、有干预，是在尊重、接纳、不强加价值观基础上的引导和干预。

所以，社会工作中的价值中立不是完全的价值中立，社会工作不应将专业判断和价值判断完全割裂开来。适当的价值介入是社会工作专业责任的一部分。

三　价值中立的实务操作

在实务过程中，价值中立原则如何实现？它的限度在哪里？如果有价值介入，如何介入？

价值中立作为社会工作基本的临床工作原则，在伦理上具备合法性（多戈夫等，2008），这种合法性是价值中立原则得以运用和推广的重要基础。

（1）从道德哲学角度来说，价值标准也具有相对性。价值没有绝对的标准，没有任何社会工作者坚信自己的价值观超越其他人的价值观。因此，一名社会工作者无论对自己的价值观有多么高度的自觉，无论对自身价值观的合理性有多么坚信，都不能采取价值介入行动，强加自己的价值观在案主身上，这不符合社会工作的专业价值。

（2）从实证主义哲学角度来说，事实是客观的，而价值是主观的，不能用客观的事实陈述推出主观的价值结论。社会工作者需要采取价值抽离的态度去了解受助者的问题，并尽可能地用同一种态度提供解决问题的方案，以便受助者自己选择。对社会现象所做的陈述或对受助者问题的理解，属于事实层次，独立于社会工作者的价值取向而客观地存在，社会工作者可以验证这些陈述或理解是否符合事实本身，但必须保持价值中立的态度，不把自己的价值判断加在对事实的分析或案主的问题上，因为只有这样才可以对事实有客观的了解。

因此，在社会工作实务中，社会工作者应以客观、中立的态度看待案主的想法及行为，放下自己的价值判断、先入为主的观念及情感体验，对案主的价值观不评价，非批判。

但是，放下自己的价值判断，并不是没有价值判断，专业的价值判断是一直都存在的。这种价值判断不是个别化的、主观的，而是一种共同的、客观的价值判断。这种价值判断会导致相应的价值介入。

在实务过程中，按照介入的程度可以将价值介入分成三种。①价值观的澄清：案主的价值观模糊不清，或各价值观之间存在矛盾和冲突，社会工作者协助案主澄清自己的价值观，了解价值观之间矛盾与冲突的原因和表现，以及这些价值观可能导致的认知及行为后果，帮助案主对自己的价值观有清晰的认识与判断，并做出适宜的行为选择。②价值观的引导：案主的价值观混乱无序，在澄清之后案主仍然无法理出头绪，社会工作者可给予恰当的引导，输入更多的价值观信息，帮助案主看到不同价值观间的差异，产生不一样的情感体验，进而做出新的判断与选择。③价值观的操纵：社会工作者对案主的价值观做出是非好坏的判断，且不能认同和接纳案主的价值观，通过操纵，将自己认可的价值观强加在案主身上，甚至代替案主做出判断和选择。

社会工作者需要保持价值中立，但价值中立是有限度的，社会工作者可以进行价值介入，但价值介入也是有限度的。在上述介入中，第一、第二种介入常常是我们的专业选择，第三种介入实质上是一种操控、一种强加的价值观，超出了社会工作价值介入的范围，不符合社会工作伦理原则。

四　价值中立在实务操作中遇到的问题

在社会工作实务中，对价值观进行操控是不符合伦理的行为，但完全的价值中立又几乎是不可能的。那么，如何在两者之间达成平衡，尽可能减少对案主的操控，又能适当地帮助和引导案主呢？

案例：倩兰是一位 40 岁的妇女，参加过社会工作者小宁的单亲妈妈支持团体，与小宁熟识。一天，倩兰告诉小宁，她正在申请一项特殊补助，但那项补助有些特殊的条件，她不在这个范围内。但是前一段时间她的腿骨折了，休息了半年，只能拿一部分工资，儿子又刚考上大学，需要一大笔学费，家里的经济情况实在很糟。为了申请这项补助，特意找人开了一个假证明。而小宁发觉，倩兰需要办理的这项补助正是他的工作范畴。不过，小宁觉得证明并不是他开的，也不是他让倩兰去开的，也就不好说什么，就帮倩兰办了这项补助。

案例：明珊是社会工作者小宁的案主，她告诉小宁，她丈夫患了重病，家里该花的钱都花了，还有一个 6 岁的儿子要抚养，她的日子过得真是苦不堪言。最近，她碰到了初恋的男友，男友表示还爱她，也一直在等她，他后来做生意发财了，他可以给她丈夫和儿子一笔钱，然后他们离婚，和他在一起。明珊很想离开丈夫和初恋的男友生活在一起。小宁实在无法理解明珊的想法，她走了，她的丈夫怎么办？她的孩子怎么办？这样是不是太自私了？

案例：社会工作者小宁接待了案主大强，大强在两年前有了婚外情，一直瞒着妻子，最近妻子发现了他的秘密，要和他离婚。但是他说，那段婚外情只是玩玩，不想和妻子离婚。他告诉小宁，男人有婚外情是成功的标志之一，没有什么值得大惊小怪的，他的妻子太小题大做。大强的话令小宁难以接受，他愤怒地表达了父亲当年的婚外情对母亲和自己的伤害，指责大强太不负责任。大强一下子愣在那里，无所适从。

案例： 茹岚是一个曾经遭受性侵害的女性，是社会工作者小宁的案主。最近她获知以前侵犯她的人已经刑满出狱。这个人很后悔当初的所作所为，以及给茹岚造成的伤害。他找到茹岚，表示忏悔，希望茹岚原谅他。小宁也告诉茹岚，应该学会面对，只有选择原谅，才能真正放下。

1. 注意完全价值中立带来的问题

社会工作是一个人际互动的过程，是不断与人建立关系的过程，没有哪种关系是完全价值无涉的。一方面，完全价值中立忽略了社会工作助人专业的实质，如社会工作者在实务过程中，自身必须有知识储备，包括客观的知识和主观的价值判断，社会工作者必须依赖自身的解释才能达到专业助人的目的。如果完全价值中立，将无法对案主的行为进行判断，无法找到或帮助案主找到行为背后价值观的影响，使整个助人工作陷入无效之中。另一方面，完全价值中立忽视了个体间价值观存在差异的事实，如社会工作者面对与自身价值观不一致，甚至发生严重冲突的价值观，若不处理，很可能导致社会工作者自身的价值混乱与困惑，甚至职业倦怠。

2. 面对社会工作者与案主间价值观的不一致

社会工作者的价值观与案主的价值观不一致，这在实务过程中是一个常见现象，通常情况下，由于社会工作者秉持尊重和接纳的原则，所以价值观不一致不会影响他的专业判断和行为。但是当两者的价值观出现冲突时，社会工作者应不回避冲突的事实，在接纳差异的基础上，与案主讨论这种差异，甚至诚恳地与其辩论，如果讨论和辩论并没有使冲突缓解，反而令问题解决的过程复杂化，那么社会工作者可以申请转介，或者向案主澄清自己的价值观，让案主来决定是否与他一起继续工作。

3. 处理好自我坦露与价值中立之间的关系

在社会工作实务过程中，社会工作者是否可以向案主坦露自己的价值观，这种坦露是否会对案主形成操控？有人指出，社会工作者若坦露自己的价值观，可能会让案主在跟社会工作者相处时感到更加舒服自在，增强案主对社会工作者的信任感；但是也有人指出，由于社会工作者拥有专业权威，他的自我坦露无疑会给案主带来压力，令案主轻易放弃自己的想法，从而在不知不觉中形成对案主的操控。所以，自我坦露价值观有其正向的一面，但如果使用不当，也会给案主带来伤害。在什么时候自我坦露、自我坦露的动机是什么、如何坦露都需要社会工作者在工作中认真考虑。

4. 尽可能减少价值操控

对他人的操控是一种一般的人类生存行为倾向。在个体的成长过程中，基于文化的塑造、生活的经验会形成各种不同的价值观，很多价值观一旦形成就会对人们的思想、情感和行为产生重要的影响。在现实社会中，我们倾向于认同、接近和我们价值观相同的人，也偏好于将我们的价值观与他人分享，获得他人的认同。但就社会工作者而言，在专业关系中，应尽可能地减少这样的倾向，更不可以为了满足自己的需要，或自认为为案主利益着想，而对案主进行操控。当然，可能操控无法完全避免，但社会工作者应对自己的价值观保持敏感，尊重与接纳案主，在出现分歧和冲突时尽可能地以与案主平等的身份进行分析、沟通及澄清，减少对案主的价值操控。

第四节　双重关系及其限制

双重关系及其限制是社会工作专业伦理的重要内容。自从社会工作产生以来，关于双重关系的讨论始终没有停止过。

一　专业关系的内涵

几乎所有的社会工作服务都基于社会工作者与案主之间所建立的关系。这二者之间的关系并非基于日常生活中两个普通个体的互动，而是在社会工作的框架内，基于服务者与被服务者这两个角色之间的互动，是社会工作者和案主之间内心感受和行为表现的交互反应关系，社会工作者透过此种交互作用，得以运用助人的专业理念、知识和技巧，协助案主解决问题，使其与环境达成适应性的平衡。

社会工作专业关系是一种限制性关系，有其专业界限。这一专业界限界定了专业服务的框架，为服务过程中的各方设定了一系列的角色，该框架包括时间、地点、金钱和心理治疗在内的各种结构要素，诸如距离、礼物、语言、自我暴露和身体接触等都被视为与专业界限有关（Smith and Fitzpatriek，1995）。

总体来说，社会工作专业关系的特征包括：①专业关系的建立带有明确的目的性，是为了增进案主的福祉，社会工作者不能不正当地利用专业关系来谋取个人利益；②专业关系是一种单一关系，即服务者和被服务者之间的工作关系，不存在除此之外的双重关系或多重关系；③专业关系是一种有限关系，在时间上，一旦结案，关系就结束了，在空间上，只能在工作场合接触，尽可能避免非工作场合的接触。

二　双重关系的内涵

社会工作专业关系是一种限制性关系，双重关系就是社会工作伦理中明确限制的一种专业关系。

双重关系是指，社会工作者在同一时段或不同时段里与案主或其重要关系人，除专业上的关系外还存在一些社会上的、生意上的、经济上的、宗教上的或其他方面的角色关系。无论这种关系是发生在专业关系建立之前、之中还是之后，社会工作者都会涉入双重关系。

双重关系有如下几个特征：①在关系性质方面，除了专业关系之外，还涉及其他关系，不论这种关系是商务关系、借贷关系，还是性关系、朋友关系；②在时间方面，双重关系可以在保持专业关系期间发生，也可在专业关系结束之后发生，甚至包括对未来非专业关系的承诺；③在人物关系方面，包括与案主本人发生专业关系以外的关系，也包括与案主之外的亲密他人发生利益上的关系（李扬、钱铭怡，2007）。

布朗（Brian）和尼克（Nick）根据双重关系发生、发展的不同方式，将其划分为五类：①境遇性多重角色，如一位咨询师去牙医那儿拔牙而牙医是他的来访者，或咨询师的孩子与来访者的孩子成了朋友；②结构性多重专业角色，如咨询师和来访者同时又是老师与学生；③专业角色的转变，如来访者变成了合伙人；④专业角色与个人角色的冲突，如先有专业关系继而发生个人关系或者先有个人关系继而发生专业关系；⑤剥削性的专业关系，如专业人员迫使来访者成为其性伙伴，或专业人员利用专业关系获取个人经济利益（Nick，1997）。凯格勒（J. D. Kagle）和吉伯豪森（P. N. Giebelhausen）从另一个角度，将双重关系分为涉性的双重关系和非性的双重关系（Kagle & Giekelhaueen，1994）。

三　双重关系的限制

双重关系是否要限制？对于这一点，学者与实务工作者是有共识的，双重关系一定要限制。因为双重关系的存在有对案主造成潜在的剥削、伤害等风险：①双重关系侵害并扭曲了专业助人关系的本质，当专业关系中夹杂着客户关系、朋友关系、雇主关系或其他关系时，关键的专业关系就会发生异化；②双重关系会导致利益冲突，使社会工作者可能因为关注自身的利益而影响专业判断，失去应有的公正性和判断力；③当案主因其他关系的存在不能与社会工作者在一种平等的状态下保持专业关系时，其会为了社会工作者的利益而牺牲自己的利益（沈黎、刘斌志，2008）。

我后来去参加了案主的婚礼，还做了证婚人。（那你是以什么身份当的证婚人呢？）朋友身份……其实，我很快就发现问题了，婚礼后当我再以社会工作者的身份见他时，我觉得我们之间的关系出现了很微妙的变化，婚礼上是朋友，婚礼下是社会工作者，这……（矫正社会工作者 W 女士）

我在村里有一次参加家庭纠纷的调解，回家和我妈说起，她告诉我，女方家和我家还有点亲戚关系，好像是我妈的表姨妈的女儿，论关系我得叫她姨。我妈和我说，她姨妈22岁守寡，好不容易拉扯大这个女儿，没想到女儿的生活也一直不顺。当时我没说什么，但第二天再去调解时，一开始没什么，后来我发现我的想法、立场都有了很大的改变……（农村社区社会工作者 S 小姐）

我觉得这种情况是确实的，以前没有想到，但现在想来真的是这样。为了帮助戒毒者更好地戒毒，我们开了一个篆刻小组，教案主篆刻的技巧。一年下来，有的人已经刻得很好。为了展示我们的工作成果和参加总社的各项评比，我们有时会要求案主参加各种展示、在各种场合表演。有些案主不愿意去，我们就会尽力说服他们，希望他们配合我们的工作。最后，虽然他们不愿意但还是去了……（禁毒社会工作者 G 先生）

显然，双重关系会破坏社会工作专业关系、打破专业界限，是对公认实践的背离（Smith and Fitzpatriek，1995）。双重关系还会对案主造成剥削和伤害（Keith-Lucas，1986）。因此，社会工作者应设定清晰的、恰当的双重关系界限，采取措施以保护案主的利益。

四 关于双重关系的实务操作

双重关系的产生有很多时候来自人们对专业界限判断不清。帕曲奇（Patrich O'Leary）等用同心圆的形式直观地展示了专业界限的特征要素，并将专业界限划分为"可渗透的界限"（Permeable Boundary）与"不可渗透的界限"（Impermeable Boundary）两类，如图 5 - 1 所示（O'Leary, Tsui, and Ruck, 2012）。图中黑色的圆圈代表专业界限，灰色部分和最里面的白色部分代表可渗透的界限，黑色之外的圆圈部分代表不可渗透的界限。不可渗透的界限部分，如果社会工作者为之则会打破社会工作界限，一定会产生双重关系，是被严厉禁止的；而可渗透的界限部分，如果社会工作者为之则有可能产生双重关系，也有可能不产生双重关系，是一个较为模糊的地带，灰色部分比里面的白色部分更为模糊，操作起来应更谨慎。在具体操作过程中，社会工作者应根据当地文化和具体的实务情境做更合理的判断。

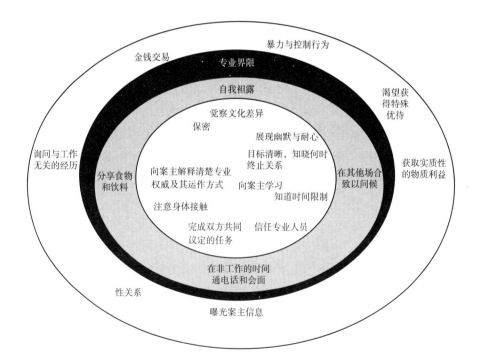

图 5 - 1 专业界限中的"可渗透"与"不可渗透"界限

资料来源：O'Leary, Tsui, and Ruck, 2013。

在具体实务中，社会工作者应结合图 5-1 和现实文化的需求，从以下几点审查：①该双重关系是否必要？②该双重关系是否有剥削性？③谁会从该双重关系中受益？④是否该双重关系存在伤害案主的风险？⑤该双重关系是否有破坏专业关系的风险？⑥社会工作者在评估该双重关系时是否客观？⑦社会工作者是否在工作记录中详细记录了自己的决策过程？⑧对于介入双重关系的风险，案主是否已做了充分的知情同意？在知情同意、详细记录和客观分析的基础上，社会工作者还应仔细考察，并谨慎行事。

五　双重关系在实务操作中遇到的问题

《美国社会工作者协会伦理守则》清晰地表明："社会工作者不应该同案主或者前案主保持双重或多重关系，以免有可能对案主造成剥削或者潜在伤害。一旦避免不了双重或多重关系，社会工作者应该采取步骤，保护当事人，并有责任设定清晰的、恰当的、具有文化敏感性的界限。"可见，双重关系应该避免，但有时无法避免。尤其在中国，由于文化和制度的原因，在某种情况下，双重关系更无法避免，导致很多伦理困境的产生。

1. "人情"人际互动模式引发的双重关系

你们说的专业关系冷冰冰，在中国社会根本行不通，中国人是讲"情"的。你只能先跟他交朋友，让他慢慢了解你，再和他建立专业关系，一上来就建立所谓的专业关系肯定是不行的。（禁毒社会工作者 M 女士）

建立了专业关系，你和案主熟起来后，按照中国人的习惯，他就自然而然地把你当成朋友，你要拒绝，他会说，你看不起我啊？（社区矫正社会工作者 X 先生）

中国社会是个人情的社会，有的时候你帮了他，他对你表示一下，也不是有其他想法，就是想感谢你，你拒绝了他，他会认为你没把他当自己人看待，反而生分起来。（社区社会工作者 C 女士）

中国传统的人际关系的基本模式是人情、人伦、人缘三位一体的结构。其中的核心是人情，表现了中国人基本的心理和行为模式（刘志红，2003）。中国社会伦理的立足点是情，而不是理，要求人们针对不同的"情"做出不同的行为选择，情与理不对立，理就在情中，说某人不近情，就是不近理，不近情又远比不近理更严重（韦政通，1988）。正因为情在中国人的社会生活中如此重要，为了建立、培养、维持和发展各种"情"，中国社会又发展出一套非常繁杂的"礼"系统，成为影响中国人日常行为的一个十分重要的非制度性规范。"情"和"礼"互为因果、互相促进，使中国人长期生活在一个巨大的"情"、"礼"互动的人际关系网络之中，孕育出典型的伦理文化。在这种伦理文化和人际关系模式影响下，中国助人专业关系的形成与西方社会相比呈现不同的特征。在西方社会，强调公私界限分明的"团体格局"，大多数人在很大程度上习惯了专业关系是正式的、非个人性的甚至是冷漠的（多戈夫等，2008）；而中国社会是公私界限模糊的"差序格局"的社会，用费孝通先生的话说"在西洋社会里争的是权利，而在我们却是攀关系、讲交情"（费孝通，2001）。

在实务工作者那里，去卧床不起的案主家中探望、额外帮案主一个小忙、对案主表示一下专业关系之外的关心可能都是他们与案主建立专业关系的重要步骤，他们认为这样的"朋友关系"不但无损专业关系，还对专业关系的建立具有建设性作用。有一部分实务工作者认为这是在中国建立社会工作专业关系的有益经验，在中国这样的人情社会里，没有"情"就谈"理"是行不通的。尤其在农村社区，人情的意义更加明显，"公"和"私"的界限更加模糊。

我是本地人，上了大学后，回到村里来做村官，村里人我都认识，有些人或多或少还有些亲戚关系，双重关系那是避免不了的。（万载农村社会工作者 W 先生）

在村里工作时，你帮了他们，他们很感谢你，有时候会送几斤鸡蛋、一只鸡什么的，你不收，他们根本不理你，往地上一放扭头就走了。（万载农村社会工作者 H 先生）

对社会工作者来说，在实践工作中不可避免地受到自身社会化经验的影响，当他们与案主互动时依赖的是私人和专业两种情境中的所有社会经历，社会工作者不可能完全清楚地将自己的角色分割成私人和专业两部分，尤其社会工作者本身也在"人情"伦理中浸染，受社会"人伦"的约束，"公"、"私"分割起来很困难，在他们看来，过分强调双重关系就是"不近人情"了。

2. 专业角色不明确引发的双重关系

案主问我社会工作是做什么的，我解释了，他们还是不懂。后来，他看到报纸上将社区工作者都叫成社会工作者，他和我说，您看，你就是居委会的大妈吗……（社区社会工作者 D 女士）

案主又不了解社会工作者是干什么的，他凭什么信任你？只有用诚意去打动他，先做朋友了。（禁毒社会工作者 X 先生）

万载是做得比较好的，对社会工作有很多宣传，所以村民还是听说过社会工作的，但社会工作到底是做什么的他们并不知道，一般都认为社工就是原来的村干部，只是叫法不一样。你现在和村民说你是社工，他们也没什么感觉，反而觉得很奇怪。没办法，你只能先从其他关系着手，取得他们的信任再说。（农村社会工作者 H 先生）

关系建立的基础是信任，专业关系建立的基础是制度信任。卢曼从新功能主义出发，认为信任属于一种系统简化机制，通过信任可以降低环境和系统的复杂性，它之所以能够发挥这一社会功能是因为它能超越现有的信息去概括一些行为预期，从而用一种带有保障性的安全感来弥补缺失的信息。在此基础上，卢曼区分了人际信任和制度信任，认为前者建立在熟悉度以及人与人之间情感联系的基础上；而后者是用外在的、像法律一样的惩戒式或预防式的机制来降低社会交往的复杂性（杨中芳、彭泗清，1999）。显然，制度信任是专业关系形成的重要前提，而这种制度信任又来自案主对专业角色的认同和专业行为的预期。目前，大陆的社会工作还处于起步阶段，由于整个社会工作服务体系不成熟，人们对社会工作的认同度较低，社会工作者的专业角色不明确，有关社会工作的制度信任还没有建立起来。一方面，为了以一种案主能接受的方式介入服务，社会工作者不得不选择在一种自然的日常生活情境中与案主进行交流（童敏，2008）；另一方面，因为案主对社会工作的不了解和误解，加上受中国传统的助人角色（如妇联、居委会和村干部的"娘家人"、"老娘舅"等角色）的影响，很容易对社会工作者产生很多不合适的、超出社会工作专业范围的期待，导致双重关系发生。

此外，社会工作者的日常化介入又加深了案主对社会工作者身份和角色的误解，而社会工作者为了维系与案主良好的专业关系、避免案主对社会工作产生怀疑或从专业关系中退出，又必须努力通过其他关系的帮助将案主留在专业关系中。两者相互作用，双重关系的产生便不可避免。因此，在实务工作者眼里，没有制度信任，企图建立那种正式的、非个人性的甚至是淡漠的专业关系是很困难的。

我试过和我的案主建立一种正式的专业关系，但是很快我就发现，他们会按照他们的理解和习惯在这种关系中加入其他关系，送你个礼，请你帮他个忙，如果你拒绝，他们会很不理解。（某机构残疾人社会工作者 T 女士）

我考过了社会工作中级，不是我不知道双重关系的限制，是我根本没办法让我的案主了解这种限制。在他们那里，你帮了他，他把你当朋友很正常，你跟他解释我们是专业关系，没有用，他不知道你所说的专业关系是什么。（社区社会工作者 W 女士）

中国社会本就是一个缺乏制度信任的社会（费孝通，2001），中国社会文化是一种"低信任文化"，如果非亲非故，人们间的信任关系很难建立（福山，2001）。在实务工作者看来，在目前社会工作者的专业角色不明确、案主还不能明确提出自己的需求、专业信任很难建立的情况下，社会工作不能与传统中国助人实践有太大的差异，更不能忽视中国人接受社会服务时的基础与经验，从这种意义上说，过分强调"双重关系的限制"不但无益于社会工作专业关系的建立，反而会给专业关系带来伤害。

3. 机构发展过程中非专业化操作引发的双重关系

从西方的社会工作实践来看，大多数社会工作者受雇于科层组织，这带来了一系列的伦理问题（多戈夫等，2008）。在中国大陆，就专业社会工作而言，涂尔干（Durkheim）所认为的由社会分工造就的专业伦理体系远未成熟（阎涛，2010）。一些组织的目的和目标，甚至一些社会服务机构的目的和目标，并不总是符合社会工作的专业价值，而他们又有合法的权力在工作场所实践其信条，绝大多数实务工作者，虽未被强制，但仍被期望去遵循组织或机构的原则和立场。此时，机构发展过程中的非专业化操作就会引发双重关系。

我们的私人手机是被要求告知案主的，并且被要求 24 小时开机。半夜 12 点案主打电话找我，告诉我，他和妻子吵架了，要我去调解。上次，我们一个社工半夜接到电话，是案主妻子打来的，她老公急诊被送进医院，没有钱付治疗费，请社工先借她一些钱救急……（上海禁毒社会工作者 Z 女士）

社会工作伦理强调案主自决，但很多时候机构要求你做的就是站在政府立场上做说服工作，你一脚政府、一脚民间，双重关系是一定的。（社区矫正社会工作者 G 先生）

我在社区里工作，有一次我们竟然被要求向案主推销福利彩票，你不想推销，行吗？（社区社会工作者 F 女士）

我也碰到过这样的事，机构在做项目时为了获得更多的企业资金支持，也常常要求社工为企业进行产品促销或向企业提供案主信息，我知道不对，但……（青少年社会工作者 W 小姐）

除了机构的非专业化操作，有时双重关系还源于社会工作者必须在机构利益与案主利益间做出选择，社会工作者同时要服务于案主的最大化利益和雇佣机构甚至政府（尤其在政府购买服务的项目中）的最大化利益，而当这两种利益存在冲突时，双重关系的产生不可避免。

对专业关系的限制是伴随着专业的成熟而逐步发展起来的。社会工作的发展受到组织环境、专业规范、伦理导向的影响。在目前的中国，社会工作的发展还没有达到专业化与职业化的程度，很多制度性的规范还没有建立起来，社会工作发展的组织环境也很不成熟，在忠于机构还是案主利益优先方面，出现了相互冲突的专业义务，导致一些专业角色不清的多重关系甚至剥削性的双重关系，在实务工作者看来，在目前情况下，要避免这些双重关系还很困难。

4. 专业资源不足引发的双重关系

国外已有研究证实，在一些小型社区里，社会结构的同质性较高，形成双重关系的可能性也较大（Brownlee，2008）。在中国的一些老旧社区，如单位社区、老式的里弄社区或乡村社区，这样的同质性依然很高，双重关系很容易出现。

　　我是本地人，从小在村里长大，后来到外面读了大学，现在又回来做大学生村官。我们这里基本上都是本地人，来当村官还有可能是别的村的，不过也不会很远。年纪稍微大一点、工作时间长的肯定都是本地的。这样，在每个案例中都可能产生双重关系……（农村社会工作者 W 先生）

　　我是做专业家庭辅导的，我经常碰到朋友有家庭问题来求助的，还有朋友的朋友有问题来求助的，不是朋友也是熟人介绍来求助的，我知道这样会影响专业关系，我也想转介，但真的不知道往哪里转介，这里做专业家庭辅导社会服务的没几家，水平还参差不齐，而你又真的认为那些人需要帮助……（某机构社会工作者 L 先生）

　　我的案主是一个身世很可怜的孩子，父母从小离异，被判给父亲。后来父亲病逝，母亲再婚，不愿再接纳儿子，爷爷奶奶 80 多岁，无力抚养，孩子浪迹社会，有一大堆行为问题。我很想帮这个孩子，尽一切可能。但慢慢我发觉我和这个孩子之间的关系根本不是社会工作者和案主之间的关系，好像我是他妈妈一样，什么都想管。我终于明白，这样根本帮不了他。我想转介，但其他社工手上都有案子，机构也没有形成有效的转介机制，根本没人愿意接手。（青少年社会工作者 M 女士）

　　在这种情况下，一旦发生双重关系，如果资源充足，通过中止和转介可以回避一些双重关系，但是由于中国社会工作刚刚起步，社会工作的资源有限，想转介也没有可能，回避这种双重关系很困难。

　　在实务工作者看来，在拥有很少的专业资源、远离市区的乡村社区，双重关系无法避免，即使在城市，这种案主需求与有限资源间的冲突也时有发生，双重关系会经常出现。

　　面对这些无法避免的双重关系，如何处置？是不是所有的双重关系都要限制？双重关系一定会干扰专业关系吗？双重关系的限制是被严格禁止，还是可以有弹性？实务工作者提出这样的质疑。他们认为，既然双重关系是不可避免的，那么严格禁止双重关系显然是不合情理的，也是不现实的；双重关系极有可能伤害案主的利益，但不是所有权力上有差异的人际关系都会被滥用或变成剥削关系。双重关系也有例外，如果处理好了，双重关系还可能具有建设性作用。

因此，对那些破坏性的双重关系，如社会工作者为了利用、操控、欺骗或压迫案主而建立的双重关系，或涉及性的双重关系，是被严格禁止的，但也有些双重关系经过适当的处理不但无害，还有利于专业关系的建立，那么对这种双重关系的限制应是弹性的。泽尔和拉扎勒斯就曾指出，社会工作者不应先考虑风险管理和法律上的问题，而应该基于案主的人格、处境、性别、文化和能力水平实施处置方案（多戈夫等，2008）。也有学者认为，"专业界限的不断增强也滋生了一些隐患"，对伦理的过度使用，将导致机构制定更加严格的规范，这些规范将导致从业人员无论在何种情况下的作为都被视为违反纪律（王思斌，2001）。所以，只要双重关系不是破坏性的，处理好界限一样是可以的。

实务工作者在面对双重关系的伦理困境时，要能发展出有效的审视自身价值体系、模式和偏好的洞察能力（Mattison，1994），使双重关系的出现不是自身利益和价值偏好的结果。在抉择时，应尽可能保持"伦理意识"（Abramson，1996），清楚辨析伦理困境中包含的所有价值冲突，从服务类型和关系的亲密程度两方面分析双重关系给服务带来的影响和效果，预估看似合理的可行行动和可能后果以及行动的效率、成本因素，评估在相互冲突的义务和价值观中应优先考虑的一方。在抉择后，随时关注双重关系带来的效果，做好修正行动选择的准备，并通过咨询督导、同事讨论不断反思，提升下一次抉择的适当性（Osmo and Lamdau，2001）。

实务的经验告诉我们，要设定完全意义上的专业界限是不可能的，但是下面的指导原则对解决界限冲突可能是有用的：①在你的专业与个人生活中，设法成为践行社会工作专业原则和价值角色的典范；②在与案主的关系中，设法赢得尊重、成为践行专业原则和价值角色的典范，而不是形成朋友与朋友的关系；③在与案主的关系中，不要试图满足你的个人需要；④设法提高自身对需求、感觉、价值和局限的认识，从而使你对这些因素如何影响与案主关系的意识得到增强；⑤当某种与案主交往的适宜性问题被提出时（譬如，是否与案主一起吃午饭），通过评价这种交往是否对你与案主的关系产生建设性影响的方式寻求答案，如果具体的影响无法客观评述的话，那么就不进行这种交往；⑥与案主的建设性专业关系需要一定的距离，如果你的问题是你经过反复考虑仍无法清晰界定这样的社会交往是否会干扰专业关系，那么咨询你的督导或者值得尊敬的同事；⑦在你与案主的专业角色中，意识到任何不适宜的行为、语言和穿戴（例如与案主分享你的私人生活或某种未经证实的"八卦"），是非专业的。

第五节 资源分配与维权倡导

人的需求是无限的，而满足需求的资源是有限的，因此就产生了人类的需求无限性与资源有限性间的矛盾。资源分配和维权倡导是社会工作伦理必然要面对的话题。

一 资源以及资源的限制

社会资源按其功效的性质可分为工具性的和情感性的。器物一类的有形物质资源属于前者，信用、承诺、慰藉一类的无形的精神资源则被归入后者。

形成资源限制的原因：①资源有限，即现存资源确实无法满足所有人的需求；②资源被挪用，即将本该用于此处的资源挪用到其他的地方；③对资源的优先性和承诺被转移，即在资源分配的过程中，将原本承诺优先分配的资源延后分配或不予分配；④人的需求的无限性，通常即使在基本需求已经满足的情况下，人总是希望获得更多的资源以满足自己不断增长的需求（刘世廷，2006）。

资源的限制导致无法满足个人发展的需求，是案主问题产生的原因之一。在社会工作领域，社会工作者常会遇到资源不足的问题，如经费缺乏、预算被削减、福利服务的需求增加等，这些都会让社会工作者在分配稀少或有限资源时很难做决定（多戈夫等，2008）。

二 资源分配的伦理规范

学者雷默将社会工作困境分为直接实务工作中的伦理困境、间接实务工作中的伦理困境及同事间的伦理困境三类，在间接实务工作中的伦理困境中便有一种困境为"有限资源的分配"，即怎样分配才符合分配正义。

在各国/地区的伦理守则中，都提到资源分配的问题：①《美国社会工作者协会伦理守则》提道："社会工作者应倡导公开、公正的资源分配程序。当资源不能满足所有案主的需求时，分配程序应当对案主一视同仁，运用的原则要恰当、前后一致"；中国《香港社会工作者注册局工作守则》提道："社会工作者认同有需要致力防止及消除歧视，令社会资源分配更为合理，务使所有人士有均等机会获取所需的资源和服务。"中国台湾《社会工作伦理守则》提出"应致力社会福利政策的推展，增进福利服务效能，依法公平进行福利给付与福利资源分配。"

可见，社会工作伦理普遍强调资源的平等、公正、合理分配。

三　资源分配的实务操作

案例：街道的公办养老服务中心今年只剩 7 张床位，但有 13 位老人提出申请，他们都希望入住养老院，按照审核标准，他们也都符合入住条件，此时如何分配养老院的资源？

案例：政府今年财政缩减，对社区服务的投入大幅减少，但社区日间照顾中心项目和独居老人家庭服务项目都需要资金投入。社区日间照顾中心建立以来，投入和消耗很大，但服务成效一般，功能在萎缩，而这是政府"十三五"规划的主要项目；独居老人家庭服务项目做得很扎实，评估下来服务效果很好，但服务群体毕竟有限。在资源有限的情况下，如何分配现有的资源？

罗尔斯曾指出，所有的社会价值、自由和机会、收入和财富以及自尊的基础，都要被平等地分配，除非对其中的一种价值或所有价值的一种不平等分配合乎每个人的利益（参见李新廷，2014）。德沃金主张，平等的权利是首要的权利，每个人都有受到平等对待的权利，以及作为一个平等的人受到对待的权利，并且后者是更为实质和基本的（参见钟丽娟，2006）。

在社会工作界，一般有四种标准来分配稀有资源：平等（Equality）、需要（Need）、补偿（Compensation）以及贡献（Contribution）多寡。

（1）平等标准。将资源（如金钱或物品）分成相等的份额，或提供给案主平等的机会到去申请或竞争资源到（抽签或按时间先后，先到先得），包括：①结果平等，即平分（Equal Shares），也就是所有符合资格的人员（或团体、社区、组织等）都可分配到相同的资源，这种分配强调分配的结果；②程序平等，即先到先服务（First Come，First Served），也就是有限的资源是根据案主申请的先后进行分配；③机会平等，即随机选取（Random Selection），也就意味着案主获得服务的机会是均等的。综合来看，平等标准的操作性强，不会对任何一个成员的特殊利益予以特别的照顾，也不可能使资源分配向任何一个成员倾斜。但是其灵活性差，无法做到具体情境具体分析，资源可能并没有被分配到最需要的地方（向玉乔，2013）。

（2）需要标准。即按需要的强烈程度来分配，把资源提供给最需要的人。需要标准强调以案主需要为根据来分配有限的资源，也就是说，由分配资源者来决定谁的需要最强烈，谁就得到资源。例如，针对需要食物或住房的个人、需要发展基金的社区，资源分配者将依据其需要的强烈程度来分配。按照该标准来分配资源的优势在于，具有很强的灵活性，能够具体情境具体分析，从而促进资源灵活配置，减少资源的浪费和闲置，使其用在最需要的地方，更好地达成工作目标。然而，它同样也存在一些不足，即受分配资源者的主观影响大，可能造成资源为个人利益支配，从而使他人的利益受到损害。

（3）补偿标准。不只考虑平等和需要，还要对弱势群体的利益有所考虑，对于曾经遭遇不公平对待的个人、团体、组织与社区，应该给予补偿和优先考虑。例如，在资源匮乏的情况下，进行资源分配时应多考虑儿童、老年人、妇女等。该分配原则能够通过差别平等，很好地保障弱势群体的利益，但是差别平等也会导致其他群体的利益非自愿被损害。

（4）贡献多寡标准。有限的资源将依据服务接受者已有的或可能的贡献来分配，贡献分为金钱及非金钱两类。按金钱贡献分配资源意味着资源将提供给有能力付费的人；按非金钱贡献分配资源意味着富有"价值"的人可以优先获得有限的资源，例如在救灾中谁的劳动贡献大，谁分得的资源就多。这一分配标准将贡献与分配相结合，能够调动人们的积极性，但是当个体间的贡献程度产生较大差异时，会导致积极性严重丧失，甚至会扩大贫富差距。

这是一般的资源分配标准，在社会工作实务中不可能单独采用其中的任何一种，而是要结合当时当地的具体情况，综合这些分配标准，按照分配正义，合理地配置资源。如遵循平等标准，平等地分配社会资源，保障每个人的基本生活需求；在此基础上，某类人群对某类特定资源有需求，如老年、儿童、残疾人等，这时要遵循需要标准分配；如果分配中存在由歧视、自身能力、经济社会地位导致的不公平，出现最少利益分配群体，此时就可以用到补偿标准，优先将资源分配给他们，保障他们的基本生活质量，以维持更大范围内人类社会的平等。

在具体的实务操作中：①社会工作者的首要职责是增进案主的福祉，一般情况下，应当把案主的利益放在首位，应在机构内外为获得充足的资源以满足案主的需要而奔走呼吁。②在资源的合理配置方面强调程序和标准的公正与公开，分配程序应当对案主一视同仁，运用的标准要恰当、前后一致。社会工作者不应做出纵容或配合任何形式的基于种族、民族、国籍、肤色、性别、性取向、年龄、婚姻状况、政治信仰、宗教、精神或身体残疾对任何个人、群体或阶级的剥削和歧视。③社会工作者对于所掌管和使用的资源，应审慎地予以节省，绝不乱用资源、不毫无目的地使用资源。

四　资源分配在实务操作中遇到的问题

资源分配是社会正义的主要议题之一，如何公正地分配资源是社会工作伦理中的主要议题之一。

1. 资源分配中的不平等问题

案例：老王，41 岁，城市人，居住在某一线城市。3 年前单位倒闭，老王失业。失业后，老王在社区申请了低保，女儿在读初中，学校提供免费午餐，减免大部分杂费，老母亲有养老保险，前一段时间生病，但有医保，他也去社区申请到了临时救助，生活还过得去，所以老王暂时没有特别强烈的再就业动机。

案例：小杨，37 岁，农村人，妻子不堪生活的困苦 3 年前离家出走，有个 11 岁的儿子。2011 年，小杨带着老母亲和儿子去城市打工，一边打工挣钱，一边养家。小杨很努力地工作，但所挣的钱非常有限，生活困顿不堪。孩子上学要交赞助费，还有各种杂费，一年花掉不少钱。农历新年前，老母亲生病住院，没有医保，钱像流水一样花出去也不见好，不堪忍受生活重压的小杨，举起菜刀砍向母亲后自杀。

社会工作的核心价值是维护公平与正义，而需求的无限性和资源的有限性导致资源分配过程中不可避免地存在不平等与差异，如何在两者之间协调？案例中老王和小杨都需要社会资源，但只因为小杨是"农村人"、"流动人口"，没有户籍，在社会救助上就存在差异。社会工作的专业价值观认为，所有的案主都有同样的权利分享有效的资源，社会工作者应倡导公开、公正的资源分配程序。当资源不能满足所有当事人的需求时，分配程序应当对当事人一视同仁，运用的标准要恰当、前后一致，致力于协助案主及其系统获得所需资源。但事实上，社会工作者在提供专业服务时，不得不时常面对资源分配中的不公问题。

2. 社会福利服务资源的有限性问题

案例：据悉，中国有 120 万尘肺病人，他们因大量吸入粉尘，导致肺组织不断纤维化而罹患尘肺病。尘肺病是一种严重威胁旷工健康的职业病。患者发病后胸闷、胸痛、气短、咳嗽、全身无力，严重者丧失劳动能力，甚至不能平卧，连睡觉都得采取跪姿，最后因肺功能衰竭、呼吸困难而死。其状之惨，令人不忍睹。然而，虽然中国有《工伤保险条例》、《尘肺病防治条例》、《职业病诊断与鉴定管理办法》，但很多尘肺病人想要通过检查、诊断、鉴定自己是尘肺病人仍是困难重重。无法鉴定，当然就得不到有效的保障，以至于出现河南尘肺病人自己"开胸验肺"的极端事件。社会工作者在介入时，案主希望可以获得有效的治疗，作为家中的主要劳动力失去劳动能力后，家庭陷入困境需要必要的救助，但这些都需要资源，没有资源，社会工作者的服务会面临诸多困境。①

社会工作专业的发展是在整个社会福利服务系统下的，没有有效的资源供给，社会工作者面对案主需求常常会陷于"巧妇难为无米之炊"的困境。这些资源包括：医疗、失业、工伤和养老保险基金，最低社会保障金，有临时救助金和庇护所，干预方案基金，康复机构与基金，等等。尤其，中国大陆目前还处于社会福利服务发展初期，还没有建立完整的、系统的社会福利服务体系，福利资源的有限性更是一个突出的问题。

3. 专业资源的有限性问题

案例：某市在街道层面设立了"阳光心园"，服务社区中的重性精神病人，这本是一个非常好的举措，园里的社会工作者也希望可以更好地提供服务。但因为资金、场地和服务人员有限，所有入园申请都会被严格筛选，一些病情较重无法完全自理的、父母无法接送的病人，即使非常有需要也无法入园，且园里只能提供简单的托管、娱乐、学习服务，对案主需要的康复治疗、就业服务等都因资金、专业人手不足而无法提供。

社会工作的开展除了依赖社会福利服务系统的资源外，还得依赖自身的专业

---

① 资料来源：《救救煤矿工人的肺》，《健康报·社会周刊》2004 年 6 月 14 日。

资源，包括提供服务的专业机构、适当的项目资金、充足的有能力的专业人员、社会工作者有工作时间等。现阶段我国大陆的社会工作专业机构的资金来源主要是政府购买服务的费用或补贴、企业的捐款、社会服务团体的赞助以及占很小一部分的一些个人的捐助。资金来源渠道的单一性、有限性限制了专业资源的获得，而专业资源的不足又限制了专业服务的提供。

4. 资源发放方式问题

案例： 2015 年 9 月，国际社会出现叙利亚难民潮。据俄罗斯 RT 电视台报道，有志愿者在匈牙利难民营里拍到让人心酸的一幕，工作人员像投喂动物一样向难民发放食物，形容难民营是欧洲的"关塔那摩监狱"。在匈牙利靠近塞尔维亚边境的勒斯凯难民营里，有探访的志愿者拍到大约 150 名难民挤在围栏里等待发放食物，戴口罩的工作人员像投喂动物一样，将分成小袋的食物一次次扔向人群，引起难民阵阵争抢，还有难民大声喊叫，希望能引起工作人员注意。

这种资源分配的方式是令人惊讶的，因为它忽视了一个基本事实，难民也有尊严，发放资源的方式应尽可能不去伤害受助者的尊严，即受助者资源的获得不能以牺牲尊严为代价，尤其当这种伤害是可以避免时，更是应尽力避免，如有些救助者发放救助物资后，要求受助者拿着物品和自己一起合影留念，并将这些没有经过受助者授权同意的照片传上网或朋友圈，广为转发，这同样是有违伦理的。

5. 资源发放过程中的"人情"问题

案例： 某市在年底要发放一笔困难补助金，街道请各居委上报困难救助对象。名单报上来后，问及名单筛选的标准，有些居委会主任会直言："名额有限，都困难。那就谁经常到居委会、谁经常参加居委会的活动，我们比较了解（情况）就给谁了。"

除此之外，有社区居委会委员谈到"慰问"、"发钱"时提到居委会操作的"隐性规则"，侧面说明了人情关系对社区资源分配的影响："慰问每年都要换人的。比如，头一年，我们肯定是想慰问最困难的，这个没办法。那第二年、第三年的话，随意性就增大了。一到换的时候，他们（居民）就会来讲，'我也困难啊'、'我也需要啊'……没办法，也怕招惹麻烦……所以在这种情况下，一般的（发钱）都是悄悄的，不去告诉居民。……反正沾钱的事，不说。有时候他们（工作人员）跟谁熟一点，就给了他/她了。"

尽管居委会没有审批社会救助的最终决定权，但社区层面仍有一些资源可由居委会工作人员"酌情"派发。在"酌情"派发的过程中，因社会救助制度在基层社区执行过程中的不规范和随意性，"人情"因素就可能影响资源的分配，有些与居委会互动较多或总去居委"要"资源的人，就可能获得更多的资源，从而降低了那些真正有需要者获得制度性支持的可能性。

五　维权倡导

权利是指对拥有正当要求的人们的保护和保障。哈德凯斯特（Hardcastle）等认为权利可分为三大类：基于过程或程序的权利、实在的权利、基本人权（参见施奈德、莱斯特，2011）。米克尔森提出，维权倡导在个案层面表现为进行干预以帮助个人获得所需的资源或服务；在社会层面表现为通过改变社会政策，或者让无动于衷的制度体系有所让步，从而改变当事人所处的环境（参见多戈夫等，2008）。维权倡导是为案主权利的倡导，其所发挥的主要作用就是为案主争取更多的服务和资源，维护案主的权利和利益。

当资源有限时，一方面，没有资源的支持，社会工作者无法践行自己的专业使命，当案主有需要时，也无法回应案主的切实需要，专业实践中案主利益优先的专业伦理，常常由于资源不足而无法实践。另一方面，依据何种标准分配资源才是公平的？如果案主有特殊需要，是否要优先分配资源给他们？上文提到四种资源分配标准，但实际情况是：由于案主情况不同，无论采用哪一种分配标准，都很难做到完全公平，因此资源有限的问题更可能导致社会工作者服务中陷入伦理两难困境。如果以平等标准来分配有限资源，虽然有需求的案主都得到了资源，但得到的资源有限，并没有解决实质性问题，这可能是另一种形式的不平等。若以需要标准来分配，又如何判定需要？怎样认定谁是最需要的人？而按补偿和贡献多寡标准来分配，面向的不是过去，而是未来，对当下案主的需要没有深入回应，而当以未来的偿还能力为资源分配标准时，对那些确有需要的人来说，存在福利歧视，也不是专业伦理所认同的。尤其当资源有限时，在资源分配的决策上，权力的影子依稀可见，是影响资源分配背后一只看不见的手，更引发了伦理上的困境（曾华源等，2006）。

维护社会的公平和正义是社会工作的使命与核心价值。维权倡导是资源分配过程中，社会工作者必须面对的另一个主题。

社会工作者应该消除偏见与歧视，如基于能力、年龄、文化、性别、婚姻状况、社会经济地位、政治观点、肤色、种族、身体特征、性取向或者精神信仰等产生的偏见与歧视，关注不同群体的特点，积极挑战不平等的社会现象，减少或消除这些偏见与歧视。

社会工作者应致力于社会变革，为弱势群体及受压迫群体争取权益。社会工作者有责任去挑战不公平的政策、规则，让政府关注到受到不公平对待的群体，并致力于推动公正的社会政策出台，令社会资源分配的结果以及分配的方式与程序更加合理，使所有人机会均等地获取所需的资源和服务。

第六章　社会工作伦理困境

伦理困境是贯穿社会工作实践过程始终的重要问题，它既是对社会工作者的考验，也是检验社会工作者实务能力的尺度。

——多戈夫等，2008

多戈夫等明确指出："社会工作实践中的伦理问题起源于作为现代特点的价值的多元性和矛盾性……当一个从业者面临两个或两个以上相互冲突的价值时，伦理困境就可能会产生，诸如公正与平等、服务效用与效率或能力与平等。"（多戈夫等，2008）

现代社会是一个文化多元、价值多元的社会，价值的冲突、文化的冲突、需求的无限性与资源有限性之间的冲突导致伦理冲突。哪项价值优先？应该忠于谁？对这些问题的不确定回答常常令我们陷入伦理困境。

第一节　伦理困境的概念及其分类

一　电车难题

案例：著名的电车难题：一辆有轨电车失去控制，前方轨道上有 5 个人，司机如果任凭电车前行，前方 5 人会被撞死；司机如果选择转向岔道，但这样会撞死岔道上的另 1 个人。那么，司机应该如何选择呢？是听之任之，让电车撞死 5 个人，还是转向撞死 1 个人？（卡思卡特，2014）

案例：电车难题的进一步极端化：当你站在跨越电车轨道的天桥上时，发现电车失控，但没有转向岔道，如果阻止电车撞死前面轨道上的 5 个人，必须把重物抛向轨道阻止电车；然而，周围无重物，只有一个足够重的胖子在你身边（可怜的胖子），你是否应该把胖子推下去挽救 5 个人的性命？这种做法与扳动转道转向器，有无本质区别？（卡思卡特，2014）

案例：电车难题的实例：2013 年在旧金山，琼斯女士面对失控的电车，扳动轨道转向器，挽救了 5 个人的性命，却导致岔道上法利先生死亡。（卡思卡特，2014）

琼斯被告上了法庭。在公诉中，律师、检察官都发表了各自的意见。在这一过程中，多位哲学和神学理论家都发表了自己的看法。

辩护方用边沁的功利主义为琼斯的"英勇"行为论证，即"最大多数人的幸福原则"，牺牲 1 个人拯救 5 个人是符合社会功利原则的。但是，在检察官看来，琼斯女士的行为是一种违法犯罪行为。他们用康德的目的理论来反对边沁的功利主义，认为人只能作为目的本身，而不能作为手段。如果违反了这一点，相信"1 个人死亡比 5 个人死亡要好"，那么不仅人的尊严难以保障，而且人身安全也难以保障。除了控辩双方，神学家贡献了第三个解决方案，即圣托马斯·阿奎那的"双效原则"：同一种行为，通常兼有善恶两种效果，在特定情况下，一种善的行为虽然兼有恶的效果，也是可以被允许的，即使恶的效果在通常情况下必须避免。似乎问题有了答案，但是阿奎那的"双效原则"在面对上述第二个案例时，就显得有些含糊其辞了，因为路人扳动转向器的结果和预见性与该案例中扔下胖子的情形一致。那么路人可以扔下那个可怜的胖子吗？

这是哈佛大学政治学家桑德尔在公开课"公正"中讲的著名的电车难题，很复杂。但这还是一些抽离社会因素的案例，在现实社会中，这样的难题会面临更加复杂的因素，如 5 个人中有自己的好朋友，在岔道上的那个人是你的亲人，你欠旁边的胖子一大笔钱，他正逼着你还债……在丰富而复杂的现实面前，人性就显得越发脆弱了。

在现实生活中，这样的案例随时都在发生。

案例：妻子患尿毒症 5 年，没有医保，花光了家里所有的积蓄，为给身患尿毒症的妻子做透析，41 岁的北京男子伪造医院收费单据，4 年骗取北京医院透析费 17.2 万余元。受审时，他称"所做一切只为让妻子能先不死"。（陈博，2012）

案例： 小峰，今年 25 岁，天津人，一位艾滋病病毒携带者，同时又身患肺癌，确诊，再拖就没法手术了。但是在小峰表明了自己 HIV 呈阳性这个事实后，至少有五家医院拒绝接收他做手术。已经没有多余的时间可以等待，情急之下，小峰修改了病历，隐瞒了病情，在一家医院做了手术。（丘濂、苏晶，2016）

二　伦理困境的概念

在现实生活中，当不同的价值观和利益发生冲突时，有时人们往往会陷入一种伦理困境，即两件事都有相当的合理性或正当性，而只能做非此即彼的选择，不能同时兼顾（何怀宏，2002b）。

伦理困境一直是社会工作伦理中涉及的核心问题之一。班克斯（Sarah Banks）和威利姆（Robin Williams）从伦理议题（Ethical Issue）、伦理问题（Ethical Problem）、伦理困境（Ethical Dilemma）三个相似术语的递进联系中提炼出了伦理困境的含义，认为伦理议题是指"具有伦理特性或因素但不明确涉及需要做出决定的情形"，伦理问题是指"具有伦理特性又要求做出决定但不至于陷入困境的情形"，而伦理困境是指"既存在伦理因素同时又需要在两个同样不受欢迎且难以预期的选择中做出决定"。他还认为一种情形或事件本身不是一个困境，困境是由特定的人建构出来的（Banks and Williams，2005）。

因此，所谓社会工作伦理困境是指在实务过程中，社会工作者面对一种复杂的情境，这种情境涉及明显的、不同道德责任间的冲突，令抉择陷于两难，无法做出非此即彼抉择的情形。因为任何一种选择都预示着某种失去或损害。

社会工作者在实务工作中会面临多种问题和困难，带有伦理和道德牵连的问题只是其中的一个部分，但往往是不可避免的和具有决定作用的部分。能否有效地解决伦理困境，这既是对社会工作者的考验，也是衡量社会工作者实务能力的尺度（多戈夫等，2008）。

三　伦理困境研究的发展

从 20 世纪 80 年代起，由于深受 70 年代以来应用伦理学，尤其是生物医学伦理研究的革命性影响，学者们开始关注社会工作实务中的伦理困境问题，并反思社会工作伦理守则的建立和发展，社会工作伦理走向了专业研究与发展的关键时期。其间，出版了三部具有代表性的著作：《社会工作实践中的伦理抉择》（*Ethical Decisions for Social Work Practice*）（Dolgoff、Loewenkeng & Harrington，1982），《社会服务中的伦理困境》（*Ethical Dilemmas in Social Service*）（Reamer，1982），以及《社会工作实务中的伦理困境》（*Ethical Dilemmas in Social Work Practice*）（Rhodes，1986）。这三本书用不同的方式，首次指出了社会工作面对的伦理困境问题，并指出需要通过全面、深入的研究解决伦理困境所需的道德哲学、伦理学理论和原则（Reamer，1998）。至此，越来越多的研究者开始探索伦理学理论与伦理困境之间的关系。研究的伦理困境涉及越来越多的领域，如案主个人利益与共同体利益的冲突、项目设计和机构管理领域中资源的分配，以及从业者之间的关系等。正是因为社会工作者在实务过程中面临的伦理困境越来越多，而且越来越棘手，美国社会工作者协会对《美国社会工作者协会伦理守则》进行了多次修订（Reamer，2000c）。

四　伦理困境的内容

那些含有伦理困境的议题常常围绕一些焦点（如个体的权利与福利，公共福利，公平性问题和结构性压迫，权利、责任、利益之间的冲突，以及同时涉及这些类别的冲突）展开。这些困境发生在社会工作者、同事、机构、案主以及相关的法律、法规等不同的主客体之间。

在西方的社会工作研究中，对伦理困境做过较系统分类的是卢曼，他把社会工作中的伦理困境分为：①直接实务工作中的伦理困境，是指针对个别案主、家庭或小团体工作中出现的伦理困境，涉及保密及隐私权、案主的自决权与专业父权主义、对不同对象的忠诚、专业界限与双重或多重关系等；②间接实务工作中的伦理困境，是指在参与社区组织、社会政策与行政，以及研究与评估等活动中出现的伦理困境，涉及有限资源的分配、研究与评估所涉及的伦理困境、揭发机构或同事的不当伦理行为（Reamer，2008）。

国内有学者认为伦理困境源于价值的冲突，因而将其分成：①社会价值与专业价值间的冲突；②专业内部价值间的冲突；③专业价值与社会工作者个人价值的冲突；④社会工作者个人价值与案主价值的冲突（罗肖泉、尹保华，2003）。

而罗肖泉认为，一种"困境"本身也表现为一种冲突的情形，因而每一种困境都以"冲突"的形式来表述。他将伦理困境分成：①目标冲突导致的困境；②忠诚的冲突导致的困境；③责任的冲突导致的困境；④角色的冲突导致的困境；⑤利益的冲突导致的困境（罗肖泉，2003b）。

中国台湾学者徐震、李明政把社会工作伦理困境归纳为决策困境和结构困境。决策困境表现为：①保密的程度与情况；②自决的权利与尊重；③自由意志与环境；④协助的方式与选择。结构困境表现为：①弱势个体与强势社会的冲突；②案主需求与科层制的矛盾；③专业伦理与个人伦理的分界；④西方经验与本土文化的差异（徐震，李明政，2002）。

第二节　伦理困境形成的原因

伦理困境形成的主要原因是情境的不确定性、价值观的多元化，在忠于谁上的冲突及社会福利资源的有限性。伦理困境是一个很复杂的概念，要清晰认识和恰当处理社会工作实践中的伦理困境，把握其成因具有重要的理论和实务价值。

一　情境的不确定性

现代社会，随着科学技术的进步、经济的快速发展、社会的急剧变革，一些确定的东西也变得越来越不确定，人类对自己生活的掌控能力不是变得越来越强，而是变得越来越弱，导致更多的不确定性。而社会工作专业的特性决定了社会工作者要面对更多的不确定性，因为：①社会工作者处理的问题常常是不具体的和模糊的；②社会工作不像许多现存的职业那样，能够为其从业者提供相同类型的基础知识；③社会工作者与大多数其他领域的从业者相比，对其介入的结果有较少的控制权（多戈夫等，2008）。

案主向社会工作者求助时，所面临的问题往往是错综复杂的，有时在服务的过程中常有意料之外的新问题出现；有时连案主自己都无法说清楚有什么困难、需要什么帮助；有时你看一个问题是发生在家庭中，但影响因素却在家庭之外；有时你面对的是一个现实的问题，但它是过去问题的间接反映。而这些因素之间相互影响，不断变化，不同的价值观在其中起作用，有太多的不确定性。

目前，社会工作的知识体系尚不完善，缺乏统一的实践标准，很难针对社会工作者所遇到的问题提供一个统一的、确定的指导方案；且社会工作专业的介入不像单纯的技术介入那样可以精确评估，而是需要社会工作者依据良知、道德、责任做出自由裁量，其结果通常无法预知，甚至不以社会工作者的意志为转移，这种伦理原则和道德规范的弱强制性更增加了不确定性，促进了伦理困境的产生。

案例： 一位女性，18岁出来打工，被拐卖到山里，先被强奸，然后被迫嫁人，生育了两个孩子。丈夫有家庭暴力，生活困苦不堪。她跑过一次、自杀过三次。后来，她做了一名乡村教师，尽心尽力教孩子们读书，被当地评为"感动人物"，以她为原型的故事还被拍成了电影。但是，她还是想回家，这里太穷了，来了十几年，来的时候是什么样，现在还是什么样，她觉得没有未来，家中仍有暴力，她和丈夫几乎没有共同语言。可是后来，真有人想解救她，她又犹豫了。因为婆婆说："你不能走，你一走这个家就完了。"她见到了自己的父母，他们劝她："孩子都生了，认命吧。"村里人求她："你不能走。你走了，孩子们又要失学了。"她的孩子抱着她哭诉："妈妈，你走了，我们怎么办？"于是，思虑再三，她对想解救她的人说："放过我吧，我现在只想过平静的生活。"

这是个真实的案例，案例中承载的东西太多了：拐卖人口、买卖婚姻、强奸、家庭暴力、底层贫困、法律的无力、媒体声音的缺失、地方政府的不作为、基层教育的缺失，以及亲情、责任、自主、尊严、对更好生活质量的追求等诸多人性的撕裂。什么是问题的实质？案主真正的需求是什么？哪一种结果对案主来说更好？

二 价值观的多元化

现代社会的一个最主要的特征就是价值观的多元化，尤其是在中国社会转型的过程中，一部分传统的价值观丢失了，新的价值观的形成又需要时间，对个人主义的过分强调导致功利主义、实用主义泛滥，人们生活的目标不一致，对达成目标的手段也越来越无法达成共识，在道德伦理上确定对和错变得越来越困难，横亘在对与错之间的灰色地带也越来越宽。

相比一般人，社会工作者会面临更加多元的价值观（图6-1）。社会工作伦理源于其核心价值，因此在面对伦理抉择的时候，社会工作者所做出的一切抉择都应该以核心价值为基础、为依据。但在具体情境中，社会工作者却要面对不同的价值体系，社会主流价值观、案主个人的价值观、专业价值观、社会工作者个人的价值观往往同时起作用，这些价值观之间可能一致，但很多时候，它们不但不一致，还会处于冲突之中。即使在专业价值观内，也有不同的价值向度。这种多层次、多向度的价值观加上时代、文化、民族等环境因素的动态变化，必然给社会工作实践过程提出复杂的责任和义务要求，这些要求中的矛盾与冲突导致伦理困境的产生。

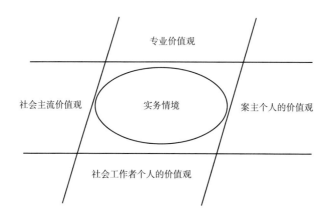

图 6 - 1　社会工作实务中面对的价值观冲突

案例：小丁，24 岁，大学毕业两年了，但是他一直没有去工作，整天躲在家里打游戏。小丁和社区社会工作者小宁说，他找过工作，但他不喜欢外面的世界，不喜欢和人接触，他也曾去外边工作过，但是他讨厌被老板呼来喝去，他受不了，干活也太累，他不想干，人生那么短，何必那么苦自己。他甚至偷偷告诉小宁：除了打游戏，偶尔他也会上网赌赌球，不过他不会玩大的，只是闲来无事。他请小宁一定要帮他保密，千万不能告诉他的父母。他说，他们知道了会很烦。

小丁的家境原本不是太优越，但是拆迁后分了三套房，自己家住一套，还有两套出租，每个月有 7000 ~ 8000 元的收入。他的父母认为：家里经济条件过得去，孩子不想工作就不要逼他了，将来实在不行，在上海有三套房，儿子这辈子吃穿不用愁，不干就不干吧。他们希望小宁不要来打扰他们平静的生活，他儿子现在很好，只是在家打打游戏，现在社会竞争压力太大，他孩子的能力也不是特别强，放孩子出去闯荡，结果说不定更坏。

后来小宁发现，社区里有好几家"动迁后致富"的家庭都有和小丁父母一样的想法，他们的孩子也和小丁一样，没有出去工作。

这个案例中，面对多元的价值观引发的问题，社会工作者到底要如何选择？

三　在忠于谁上的冲突

郝兰德和科尔派崔克（Holland and Kilpatrik，1991）认为，社会工作者在实务工作中，存在内在化权威和外在化权威的冲突。内在化权威强调内在自我，对自我决定、选择及行为负责，而外在化权威强调服从机构政策、社区规范、法律法规以及其他外在个人的权威。这种内在化权威和外在化权威的冲突，又被称为在忠于谁的问题上的冲突。

社会工作者被要求以案主利益为中心，但作为一名员工又要关注机构利益，同时还不应侵犯社会利益。因此，他要同时忠诚于案主、机构、职业以及社会，但案主、机构、职业及社会对忠诚的要求有时并不是一致的，冲突时常出现，如图6-2所示。①机构利益与政府利益之间的冲突。机构接收政府提供的资源，就要接受政府的管理，提供一些行政性的服务、接受各种合理或不合理的评估等。这种情况导致机构角色冲突，即机构的角色和政府角色在行为标准、规范、期待等方面的不一致。机构要求为有需要的人提供服务（来自专业角色的期待），但政府要管控服务（来自政府的期待），两者时常冲突。社会工作者不得不在资金有限的情况下奋力开展自己的工作，努力应对不断增加的压力，有时在寻找项目资金、绩效考核、目标达成、提升服务效率的过程中发展出一系列对策，如故意错报、虚假统计、延长案主服务时间、重复计算、多倍接案、基于付费能力和治愈的潜在可能性来选择案主等。②案主利益与机构利益的冲突。案主往往是相对弱势的（即使不是弱势群体的成员，也会因为某些秘密和隐私被社会工作者知道而变得弱势），依赖社会工作者为他们争取利益；社会工作者相对于他所服务的机构来说也是弱势的，机构掌握着工作者赖以生存的工作机会。当案主利益和机构的利益与要求发生矛盾时，社会工作者应当首先忠诚于案主还是机构？台湾有研究证实，社会工作者在实务操作过程中，感到最难处理的问题就是机构的规定对专业服务的影响问题。这种影响包括机构的理念、制度、成本核算以及机构内的人际关系对专业服务的影响。③维护案主利益与维护法律、法规及维护社会利益、他人利益之间的冲突。社会工作者的专业行为应遵循国家的法律、法规与政策，这也是社会工作者承担社会义务的重要体现。但事实上，在实务过程中社会工作者会面临维护案主的利益与执行现行的法律、法规之间的冲突。关于这一冲突应如何解决，目前是存在争议的。有部分社会工作者认为，社会工作者的行为应是在法律、法规框架下的行为，任何违反法律和法规的行为，即使是为案主的利益考量，也是不可取的，并且只有"依法行事"才能真正维护案主的利益；但另一些社会工作者认为，社会工作致力于推动社会变革，如果一味地固守法律法规、忽视弱势群体的利益，不但忽视了法律法规保护所有人平等权利的真正含义，可能严重影响案主的权益，使案主受到伤害。此外，不能因维护案主利益而任意侵犯社会利益、他人利益。④案主利益与社会工作者自身利益的冲突。通常情况下维护案主利益优先，但某些时候，也可能碰到案主利益与社会工作者自身利益相冲突的情形。例如，社会工作者由于工作量过大，有时会出现无法胜任工作的情形，或者在维护案主的权益和保障自己及家人的生存安全之间进行选择时，常常会陷入两难困境。

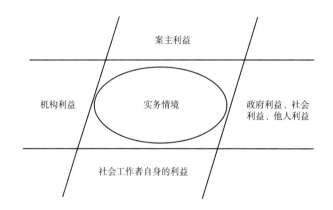

图 6 - 2　社会工作工作者在实务中面对的利益冲突

案例：小宁是一位社会工作者，机构有个项目最近面临终期评估，该项目由小宁主管。机构总干事看了小宁的评估报告，告诉他按照评估要求，项目有个重要遗漏，并要求小宁赶快弥补，补全记录，赶工的效果不能太新，赶工的痕迹不能太明显。看到小宁有些为难，总干事强调目前的局面有一部分是小宁造成的，如不能弥补，他要为此负责。最后，总干事语重心长地说：机构明年是否还能拿到这个项目和这次评估关系重大，而这个项目对机构的生存和发展很重要，做人不要太单纯，其他机构也都是这么做的。小宁也知道确实是这样，和他们竞争很激烈的那家机构，昨天还在补发问卷，要求案主给好评，以应付评估。

这个案例中，面对如此多的利益——案主利益、机构利益、政府利益、社会利益、他人利益、社会工作者自身的利益——冲突，社会工作者到底要忠于谁？

四　社会福利资源的有限性

社会工作的专业使命是增进案主的福祉、满足案主的需要，但案主的需要通常和资源相关。从实践看，社会服务的潜在需求是无限的，但满足需求的资源是有限的。通常情况下，案主对资源的需求远大于供给，服务会面临很多困境。

社会工作者既要维护个人利益又要维护社会正义，既要考虑眼前的效率又要考虑长远的效果。那么，社会工作者应依据什么标准来分配有限的社会福利资源呢？在分配资源时，以谁的利益为先呢？是让更多的人享受平均下来更少的福利，还是让少部分更有需要的人享受更多的福利？是应该根据上级的指令、专家评估方案还是以案主需要来分配社会福利资源？中国是一个发展中国家，社会福利服务体系还不健全，城乡差距、贫富差距明显，还有一部分人没有被纳入社会保障体系，这使社会福利资源的有限性更加明显地导致伦理困境。

案例： 小宁是一位医务社会工作者，年末医院里只剩最后一笔捐款，有两个来自贫困地区家庭的孩子申请救助。小宁去做评估，A家庭和B家庭都很贫困，但A家庭的父亲在孩子生病后，积极筹款，已经筹了一部分钱，但这笔钱远远不够，并且以后是要还的，还要付利息；B家庭的父亲拒绝去筹款，他表示自己即使筹到款，将来也无力偿还，他很希望能获得这笔救助金，如果没有，他只能放弃孩子。评估后，小宁认为两个家庭都需要这笔捐款，两个孩子的病情也都很危急。

这个案例中，当只有一笔捐款资源有限时，优先给谁呢？

第三节　伦理困境的主要议题

伦理源于价值，价值是人们对于什么是好的、什么是我们想要的期待。漫长的发展过程中，对于什么是好的、什么是我们想要的，人类有达成共识的部分，但对于某些部分一直无法达成共识，这些无法达成共识的部分常常导致伦理困境的产生。到目前为止，人类在七个基本价值问题上一直存在争论。

一 道德绝对主义还是道德相对主义

案例： 美国道德心理学家劳伦斯·科尔伯格曾提出一个"海因茨偷药"的两难故事。海因茨的妻子患了癌症，只有本镇一位药剂师最近发明的一种药能救他妻子的病。但药剂师要价 2000 美元。他恳请药剂师便宜点卖给他或允许延期付款，但药剂师却一定要先付 2000 美元，不肯做任何通融，怎么办？绝望之中的海因茨为了给妻子治病，撬开药库偷走了药。

如何判断海因茨的行为？

在道德哲学中，有道德绝对主义和道德相对主义两种判断。

道德绝对主义的代表人物有康德、弗莱彻等。道德绝对主义寻求绝对确定的终极真理，相信某种永恒的、超历史的存在，它可以为确定世界的本质、道德的指令和价值的法则提供一劳永逸的模式与框架，哲学家的根本任务就是去发现这种"绝对的存在"，从而为真理、实在、善行和美德等奠定终极的基础。道德绝对主义的逻辑是：或者是"绝对"，或者就是无意义的"鬼话"。如康德就认为，无论如何，一个人永远不要食言。

道德绝对主义的操作原则：①强调某些固定的道德原则有超乎一切的重要性；②相信存在判断道德伦理问题的绝对标准，而且不受社会、文化或者情境的影响；③可以制定伦理原则，这些原则应该在任何情况下都要被坚守；④道德内存于普世规律、人类天性和其他基础来源之中。

道德相对主义的代表人物有 W.G. 萨那姆、埃德瓦尔·韦斯特马克、埃米尔·涂尔干、卡尔·曼海姆等。道德相对主义拒斥确定性，认为事物本身具有相对性，构成人类社会和自然界的一切存在都是相对于其他事物的，没有哪种存在可以独立于其他事物，只有在与其他事物的条件联系中才存在。在社会领域，一切事物都是在一定的社会场域中获得其意义。在自然领域，事物也总是必须在与他物的相对关系中才能得到解释和说明。在一个情境中是正确的，在另一个情境中不一定是正确的。

道德相对主义的操作原则：①拒绝固定的道德法则，每个人都有道德选择的自由，都可以在特定的情境下进行道德选择；②一种道德规范仅仅对把该规范作为其行为道德准则的群体来说才是正确的；③伦理抉择要依据具体的背景或产生的后果；④好结果的数量、好结果是否胜过不好的结果是做伦理抉择的主要标准。

根据道德绝对主义，海因茨的偷盗行为是绝对不被允许的。因为道德绝对主义相信偷盗在道德上是不被允许的，这是绝对的，不受任何社会或者情境的影响，不管他有什么特殊情况。"对的就是对的，错的就是错的。"

而根据道德相对主义，海因茨偷盗是有他的理由的。因为道德相对主义相信海因茨这么做是为了救他的妻子，商家的见死不救、贪婪使海因茨不得不这么做。不偷盗的价值标准被生命至上的标准改变。"具体问题具体分析。"

道德相对主义批判道德绝对主义：①把事物绝对化，认为一切事物都是从来如此，永远如此，不承认一个过程可以转化为另一个过程、一个事物可以转化成另一个事物；②割裂事物和人的认识的绝对与相对的关系，只承认其绝对性，否认其相对性；③把哲学置于高高在上的地位，脱离了现实生活；④如果把只属于"个别性"的道德价值上升为"普遍性"的道德价值，即使是出于善良的道德愿望和美好的理想，对他人来说也可能是一种"道德专制"。

而道德绝对主义批判道德相对主义：①道德的相对性会导致人们根据情境做出更有利于自己的选择；②道德的标准不统一必然导致对道德的随意性解释；③道德的随意性必将导致道德虚无主义，最终，道德的约束意义将无从体现。

二　过程取向还是结果取向

案例：小宁是一位社区社会工作者，一天丽玲来找小宁，想申请一笔特殊的社会救助金。但这份救助金是针对社区里残疾程度在中度以上残疾孩子的，丽玲的孩子虽有智障但不在这个范围内。不过，因为小宁一直帮她，她很信任小宁，就告诉小宁：她先生已经失业三个月了，家里的经济情况很糟糕，儿子的康复治疗又需要交新的费用，这是孩子治疗的关键期，如她无法继续付费治疗就会被中止。实在没有办法，她找脑科医院一个熟识的医生朋友给儿子开了一个假证明，反正儿子也是智障，只不过程度上有些差异而已。

丽玲可以这样做吗？小宁该如何选择？

这涉及是过程取向还是结果取向的两种判断。

过程取向强调过程的价值，认为应当追求过程中的平等与正义，即使它带来的结果会损害个人或整体的利益也应当这样做。某些规则和原则是神圣不可侵犯的，不能为了达到某种目的而不择手段。过程在先，结果在后，过程是结果的必要条件，只有重视过程，才能最终导向一个好的结果。

结果取向强调结果的价值，认为只有结果才是有意义的、有价值的，过程只是达到结果的途径、手段和工具。一种行为若有助于增进幸福，就是正确的；若产生和幸福相反的结果，就是错误的。能增加快乐值的即是善；反之即为恶。人应该做出能"达致最大善"的行为。若未衡量潜在的结果就做伦理上的抉择是一种过于天真的做法。负责任的做法是分析行为的每一种可能的结果，并权衡其轻重。

从过程取向看，小宁应指出丽玲的欺骗行为，不给她办理救助。因为过程取向认为，在分配资源时，正义、平等原则是不应该被破坏的。丽玲的行为有欺骗性质，违反了正义、平等原则，是不被接受的，即使丽玲确实需要这笔救助金，也应中止她的行为，救助金应分配给其他有需要的人。

从结果取向看，小宁应帮丽玲保密，给她办理救助。因为结果取向认为，一种行为如果有助于增进幸福就是正当的。丽玲确实需要这笔钱，她的孩子也需要治疗，那个评估她孩子不是中度残疾、救助金只能发给有中度残疾孩子家庭的规则无法增进这个家庭的幸福，那么这个过程就是没有意义的，是需要改进的。

结果取向批判过程取向：如果丽玲没有申请到救助，她的孩子会失去关键的康复治疗机会，她自己也会因为骗领救助金而受到指责，她的家庭会陷入更大的困境，她和小宁的专业关系也会受到破坏。结果取向认为：①规则、法律是被建构的，可能是权力的产物，过分强调规则、法律的重要性，并不能保证绝对的公平与正义；②无法衡量规则的优先性，当规则与规则发生冲突时就会陷入选择的困境；③过程取向的前提是，人总是有理性的并向善的，并且总是会根据理性做出合理的决定，但事实很难如此，有时人们很可能为了所谓的正义，而忽视了对案主的善，如果一个规则并没有带来更多的善，规则的意义又在哪里呢？

过程取向批判结果取向：如果丽玲申请到救助金，那么当初制定的规则就会被破坏，这对其他人是不公平的，从社会的角度来讲，规则的破坏预示着将来要付出更大的社会成本。而对丽玲来说，小宁没有指出她的错误行为可能会强化她的欺骗行为。对小宁和机构来说，知道证明是假的却破坏规则，也是一种欺骗行为，面临诚信等一系列问题。他们认为：①对好和坏有不同的看法，很难分清什么是好的结果；②短期的好结果长期来看不一定好；③结果取向发展到极致会使人们为要一个好结果而不择手段。

三　独立自主还是相互依赖

案例：小杨，23 岁，从强制戒毒所里出来已半年。小杨 4 岁时父母离异，跟着父亲生活，但父亲很快组织新家庭，继母和小杨相处得很不好，父亲工作忙也没空管教他。小杨只读完初中就在社会上混，后来认识了一帮朋友开始吸毒，已经进过两次强制戒毒所。这次出来，继母当然不欢迎他，父亲也由于他吸毒而对他很失望，拒绝接他回家。小杨暂时住在奶奶家，但奶奶已经 83 岁，根本无力管教他。小宁是小杨的社区戒毒社会工作者。小宁帮助小杨申请了低保，又跑前跑后帮他联系了一份工作。小杨被小宁感动，决心痛改前非。可是，上个月小杨找到小宁，说老板发现他吸过毒，辞退了他。小杨很沮丧。小宁希望小杨振作起来，再找工作。但小杨摇摇头走了。昨天，小杨的奶奶找到小宁，哭着告诉他：小杨又和以前的毒友混在一起了，她很害怕。小宁找到小杨，小杨问他："你能再帮我找份工作吗？如果不能就不要再管我了，我不指望任何人，也不再信任任何人。"

小宁要如何做？要再帮小杨找份工作吗？

持独立自主观点的人认为，每个人都是自决、自主的主体，每个人都必须对自己负责，个人活动受环境及其发展条件限制，但是个人活动也需要不断地超越这些限制。如果个体没有内在改变的动力，总是依赖他人，则个体无法完成自己的成长与改变。

持相互依赖观点的人认为，人天生是并永远是一种社会性动物，每个人都需要与他人建立必要的联系，人不能脱离与他人的联系，成为一个"孤立的个人"。个人活动受社会环境及其发展条件限制，社会应当在个体需要的时候，向他提供信息或认识指导，以及实际的帮助和情感支持，为个体提供有助于认识自我的机会，并使个体对他人的期望得以维持。

按照独立自主的观点，社会工作者不能再帮小杨找工作，应该告诉他后果，让他自己选择并对自己的行为负责。因为他是独立自主的个体，需要自我成长，过多的帮助反而让他形成依赖，反复做出错误的行为，最终无法对自己的行为负责。

按照相互依赖的观点，社会工作者应再帮小杨找工作，或至少和他一起去找工作。因为人类是相互依赖的，依小杨现在的能力和资源条件，他无法完全自主，也无法承担自主的后果。如果没有支持，他会再次陷入歧途。

持相互依赖观点的人认为，过于强调独立自主，会将社会的责任过多地推给个体，忽视个体的痛苦和需求，忽视个体资源的不足，更忽视个体的自主能力是在外在帮助的过程中一步步形成的事实。

而持独立自主观点的人认为，过于强调相互依赖，会导致社会工作者过多地干预他人生活，忽视个体应对自己负责、有自我成长能力的事实，不重视对个体自我能力的培养，会阻断个体的自我成长。

四　安全满足还是艰苦奋斗

案例：老张，43岁，一年前失业了，后在社区申请了低保，他妻子也由于身体原因提前病退。女儿12岁，在读初一，家里经济条件并不好，夫妻间常为经济问题争吵。社区里正好有一个就业培训项目，社会工作者小宁去找老张。老张拒绝了，他表示：他不想工作，他这个年龄，没有学历，没有什么技术也找不到什么好工作。现在挺好的，有一份低保，加上老婆的病退工资，女儿有学校的救助，所有费用全免，过年过节还有临时补助，家里的基本生活一般没问题。如果找个工作，有工作就没有低保了，其他救助也没有了，工资可能比低保高不了多少，还要累死累活。他没有兴趣。

老张想得对吗？社会工作者要说服老张去工作吗？

持安全满足观点的人认为，需求是有机体内部的一种不平衡状态，表现为有机体对内部环境或外部环境的一种稳定要求，并成为有机体活动的源泉（刘梦、张和清；2003）。寻求快乐和安逸、尽量避免压力是人的本能需要。在获得安全满足后，个体无须为寻求完善而将自己的生活导向任何预先确定的目标和方式，人有权利选择自己想要的生活方式，免除更大的压力。

持艰苦奋斗观点的人认为，劳动本身就有内生的价值。创造财富或更多的价值，会使个体的需求获得更多的满足，也是社会进步的重要动力。成功和勤奋的人应得到报酬，失败的人就要面对痛苦的惩罚，否则会影响社会的公平与效率。

根据安全满足的观点，老张可以选择不去工作。因为他没有这个需要。至于说老张是依赖福利的懒人，这不公平。社会应有义务提供资源和服务，以维持个体的基本生存和必要发展。社会福利只是为人提供最后"安全的一隅"。老张没有学历、没有技术、年龄又大，即使再艰苦奋斗，也获取不到更多的资源。很多时候，人是不得不懒的。

根据艰苦奋斗的观点，老张有劳动能力，应该去工作。因为社会福利的本质不是消耗财富，而是创造财富。有能力而赖在福利上吃福利的是懒人。领取救助金的人应当履行主动寻找工作的义务，否则这样的福利会伤害劳动者的工作积极性，助长惰性，导致福利依赖。

艰苦奋斗观批判安全满足观，认为这样的低保制度会产生"负激励效应"，激励低保对象依赖低保制度，而不是依靠自我努力。激励效应的大小与低保对象实际所得利益的大小正相关。以"低保"为标准附加的其他补贴（如住房补贴、子女上学减免学费等）增加了低保制度的含金量，削弱了有劳动能力的低保对象找工作的积极性。

而安全满足观反驳艰苦奋斗观，认为福利就是为了促进公平，本身就有不计回报、慷慨救助的责任。在平等福利的条件下，说"懒"人只享受了福利，没有积极劳动、依靠个人努力获取所得，这是不公平的。何况无论在分配还是再分配领域，他们本就是最少利益获得者，前提不平等，结果肯定不会平等。产生福利依赖，不是福利制度本身的错，而在于福利制度该如何调整，以满足不同人群的需要并顺应经济发展。

五　个别化还是集体化

案例：小倩，女，27岁，一位性工作者，吸毒、携带艾滋病病毒。小宁是给她提供服务的社会工作者。一天，小宁来见督导，要求转介案主。她说：她不想服务小倩。在她看来，她们这些人堕落、卖淫、吸毒、染上艾滋病，没有支持系统，经常说谎，对未来没有期待，太难改变了。

小宁说得对吗？她这样看待小倩对吗？

持个别化观点的人认为，人是有独特性的存在物，每个个体都是独特的、唯一的，这种独特性应该被认同和了解，独特的个体应该以自己的独特性被不同地对待。不能将个体的特性视为某一类群体的典型特征。

持集体化观点的人认为，人首先是类存在物，凡是人都有共同的一般类本性。对特定社会群体及其成员的特质、品性和行为形成模式化、固定化的看法、态度与信念是人类了解他人及社会的一种重要方式。

根据个别化的观点，小宁不能用一个群体的特征来认识小倩，这样不公平。因为小倩是一个独特的个体，她有自己的价值系统、人格、生活目标、资源、身体特点、个人问题、过去经验、同伴压力、情感反应、家庭关系和偏差行为模式等，她是独一无二的，不能把一个群体的负面印象强加在她身上。

根据集体化的观点，小宁说的是事实，是这个群体的群体性特征，小倩作为这一特定群体的一员，确实具备该群体的特征。

集体化批判个别化：人是有独特性，但人也有类属性，人在了解他人时，类属性是一种无法摆脱的思维方式，且有一定的实用性和真实性。过度的个别化，令认知过程过于烦琐，浪费大量时间，也不利于对个体进行社会定位，合理预期其行为。

个别化批判集体化：集体性寓于独特性之中，集体性总是通过特殊的、具体的个人才能表现出来。过度的集体化，容易形成"刻板印象"，易受情绪左右，会导致知觉错误，不利于对他人做出正确的判断和评价。

六　个人义务还是社会责任

案例：杨某，43岁，独子，离异，有一个瘫痪在床的母亲，78岁，生活不能自理。平时，杨某一边打工挣钱养家，一边照料母亲，勉强维持生活。数月前，母亲突然患病住院，没有医疗保险，杨某花光了所有的积蓄，每天只吃一顿饭，困了就在医院躺椅上对付一晚，但医药费的缺口还是很大，不堪忍受重负的杨某，在某天早晨丢下母亲独自离开了医院，一去不返。

怎样看待杨某的行为？怎样看这整件事？

持个人义务观点的人认为，个体生活在这个社会上是要承担义务的，一个人在从事道德活动时，无论行为结果如何、会给自己带来什么后果，都应该义无反顾地按照道德法则行事，都应该履行自己的义务。

持社会责任观点的人认为，社会有为弱势群体的基本生存和必要发展提供帮助的责任，对个体来说，这是一种权利。对个体而言，基本社会责任的履行是无条件的。

根据个人义务观点，杨某的行为是不道德的，因为照顾母亲是他的义务，无论有多大的困难，他都不能放弃这项义务。如果连他自己都不能对母亲负责，还有什么权利要求别人对他的母亲负责？

根据社会责任观点，杨某的行为值得同情，因为他已经尽力在照顾母亲，但是他的能力有限，资源明显不足，此时社会有责任给予他应有的帮助，这是社会的责任，也是他的权利。无法享受这一权利，实际上他已经无力履行义务。

个人义务观批判社会责任观：唯有出于义务的行动才具有道德价值。道德义务是一种内在强迫，不能因为你尽了义务，就向别人要求权利。过度地强调社会责任，忽视了个体应承担的责任。如果没有义务，权利从哪里来？

社会责任观批判个人义务观：义务只是手段、过程，义务的合理性源于权利并从属于权利。过分要求个人履行义务，剥夺了他的权利，忽视社会的责任，会使迫切需要帮助的个人陷入更深的困境。如果没有权利，义务的归宿和目标是什么？

七　本能论还是文化决定论

案例：2008 年 5 月 12 日汶川大地震发生时，正在课堂上讲课的范美忠老师先于学生逃生。后来范美忠发现自己是第一个到达学校足球场的人，等了好一会儿才见学生陆续来到操场，随后他立刻参与了组织疏散学生的行动，并没有离开学校。22 日范老师在天涯上发帖《那一刻地动山摇——"5·12"汶川地震亲历记》一文，提道："其实，那间屋子晃动得那么厉害，我知道自己只是本能反应而已，危机意识很强的我，每次遇到危险反应都比较快，也逃得比较快。不过，瞬间的本能抉择却反映了内在的自我与他人生命孰为重的权衡。后来，我告诉一定对我感到失望的学生：'我是一个追求自由和公正的人，却不是先人后己勇于牺牲自我的人！在这种生死抉择的瞬间，只有为了我的女儿我才可能考虑牺牲自我，其他的人，哪怕是我的母亲，在这种情况下我也不会管的。因为成年人我抱不动，间不容发之际逃出一个是一个，如果过于危险，我跟你们一起死亡没有意义；如果没有危险，我不管你们也没有危险，何况你们是十七八岁的人了！'"此文一出，掀起轩然大波，范老师被网友讥讽为"范跑跑"，并引发了一场关于

"师德"的讨论。

　　怎样看范美忠的行为？他的行为是正当的吗？

　　持本能论观点的人认为，本能是天生的倾向性，对某些事物特别敏感，并伴随着特定的情绪体验。人的思想和动机是由本能决定的，本能是激发行为的根源。社会生活中的很多现象都可以被归结为人的本能，社会生活的方式也是由本能决定的。人的行为依赖本能的指引，人除了具有与动物一样的生物本能外，还有社会本能，如爱、社交、同情、诚实等。

　　持文化决定论观点的人则认为，人类之所以有各种不同的行为模式，不是由其生物特征决定的，而是由其各自独特的文化背景决定的，社会的刺激远比生物机制更有效。人类机体并不是人类行为的决定因素，它对人类行为所产生的影响是"如此之小以致可以忽略不计"。文化决定了人类行为和人类生活的一切方面，决定了我们的饮食习惯、婚姻习俗、是非观念、审美标准、丧葬礼仪以及人类的哲学和宗教，决定了我们的整个生活。

　　依据本能论的观点，范美忠的行为是可以理解的，他只是顺应了自己的本能。本能内在地存在于人性中，要求一个人完全放弃本能需求显然是不现实的，站在道德的制高点上要求他人做出完全不利于自己的牺牲也是不道德的。

　　依据文化决定论的观点，范美忠的行为超越了道德底线，践踏了人类社会基本的道德原则，如危难时守望相助、扶助弱小等。人不能仅被本能指引，人是有理性的，人类应通过学习形成由文化模塑的思想与行为的模式，并据此行动，这样才能使社会凝聚、彼此合作成为可能。

　　文化决定论批判本能论：本能论是一种生物学观点和泛性论，抹杀了人与动物的根本区别，抹杀了社会文化的作用。本能论在强调社会行为的生物决定因素时，忽视了社会行为尤其是人类社会行为广泛的文化塑造及社会情境的制约。本能的行为是一种没有明确意识到动机和目的的行为方式，推动它们的仅仅是模模糊糊的内在需要，如果据此行动，人就不是理性的人，人类就无法对彼此的行为产生期待，社会就会陷入混乱，毫无秩序可言。

　　本能论批判文化决定论：文化决定论将人类积累文明的历史过程置于抽象化的地位，使人失去对自身实践的主导和控制，不知不觉地变成了自己所从事创造性活动的傀儡和附庸。将社会文化因素和生物因素对立起来并且完全否认后者的倾向，在一定程度上否认了人格的主动性。本能是典型的行为模式，任何时候，当我们面对普遍一致、反复发生的行为和傻瓜模式时，我们就是在与本能打交道，无论它是否与自觉的动机联系在一起，忽略这一点显然是不现实的。所有文化的模塑与指引，最后都是为了更好地满足人的需求。如果最后人类是为文化而文化、为道德而道德，那么人类将活得压抑而扭曲。

以上七个问题，不是孰是孰非的问题，也不是期待大家对此做一个非此即彼的选择，而是提供给大家思考问题的不同视角。这些问题涉及人性、人类的制度设计以及有关人类活动、人与社会关系的哲学思考，是一些非常复杂的问题，也没有现成的答案，但在社会工作实务中都会碰到，也是使社会工作者陷入伦理困境的主要问题，如何面对、怎样处理，需要社会工作者根据具体的情境不断思考，进行深入探索和研究。

第七章　社会工作伦理抉择

伦理抉择不单纯是其个人特质的产物，还是社会工作者与环境交互作用的产物。

——Frankena，1980

在社会工作实务中，伦理抉择常常被认为是重要的甚至是非常关键的部分。因为社会工作者在介入案主的生活时，确实会对案主的福祉产生影响，也间接地对社会工作者、社会工作专业发展、社会福祉产生重要影响，大多数时候，这些抉择总是和什么是"更好的"或者"更理想的"有关（Dean and Rhodes，1992）。

第一节　伦理抉择的影响因素

一般来说，影响伦理抉择的主要因素包括伦理抉择主体（decision-maker）、伦理事件本身（ethical Issue）及伦理抉择所涉及的环境（situation Influence），对这些影响因素的系统分析，可以帮助伦理抉择者对伦理问题形成清晰的认识。

一　伦理抉择主体

伦理抉择的主体是社会工作者。已有研究证实，社会工作者的自身因素影响其伦理抉择（Holland and Kilpatrik，1991），如有的社会工作者倾向于过程取向，有的倾向于结果取向；有些更强调对法律法规和政策的遵守，而有些则更加认同案主的权利。

作为主体，影响社会工作者进行伦理抉择的因素包括以下三个。①价值观。社会工作者的价值观体系、模式和偏好，影响其对案主和伦理情境的评估，决定其抉择行为。其中，社会工作者的道德认知水平强烈地影响其对责任还是义务、个体责任还是社会责任、安全满足还是艰苦奋斗等特定伦理困境问题的抉择。②先前的经验。社会工作者在做伦理抉择时，常常受到自身过去经验的影响。这些经验有些是社会工作者意识到的，有些是其没有意识到的，有些是一些刻板印象，有些甚至是偏见。③能力。社会工作者审视自身价值模式的洞察力、对事件的掌控力、抉择后的反思能力等，成为社会工作者一种重要的自我力量。当这种自我力量较强时，面对伦理问题，社会工作者会更倾向于做出具有道德意义、符合专业伦理的行为。

可以将这些因素合起来概括为社会工作者的伦理意识和伦理能力。社会工作者在面对伦理问题时，要能发展出有效地审视自身经验、价值体系、模式和偏好的洞察能力（Mattison，1994），使伦理的抉择不是自身利益和价值偏好的结果；在抉择时，应尽可能保持"伦理意识"（Abramson，1996），清楚辨析伦理问题中包含的所有价值冲突，从服务类型、对象的特殊性、内容的敏感性等多方面分析给服务带来的影响和效果，预估看似合理的行动和可能后果以及行动的效率、成本因素，评估在相互冲突的义务和价值观中应优先考虑的一方（Mattison，2000；应琼楼，2011）；在抉择后，随时关注抉择带来的效果，做好修正行动选择的准备，并通过咨询督导、同事讨论不断反思，提升下一次抉择的适当性（Osmo and Lamdau，2001）。

二　伦理事件

伦理抉择事件强调的是特定情境中的伦理议题。当我们在分析一个伦理议题时，必须了解议题中包含的一些要素。①结果等级。指伦理议题中所涉及的得益者获取福祉或受害者遭遇伤害的总量（Fritzsche and Becker，1983）。总量不同，结果等级也不同。越是结果等级高的议题，越容易使人做出符合伦理的抉择。②社会共识。社会共识是整个社会对假设行为的认同、接受程度。社会共识越高、议题的模糊和不确定性越小，伦理抉择的难度就越小。③可预测性。可预测性有两层意思，一是伦理后果是否可以预测，二是这种预测是否实际发生。如果可预测性越高，越容易做出伦理抉择。④影响程度。指伦理议题涉及的地域、人群和时间跨度。会对多少人产生影响、影响的范围有多广、是否会对未来产生长远的影响，这些都会影响社会工作者的伦理抉择。

情境的不确定性、价值观的多元化、在忠于谁上的冲突以及社会福利资源的有限性使人们越来越难在一些重要的伦理问题上达成共识。因此，社会工作者对伦理问题的讨论、具体伦理情境的把握具有重要意义。应尽可能将临床技术问题和伦理问题以清晰的界线分开，充分考虑具体情境中伦理议题的内涵，以及伦理守则在具体伦理问题中的可遵循尺度，并尽可能明确在中国文化以及社会工作发展的现实条件下，每个伦理问题中所涉及的专业行为与非专业行为之间的界限。

三 伦理抉择的环境

人在情境中，社会工作服务是在更大的社会情境中发生的。伦理抉择不单纯是社会工作者个人特质的产物，还是社会工作者与环境交互作用的产物（Frankena，1980）。从环境层面来看，影响伦理抉择的因素有四个。①机构规范。机构规范约束社会工作者的行为，引导社会工作者对具体情境做出判断，如什么行为是适当的；哪些行为是被激励的，哪些行为会遭受惩罚。机构规范模塑了社会工作者的行为。②同事的影响。研究证明，同事影响在社会工作者的伦理抉择中产生了重要影响（Rosenhan et al.，1976）。同事"榜样"的作用、同事的提醒、同事行为的潜移默化影响会深刻地影响社会工作者的伦理抉择。③专业权威团体或法律的规范。研究发现，个体对事件结果的责任意识以及对行为责任的认同感越高，越可能做出符合伦理的行为（Schwartz，1968）。机构外更大的专业权威团体和法律以一种正式角色定义和司法权威的方式规定了行为责任的归属，增强了社会工作者的责任意识，迫使其做出更加符合伦理的行为。④社会文化。每个社会工作者的伦理抉择都无法脱离他所处时代的文化背景和社会主流价值体系，这些深刻地影响了社会工作者的价值观、经验，模塑着他们的行为。

因此，在实务中，社会工作者应了解当下的文化语境、传统影响、权威体系、机构文化及其对人们生活意义建构的影响，尤其对基于文化和信念产生的"约定俗成"、刻板印象、价值成见保持高度的敏感和专业辨识。

伦理抉择主体、伦理事件、伦理抉择的环境，这些因素相互作用，共同影响伦理抉择的过程和结果。每当遇到伦理问题时，都应该将这些因素考虑进去，结合所有可能的影响因素进行仔细核查。

第二节 伦理抉择的原则

由于影响伦理抉择的因素错综复杂，伦理事件、伦理抉择的环境千差万别，要找到一个具体的参考标准来指导实践很困难，但如能找到一些远离主观价值判断、个体化和情境差异的原则，从总体上指导伦理抉择，还是有现实意义的。

关于伦理抉择，学者们提出了不同的原则。

一 比彻姆和查尔崔斯的伦理抉择四原则

比彻姆和查尔崔斯（Beauchamp and Childress）按照人类共识的道德原则，将社会工作伦理抉择原则分为：①自主原则，尊重个体的自主能力，承认个体有基于个人价值选择并采取行动的权利；②不伤害原则，适当的照顾，避免案主遭受任何不当的和受伤害的风险；③善待原则，带着仁慈之心，致力于造福他人；④正义原则，对案主公平、正当和适切的处置（Beauchamp & Childress, 1979，转引自曾华源等，2006）。

二 卢曼的伦理抉择六原则

卢曼提出的伦理抉择六原则包括：①人类行为的必要前提（如生命、健康、食物、住所、心理健康）优先于其他一些条件（如休闲、教育与财富）；②个人基本福祉的权利优先于其他人的自我决定权；③个人自我决定的权利优先于其自身的基本福祉；④在自由意志之下同意遵守法律、机构的规定等义务应凌驾于个人的信仰、价值与原则；⑤当个人基本福祉的权利与法律、规定及民间组织的规则相冲突时，个人基本福祉的权利可优先考虑；⑥防止伤害的义务（如饥饿）以及增进公共利益的义务（如居住、教育以及社会救助）优先于个人财产所有权（Reamer，2013）。

三 多戈夫等的伦理抉择七原则

美国学者多戈夫等提出了伦理抉择七原则：①保护生命，这是第一原则，超越其他任何原则，生命是最重要的，尽力呵护生命，在任何情况下都强调生命至上；②平等与差别平等，所有人都应该被平等地对待，平等地对待所有人，至于那些已经处于不平等状态的人（如老人、孩子、残疾人等）可以被不同地对待，以维持更广大意义上的平等；③自主和自由，每个有自主能力的人都有按照自己的价值和信念进行选择的自由；④最少伤害，在案主利益优先的条件下，当不能获取最大利益时，选择最小伤害，尽力避免案主遭到重大的和不可弥补的伤害，在案主遭到重大伤害后，尽可能加以弥补；⑤生活质量，增进案主的福祉，提升案主生活品质，维护案主的幸福生活；⑥隐私和保密，保护案主的隐私，使其免于任何因隐私泄露带来的伤害；⑦真诚和毫无保留地公开信息，告知相关信息，不隐瞒、不欺骗、不带有偏见（多戈夫等，2008）。

四　伦理抉择的一般原则

比彻姆和查尔崔斯的伦理抉择四原则是按照道德原则给出的，概括了人类对基本道德的追求，指出了方向，但是用于指导具体选择时因为没有清晰的内涵界定，显得太模糊，加之没有讲明先后顺序，对具体伦理抉择的指导意义不大。卢曼的伦理抉择六原则包含个体不同权利间，个体与他人、社会权利间先后顺序的原则，清晰而明确，有指导意义。多戈夫等的伦理抉择七原则是一个"金字塔"形，自上而下，上面的原则优于下面的原则，如保护生命第一，如果保护生命与平等、自主和自由出现冲突，则保护生命原则优先，依次类推。多戈夫等的伦理抉择七原则在卢曼的伦理抉择六原则的基础上，不但内涵更加丰富，还加上了生活质量、隐私和保密等内容，明确了人们对更好生活的追求，而且各原则之间的优先顺序更加清晰明确。

以多戈夫等的伦理抉择七原则为基础，可以将社会工作伦理抉择的一般原则分为三大部分，如图7-1所示。

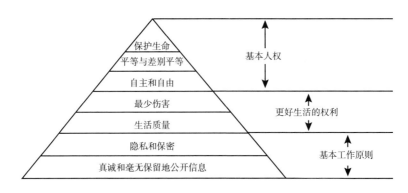

图7-1　社会工作伦理抉择的一般原则

（1）基本人权包括保护生命、平等和差别平等、自主和自由，这是一个人生活在这个世界上必须拥有的最基本的权利。三者不可分，分别体现了人的生物性和社会性本质，缺一就不可能成为真正意义上的完整的人，但在具体情境中，可有先后，生命至上，紧随其后的是平等和差别平等以及自主和自由。

（2）更好生活的权利包括最少伤害和生活质量。这是对人类更好福祉的追求，避免被伤害，期待更好的生活，人类之所以集结成群、不断奋斗，就是为了实现这个理想，体现的是案主利益最大化。

（3）基本工作原则包括隐私和保密、真诚和毫无保留地公开信息。这是社会工作的基本工作原则，是这个专业赢得信任、树立专业权威所必需的，体现的是对案主利益的维护。

图 7-1 是个金字塔，越往上的原则越优先。如人类生存的必要前提（生命本身、健康、食物等）不能被剥夺，这优先于自决、泄密或者对发展性权利的威胁；个体获得基本福利的权利优先于其他个体自我决定的权利；避免诸如饥饿这样的基本伤害，促进诸如教育、公共服务这样的公共福利的发展，这优先于人们控制财富的权利；等等。

第三节　伦理抉择的一般模式

所有的社会工作者都非常关注什么是更好的伦理抉择，他们也期望能找到具体的参考标准或行动指南，来指导和评估他们实践中的伦理抉择（Mattison，2012）。然而，找到一种统一的、绝对的摆脱伦理困境的方法是不可能的。社工和其他助人类职业的从业者一样，受到具体情境的影响远远超过他们的职业角色和义务的影响，但尽管如此，人们还是可以在不断的研究和经验积累中，总结出伦理抉择的一般模式，以帮助社会工作者在伦理抉择时更好地思考和选择。

一　关于伦理抉择模式的研究

在社会工作伦理发展的过程中，众多的学者努力研究，期待找到可依循的、一般的模式，这种模式既能聚焦于普遍的道德原则，又能帮助社会工作者在多变的情况下找到行为标准。

1. 卢曼的伦理抉择模式

①厘清伦理问题和困境：解决伦理问题的第一步就是要确定问题和困境存在并厘清其特性。②思考相关的潜在问题：完成资料的收集工作并陈述主要的问题后，详细地评估可能被此情境及伦理抉择影响的个人、团体与组织的权利、义务与福祉等。③找出各种可能的行动方案，并对这些方案进行权衡，审慎地检视每个方案的利弊得失，及赞成与反对某个方案的理由。④征询同事及专家意见：假如在以上步骤之后，依然无法处理相应的伦理问题，可以对外寻求咨询，咨询对象包括机构工作人员、督导、律师、伦理学家等，这样不仅可以得到许多有用的建议，而且可以打破社会工作者的思想限制或误区，并保护社会工作者避免专业诉讼，等等。⑤选择最适合的行动方案：开始选择最适合的行动方案，不论是否找出新的行动方案，社会工作者都需要进行伦理抉择，在抉择阶段，社会工作者还需要重新检视整个过程，审慎思考从各个层面收集到的信息。⑥监督、评估与记录伦理抉择的结果：在进行伦理抉择后，对抉择结果进行监督、评估与记录，监督伦理抉择行动方案的执行过程和结果，并评估和记录关于伦理抉择的各种信息和资料，以便不断评估是否真正增进了案主的福祉、促进了社会工作者的成长和发展（Reamer，1995）。

2. 朱塞夫的伦理抉择模式

①明确地定义案主面临的情境，清楚地确认两难的困境内容；②清楚地交代伦理困境形成的背景资料，对正反两方面的态度加以辨识；③进一步核查社会工作的价值、原则、标准；④特别注意法律针对此议题的界定；⑤进行价值判断，设法厘清可能的偏见；⑥针对两难的困境找出所有可能的选择方案，并说明选择的理由；⑦经历上述过程后选择一个立场，社会工作者清楚地交代所持的态度，并表明伦理决策为何（Joseph，1985）。

3. 多戈夫等的模式

①要认清伦理问题及问题涉及的人和机构以及问题形成的原因；②澄清在特定情境中发挥作用的社会主流的价值观、专业价值观、案主个人的价值观及社会工作者个人的价值观；③确定解决伦理问题的目标；④寻求替代的目标和策略；⑤评估和权衡实现目标的可能性；⑥列出行动的伦理原则、价值优先顺序；⑦在以上基础上选择适当的行动方案；⑧执行选择的行动方案并监测整个过程；⑨评估干预活动的结果并对结果进行追踪（多戈夫等，2008）。

这些伦理抉择的通用模式在实践中得到了社会工作者的普遍认可，为他们做伦理抉择提供了重要参考。但伦理抉择发生在人们的互动中，这些模式都没有提供明确的、关于在这个过程中如何结合情境的指导方针，且这些模式都将伦理困境视为伦理考虑的起点，并没有采取预防措施来阻止伦理困境的产生。

二　伦理抉择的一般模式

伦理抉择是一个非常复杂的过程，是持续一段时间的系列思考和活动，根据前人的研究成果和经验，我们总结出一个一般模式（见图7-2），以帮助社会工作者理清思路，把非理性的、冲动的、没有预计到的后果降低到最低限度。

1. 明确伦理问题

尽可能收集与情境相关的各种资料，从道德层面、伦理层面、法律层面等不同层面判断、辨明所面对的问题是不是伦理问题。如是伦理问题，伦理问题的实质是什么，并详细说明问题形成的原因及问题没有得到解决的原因。

案例：小丁，因为个人感情挫折而患精神疾病，精神科医生已经有明确的诊断。过去十年，这个37岁的中年人一直住在年迈的父母家里。他能勉强照顾自己，但对与人交往没有任何兴趣，大多数时候他都是一个人坐在自己的房间里，盯着以前女友留下的一个玩具熊发呆，也时常会情绪不稳定、胡言乱语。父母不敢把他一个人留在家中，也不敢让他单独外出。他们找到了社区社会工作者小宁，寻求帮助，希望小宁协助他们将小丁送进精神病医院，因为他们觉得随着年龄的增长，他们已无力照顾小丁。

这个案例中，小宁所面对的是不是伦理问题？如是，问题的实质是什么？问题形成的原因及问题没有得到解决的原因是什么？

2. 确定案主和案主系统

谁是案主？是来寻求帮助的人，还是付费的人，抑或是通过专业介入的人？现代社会工作已经不是服务者和被服务者之间简单的专业关系，其中还涉及很多人，包括服务申请人、案主、利益相关者、专业介入对象、社会工作者、付费的人或机构、服务的机构和其他相关人。有时，服务申请人、案主、付费的人、专业介入对象是同一个人，有的时候却是不同的人。不同的人有不同的期待，对问题的看法也不同。因此，确定案主和案主系统是非常重要的。案主是与社会工作者建立正式专业关系、有契约约定的人。案主系统除了案主，还包括服务申请

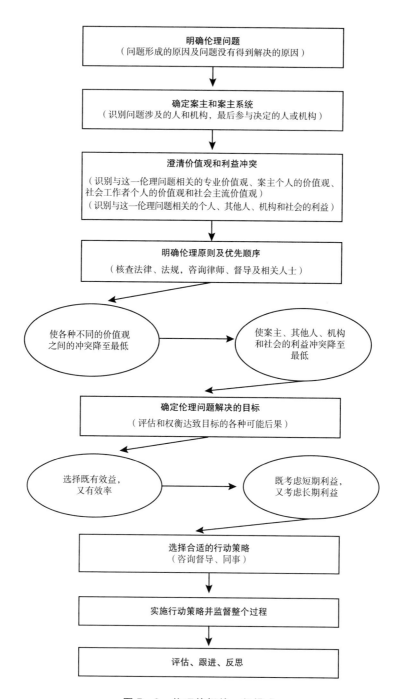

图 7 - 2 伦理抉择的一般模式

人、专业介入对象、直接相关受益者等。其中，服务申请人是指识别或感觉有问题，要求社会工作者给予帮助的人；专业介入对象是案主和社会工作者共同认为要获得必要结果且需要改变的人；直接相关受益者是指从中受益的人。

伦理问题会涉及案主和案主系统中的所有人，有时还会涉及案主系统以外的人。至于最终决定的人，更要仔细分析，不是案主或案主系统中的所有人都会参与决定，有时决定权甚至不在案主。

案例：晓晴，高二女生，16岁。一天，晓晴的班主任来找学校社会工作者小宁。班主任告诉小宁：最近晓晴成绩下降得很快，精神恍惚，作业也不交，不知道出了什么问题，问了也不肯说，希望小宁可以帮帮她。小宁找到晓晴。晓晴告诉小宁：她怀孕了。那个男孩是谁，她不肯说，也不想说。她说，这件事是她自愿的，不怪那个男孩。她也不敢告诉父母，他们最近一段时间老是吵架，闹离婚，也不怎么管她。她告诉父母自己最近住在同学家，他们也没多问。晓晴说，她想打胎，但没有钱。把孩子生下来也可以，反正也不想上学了，干脆就不读书了，出来打工算了。

这个案例中，案主是谁？案主系统中有哪些人？与伦理问题相关的有哪些人？最终参与决定的是哪些人？

3. 澄清价值观和利益冲突

通常一个伦理问题会涉及多种价值观和利益冲突，包括专业价值观、案主个人的价值观、社会工作者个人的价值观、社会主流价值观，应识别这些价值观之间的冲突。识别所涉及的案主利益、机构利益及政府利益、社会利益、他人利益，识别这些利益之间的冲突。如案主的意愿、社会工作者的专业判断、机构的规则、法律的规定各是什么？它们又如何影响了该伦理问题？需要注意的是，其间社会工作者要特别注意对自己的价值观保持敏感，不可强加价值观给案主，也不能通过伦理抉择使自己有任何不当得利。

案例：小宁是一家家庭暴力庇护中心的社会工作者，该庇护中心为遭受家庭暴力的妇女提供紧急安置服务。美华和她3岁的孩子在中心已经有两个星期了，而这已经是他们第二次住进中心了。美华说她丈夫有严重的酗酒问题，他不喝酒还好；一旦喝酒了，就会打她，现在有时也打孩子。这一次，她被打得手臂骨折，还在复原中。她为自己和孩子担心，她想离开丈夫，她知道他对她和孩子来说是一种威胁。和小宁熟识后，美华偷偷告诉小宁，她参加了一个类似传销的组织，向一些老人兜售一些完全没有效果的所谓的保健品，她已经发展了不少下线，她想攒到足够的钱，以离开她丈夫独立生活。

这个案例中涉及哪些价值观？有哪些利益在其中？这些不同的价值观之间有冲突吗？不同的利益之间有冲突吗？如何清晰地辨识出这些价值观和利益以及它们之间的冲突？

4. 明确伦理原则及优先顺序

面对价值观和利益的冲突，究竟哪一种价值观优先？案主的利益和他人、机构、社会的利益如何权衡？

如果伦理守则有明确规定，那么社会工作者应该遵守伦理守则的规定。如果没有明确规定，社会工作者就要遵循伦理原则，按照优先顺序进行抉择，使其价值观的冲突降至最低。对涉及的各种利益冲突，首先最大限度地维护案主的利益，同时尽量维护其他人的利益，并使伦理抉择最大限度地维护社会的利益。如果维护案主的利益，但违反了国家的法律；或者照顾了案主的利益，却对其他人的利益造成伤害，应如何平衡、何者优先？此时，对法律、法规的核查非常重要。很难抉择时，应注意咨询律师、督导和相关人士的意见。需要记住的是，社会工作者既要最大限度地维护案主的利益，也有维护其他人利益和社会利益的义务。如果不管案主和社会工作者如何选择，都会对案主或他人造成伤害，那么选择"最小伤害"是符合伦理的。

案例：小杨是一个热心肠的小伙子，大学毕业后一直在一个小山村义务支教，给山里的孩子带来知识和快乐。为了更好地帮助山里的孩子，他还在网上义务发起了支持山村教育的募捐活动，组织大家给山里的孩子捐钱、捐物，帮助了很多山里的孩子。但山村社区的社会工作者小宁在与小杨接触的过程中，发现小杨在接受捐款时有一些违规操作，有一些钱被挪作他用了，并没有用到孩子们身上。小宁询问小杨，小杨却称钱是他筹来的，他有权决定如何使用，何况他还会尽快还上的。

上述案例中，面对这些价值观和利益上的冲突，要如何处理？如何把这些价值观之间的冲突降至最低？如何平衡不同个体或群体之间的利益？你会选择哪个伦理抉择原则？法律、法规在这里的意义是什么？

5. 确定伦理问题解决的目标

根据已选择的伦理抉择原则，确定伦理问题解决的目标。在选择目标时，权衡一下达致目标的可能后果。权衡后果时，既要考虑目标的效益，也要考虑效率。效益是指给案主和相关人士带来的利益，效率则是指资源是否被有效运用以满足人类的需要。效益相同，可能效率却不同。有可能效率较高，但效益不好；也可能效益很好，但效率不高。如给社区的边缘青少年服务，某个方案可以服务25 个人，而另一个方案只能服务 10 个人，10 个人的服务要比 25 个人的服务深入得多，在资源相同的情况下，选哪一个？第一个方案效率很高，但第二个方案的效益更好。

除了效益和效率，还存在考虑短期利益和长期利益的问题。有些方案从短期来看，效果很好，但从长期来看，可能隐含着更大的伤害；而另一些方案，从长期来看有更多可期待的效果，从短期来看却可能伤害一些人的利益。社会工作者不可能只顾一面，而是既要权衡短期的后果，也要权衡长期的后果。

案例： 某机构长期从事智障青少年服务，机构一直面临一个问题：有些进入青春期的女性智障者，容易受到性侵害，照顾起来很费力，也有安全问题。于是有人提出来，给这些进入青春期的女孩子做绝育手术。机构也征得了一些家长的知情同意。

上述案例中，机构真的能这样做吗？这是一个既有效率又有效益的目标吗？从短期看，它的后果如何；从长远来看，它的后果又如何？

6. 选择合适的行动策略

在目标确定之后，挑选合适的行动策略。不同的情境有不同的行动策略可供选择。社会工作者需要根据资源情况，在强调优势和增能的情况下，选择合适的行动策略。其中，如需要可以再去咨询同事和督导，有些伦理困境问题，如能获得督导和同事的认可后再去行动应是更好的选择。

7. 实施行动策略并监督整个过程

实施行动策略，并监管实施情况，特别注意那些意外情况的出现。

8. 评估、跟进、反思

评估整个伦理抉择过程，根据评估结果决定是否需要跟进。最后，对整个伦理抉择过程进行反思，为下一次更好地做出伦理抉择做好准备。

以上介绍的是一般模式，是一个行动指南，并不是解决具体问题的行动步骤，它推广的是积极处理问题的伦理原则和标准，并期望社会工作者基于此特定伦理问题做出正确处理与反思。此外，伦理抉择的一般模式强调，辨别是否"正确的行动"不仅要看最后的结果，而且要审查这些行动过程中所蕴含的价值、道德意义。

第四节　伦理抉择中的注意事项

伦理抉择是一个非常复杂的过程。虽然我们阐释了伦理抉择的影响要素，给出了伦理抉择原则，也梳理出了伦理抉择的一般模式，但这些只是给社会工作者提供了一个参考框架，并不是一个在任何情境下都可以使用的具体操作标准，伦理抉择的模糊性和不确定性仍然存在，这就要社会工作者在具体实务中，根据具体情境，在上述知识的帮助下进行自由裁量。这种自由裁量是一种非常重要的实务能力，当然，这里要提醒大家一些需要注意的关键点。

一　伦理抉择中的道德优先性

社会工作在某种意义上是一种道德的实践，其专业本身便具有强烈的道德特性，因此在伦理抉择时，符合道德依然是需要考虑的重要标准，即道德优先性。这种道德优先性具体体现为三项原则：①出于道德的考虑，指社会工作者在做伦理抉择时，应当首先考虑的是道德的标准及合理性，而不是出于政治、经济、技术、机构现实利益的考虑；②符合道德标准，即社会工作者在做伦理抉择时，应当以社会的一般道德原则和社会工作专业伦理守则作为依据进行衡量，而不是依据个人一时的感情冲动或个人的偏好、喜好；③为了道德的目的，社会工作者在做伦理抉择时，应当为了满足案主的最大利益和更好地实现服务目标，在仔细考虑后于服务开始前做出抉择，而不是在服务结束后为自己辩解。这三项原则是社会工作者在伦理抉择中应注意的。

二　伦理抉择要避免的陷阱

伦理抉择能力与社会工作者的伦理意识直接相关。伦理意识是指在面临伦理困境时，社会工作者应认真思考案主有何权利，明辨、分析与评估案主权益和处理此困境所面临的伦理责任，而非依赖直觉做伦理决定。社会工作者在做伦理抉择时要避免陷入以下陷阱。

1. 日常生活经验或常识的陷阱

社会工作者在做伦理抉择时，直接根据日常生活经验或常识做出判断，判断后会直觉地认为自己做的事情是不会错的，也就不会根据专业伦理做更多的思考，当然也不会质疑自己所做抉择的正当性。例如，对一个癌症晚期病人是否告诉其真实的病情，或对法律需要知道的信息的处理等。生活经验告诉我们，对一个癌症晚期病人最好不要告知真实病情，以免他有太大的心理压力；常识也告诉我们，当法律要求知道案主的某些信息时，有告知的义务。但不告知癌症晚期病人真实病情是否有违他自己自主决策的意愿？只根据法律要求说出案主的信息是否注意到了对案主隐私的保密，而侵犯了案主某些合法的权利？

2. 个人偏好的陷阱

每个人都有自己的价值观、道德标准和宗教信仰，但有些只是个人的偏好，并不是专业选择的依据。如果以这些影响或替代专业选择，就会陷入伦理个人偏好的陷阱。如：你自己信仰基督教，相信原罪和生命的救赎，但你的案主根本不相信；你相信爱情是专一的，痛恨婚外情和离婚，但这很可能不是案主的道德标准；你觉得同性恋是可以接受的，这是他们的权利，但你不可以因此批判那个坚决反对儿子同性恋的妈妈。其实，不论你有什么个人偏好，一旦进入专业抉择，都应以案主的利益、专业伦理为基础，否则就会陷入个人偏好的陷阱。

3. 标准泛化的陷阱

在做伦理抉择时，缺乏原则与标准，认为任何伦理议题与抉择无所谓"对"和"错"，而完全依据情境，根据自己的判断，视情况而定，就会陷入标准泛化的陷阱。例如，中国是个人情社会，在建立专业关系时，很多社会工作者强调中国文化的独特性，认为专业关系的建立要视情况而定，可以是朋友关系，也可以是专业关系加朋友关系，还可以是伙伴关系，结果令很多社会工作者在实务中陷入了不同的陷阱。伦理抉择中是有自由裁量，但这是建立在一定人类共识的基础上的、依据整体环境综合考虑的自由裁量，而不是社会工作者依据情境随意给出的完全个性化的判断。

4. 选择对与错的陷阱

有人认为，做出伦理选择将导致谁对谁错、谁赢谁输的结果，即伦理抉择是从双方或多方冲突的利益中选择维护一方的利益。例如在处理婆媳冲突时，有时由于媳妇是外人，在婆家一直被忽略，受到各种打压，社会工作者不由自主地选择站在了媳妇一边；有的时候，媳妇很强势，婆婆一直被欺辱，社会工作者选择站在了婆婆一边。但其实无论站在哪一边，都会陷入伦理抉择的陷阱。伦理抉择不是一种单纯的是非判断，也不是一定非要从冲突的双方或多方利益中选择维护一方的利益，而是根据人性、情境、议题进行综合考量后做出的决定。

三　伦理抉择中的文化因素

每个伦理抉择都离不开当时、当地文化因素的影响。文化是伦理抉择中一个不可忽视的重要因素，面对同一问题，在不同文化中可能有不同的抉择。

案例：一位老人，86 岁，半年前脑梗后陷入昏迷，气管被切开，呼吸完全依靠呼吸机。医生表示病人没有康复的可能。病人的女儿也表示，这是父亲第二次脑梗，第一次脑梗后父亲就表示，如果有第二次，没有抢救价值，他希望选择放弃。但老人的儿子认为，他在当地是个有头有脸的人，如果放弃治疗，他会被人说成是个不孝顺的儿子，这个压力太大，他无法面对。他要求继续治疗。

案例：一位 29 岁的女性来找社会工作者。她有一个男朋友，两人感情非常好，但是当地有个"门风"的习俗：一个家族如果被周围人传出其成员有"狐臭"，是一定不能和其结亲的。她男友家就在当地被传有"门风"问题，因此她父母坚决反对她和男友恋爱，否则就要同她断绝关系。她为此苦恼万分。

案例：一位女性，28 岁，患有乳腺癌，医生诊断需要立即手术。可是她和她的家人都认为乳房切除是不被他们的文化允许的，他们决定去看中医进行保守治疗。

上述案例中包含的伦理问题受强烈的文化因素的影响，如何抉择？社会工作者此时需要非常谨慎：是保持中立，还是尊重案主的想法，抑或将自己的意见告诉案主？显然，不论怎样，都不是简单地用专业价值去替代、强加的过程，而是要了解案主的文化对其产生的影响，尊重案主的文化规范及其理解，在沟通和磋商的基础上，进行更合理的选择。

四 伦理抉择的三个层次

从实务层面来说，伦理抉择可以分为以下三个层次。

（1）自动化层次，是指抉择者的行为是一种自动的、反射性行为，事先没有很好地思考，事后对自己的行事和反应也不能说明原因、给出解释。

（2）直观化层次，即抉择者在行动时，参考了过去的知识和经验，事后虽认为自己的行为是对的，但对于为什么要如此行事不能给出合理的解释。

（3）批判性评价层次，是指抉择者在抉择时，会结合已有的知识、先期的经验以及既有参考体系进行系统论证，事后能够确切地说出自己行动的原因、依据并对后果有较为清晰的判断。

这三个层次也是社会工作者抉择能力发展的三个层次，每个抉择者的伦理抉择能力都有从自动化层次到直观化层次再到批判性评价层次不断发展的过程。在这个过程中，我们应该基于良好的道德直觉培养承担责任的意识，包括培养伦理意识和伦理敏感性，加深对伦理守则和法律的理解，不断地学习、接受培训、被督导和反思，以提升自己的抉择能力。

第八章　伦理上的不当行为及风险管理

　　对社会工作中所面临的风险进行评估、预防和管理，标志着社会工作伦理走向了专业和成熟的重要阶段。

——Reamer，1998

　　人类正从"工业社会"走向"风险社会"（贝克，2004）。伦理风险轻则影响当事双方或多方的关系，重则影响一个人、机构的生存。社会工作作为科学性与艺术性融合的助人行业，对伦理的要求极其严苛。因此，对社会工作伦理进行风险管理已经成为共识。

第一节　社会工作实务中的伦理不当行为及其法律后果

　　随着社会发展以及人们个体权利意识的增强，近年来，针对社会工作者的投诉事件也时有发生，社会工作实务中的不当行为越发受到社会工作者、案主、机构以及社会大众的关注。

一　不当行为

　　案例：一位 13 岁的少女，被性侵后怀孕。当时孩子的父亲为控告性侵者，执意让少女生下了孩子，打赢了官司。此事当时在社会上反响很大。一家专业的社会服务机构介入了这个案例，给少女和家庭提供帮助。但此后 7 个月内，该女孩又两度怀孕。媒体希望追踪报道这个案例，质疑机构的服务。为此，机构公布了7个月内少女第二次怀孕的详细过程，并公开了社会工作者的部分个案记录。

案例：一位女童，5岁，父亲因犯抢劫罪在监狱服刑，母亲是一位吸毒成瘾者。一次，孩子偷偷从家中跑出来，去楼下的超市偷东西吃，被抓。社区里的社会工作者询问后得知，其母已经两天没有回家，也没有给孩子准备足够的食物，孩子是饿极了，才跑出来找吃的。社会工作者找到孩子的母亲，并对她进行了严厉的批评。孩子母亲也保证以后不会再这样做。3个月后，这个孩子被发现饿死在家中。这一次母亲毒瘾发作，出去找毒品并锁上了门，两个星期没有回家。

在这两个案例中，社会工作者的行为是否适当？

卢曼指出，社会工作者的不当行为是在与专业标准不符时产生的过失行为。而专业标准是在同一或者相似的境况中适用的一种具有普遍性、合理性与严谨性的专业行为法则（Reamer，1995）。

贝克（Barker）认为，社会工作者的不当行为是专业人员的故意或者疏忽行为，且该行为违背了伦理、不符合专业标准，并被证明对案主造成了伤害（Barker，1988）。

综合来看，不当行为包括三个方面：①违反了伦理守则或不符合专业标准；②由社会工作者的过失造成；③给案主造成了伤害。

《加拿大社会工作伦理守则》中也有对不当行为的描述：①不适当的处遇，是指社会工作者的行为或处遇不符合照顾要求或专业训练的标准；②错误的处置或疏忽，是指社会工作者的行为结果对案主是有害的。

二　不当行为的分类

有学者指出，社会工作者最有可能出现的不当行为包括：不当泄露私密信息，不必要地延长服务，不当终止需要服务的个案，错误地评估个人能力，用社会工作者的服务替代本需的医疗服务，对案主进行经济剥削，与案主发生性关系，在某个服务期间对案主造成身体伤害，等等（Cournoyer，2010）。

卢曼将社会工作者的不当行为划分为三类（Reamer，1995）：①过失，即因疏忽大意没有预见或预见到而轻信能够避免，使用了错误或者有害的方式，或者未能依法行事；②渎职，即未能尽到职责，明显做出有害或者非法的行为；③不作为，即完全忽视或没有履行个人应尽的责任或者约定的承诺。卢曼认为：过失是一种错误行为，犯错者是由于疏忽而导致错误操作或者不良后果产生，是不经意的，如未能及时签署知情同意书等；而那些可能被控诉的不当行为则指非道德或者错误处置的专业行为，如对案主的暴力、欺诈、性剥削等，换言之，是有意为之的。

在 1995 年的调查研究中，卢曼罗列了 27 种受到控诉的不当行为，并将其归纳为两大类：①不适当地实施了不符合专业标准的行为，或用不合法的手段达到目的，如对案主的歧视性对待、不正当性行为、违反保密条例、诽谤案主、错误地安置儿童、不当结案、违反服务条约、妨碍案主行使正当权利等；②依据专业标准未能履行职责或承诺，没有尽到应尽的义务，如未能合理诊断、未能防止自杀、未能防止第三者受到伤害、没有给案主提供足够的信息或服务等（Reamer，1995）。

如果这些行为出现，社会工作者会受到案主控诉。当然，不是所有的控诉都会成立，一些会被证明不成立。但是如果被证明成立，社会工作者就要面临专业制裁或法律制裁。

三　不当行为的后果

社会工作者提供了不恰当的专业服务，出现了不当行为，并使案主的利益受到损害，理应受到相应的制裁。这种制裁一般分成两种：①专业制裁，受到专业组织的纪律处分，从申斥到取消从业资格；②法律制裁，经过司法诉讼，受到民事制裁或刑事制裁。

案例：一位在加州大学咨询中心接受心理治疗的年轻男子告诉他的治疗师，他遭到所爱慕的女子塔拉索夫的拒绝。该名男子继而告诉治疗师，他计划要杀死塔拉索夫。治疗师将此事告诉了校警，但校警质疑案主只不过在表达其幻想，该治疗师被责备打破了为案主保密的原则，治疗师被告知应把所有来自案主幻想的资料全部销毁。但 2 个月之后，该名男子杀死了塔拉索夫。塔拉索夫的父母向学校提出控诉，认为该治疗师有责任对他的女儿提出警告。在经过多次判决及逆转之后，该案被上诉到加州的最高法院。最后法官判决治疗师行为不当，亦即治疗师在过程中所做的警告不够，不足以尽到保护他人人身安全之责。

这是在美国历史上发生的著名的有关治疗师行为不当的案例，虽然至今仍有争议，但它确实让社会工作者明白，要对不当行为有足够的警醒。

多戈夫等指出，当案主提出的诉讼符合下面四个条件，社会工作者就可能面临相应的制裁：①社会工作者有义务向案主提供某项专业服务，即他们之间形成了受法律约束的专业关系；②社会工作者提供的服务低于一般接受的专业标准，分为作为和不作为，有时是应作为而不作为，有时是不应作为而作为，其中，"本意是好的"、"不知道有关要求"不能成为为其行为辩护的理由；③案主受到了人身伤害或财产损失；④这种人身伤害和财产损失与社会工作者的行为之间有因果关系，是其作为或不作为的后果（多戈夫等，2008）。

如果这四个条件同时成立，社会工作者就可能因案主的控诉而走上法庭；如被证明有不当行为，就会受到相应的制裁。这种制裁可能是专业制裁，也可能是法律制裁，有时可能只受到专业制裁，有时要同时受到两种制裁。

第二节　社会工作伦理风险管理

随着社会工作伦理守则不断完善，社会工作者的伦理责任也更加明确，因此，需要有具体的伦理风险管理机制来引导社会工作者在实践中鉴别、分析并解决伦理问题中存在的风险，避免专业上的不当行为，保护各方的利益尽量不受损害。对社会工作实务中所面临的伦理风险进行评价、预防和管理，是社会工作走向成熟的重要标志。

一　伦理的风险管理

风险管理（Risk Management，RM）是个管理学概念，是指社会组织或者个人减轻风险消极影响的决策过程，通过风险识别、风险预测、风险评估，并在此基础上选择与优化组合各种风险管理技术，对风险实施有效控制，并妥善处理风险造成的损失，从而以最小的成本获得最大的安全保障（郭延安，2010）。

社会工作伦理的风险管理，是指为了有效应对社会工作实务中可能出现的伦理问题及其不利影响所执行的步骤与过程，包括风险的识别、评估、处理、监控等。风险管理不是追求"零"风险，而是强调在可接受的风险下，追求最大的利益（秦燕，2013）。

从产生主体来看，伦理风险可分为内生性伦理风险和制度性伦理风险。

（1）内生性伦理风险是指因社会工作者个人意识和能力不足而产生的风险，包括：①社会工作者伦理素养不高，为了个人利益或其他原因可能伤害案主的伦理风险；②社会工作者伦理意识不够，没有认识到行为的伦理风险；③社会工作者伦理能力不足，意识到有风险但不知如何预防、规避和减少伦理风险所带来的危害。

（2）制度性伦理风险是指相关社会工作制度缺失而产生的伦理风险。首先，社会工作尚未成为制度性的存在，社会工作者专业和职业的素养或训练不够，机构各项规章制度以及伦理守则尚未制定，或者虽有但不完善，或执行不到位，从而造成各种伦理问题以及风险；其次，机构对于伦理风险的评估以及管控不足，造成机构本身存在发生伦理风险的可能性。

总体来说，没有完备的伦理守则的指引，社会工作者缺乏相关伦理方面的教育和培训，相关人员伦理意识和伦理能力不足，导致伦理风险产生；社会工作研究及实践对于风险管理制度的建立缺乏足够重视，消极的伦理环境给了不道德行为产生的可能空间，增加了不当行为以及伦理风险发生的可能性。

二　伦理风险管理的内容

社会工作伦理风险管理，是对社会工作伦理风险的预防、缓解、应对。通常，社会工作伦理风险管理的内容包括：①采取措施避免风险发生，即预防阶段，采取的措施可以是用成文的规范体系（即伦理守则）指引；②预见到风险很有可能发生或已无可避免，采取措施尽量减轻影响和伤害，这些措施可以包括制订应急方案、签订知情同意书、进行文件管理等；③风险发生后，及时进行应对处理，将伤害控制在可接受范围内并尽可能降到最小。

三　各国/地区伦理风险管理的成功经验

20 世纪 80 年代以来，各国/地区都意识到伦理风险管理的重要性，也都在积极制定措施进行有效的风险管理。

以美国为例，美国拥有不断更新完善的伦理守则以及配套的伦理抉择的一般参考框架。美国还设有伦理和专业评审办公室，主要提供伦理咨询，其中特别强调有关伦理困境的相关咨询。而伦理全国委员会有权调解和裁定违反伦理守则的案件。伦理地方委员会接受并处理声称违反伦理守则的投诉。在伦理教育方面，美国开展了一系列专业实务方面的伦理培训以及座谈研讨会。

《英国社会工作伦理守则》相对来说比较简洁，但更新较快。英国专门针对独立的社会工作者提供额外的伦理指导手册，具体由各地方负责。在风险管理方面，英国出台了相关政策，强调雇主要为社会工作者营造一个有效的且富有伦理意识的工作环境，在伦理核查和伦理申诉原则、程序方面有明确、具体的规定。社会工作者协会网站设有年报、在线培训、出版物信息等学术知识和职业培训模块，还设了论坛，对伦理问题进行详细的讨论。

澳大利亚社会工作者协会提供专业的伦理和实务标准咨询服务，由权威的专家组制定标准，以防投诉发生，并通过互联网提供相关领域督导的服务。澳大利亚制定了有关伦理投诉的管理程序（ECMP），接受社会层面的投诉及反馈，并提供投诉提交前的检查表、涉及严重有违伦理的行为投诉告知、涉及无理纠缠投诉的告知等，以确保投诉的合理性和有效性。

《日本社会工作伦理守则》作为社会工作者的行为指南，颇具特色的是，日本会把处分案例进行公示，以防止同类型的事件再次发生。

中国香港也有这样的案例库，《香港社会工作者注册局工作守则》更新最快，目前为2013年更新的版本。在社会工作者注册局网站上，香港的伦理审查部门为纪律委员会，有非常完备的纪律审查及处理程序，包括违纪行为、投诉、审议投诉、纪律委员会的纪律研训、注册局的决定、纪律制裁命令、上诉、送达注册局裁决、发表纪律制裁命令等。另外，注册局网站上还有注册社会工作者名单，开发了"持续专业发展系统"，有教材和纪律研训案例等学习资源。

中国台湾有"社会工作师公会全国联合会"和台湾社会工作者协会两个专业组织。其中，"社会工作师公会全国联合会"负责建立社会工作师争议调处机制，而社会工作者协会负责制定社会工作人员证照制度。在"社会工作师公会全国联合会"网站上可以查到伦理守则、伦理案申诉流程、伦理委员会委员名单，可以将口头劝诫、书面告诫、暂时停权、永久停权等处分作为问责处理结果，但与惩处行为相关联的内容"仍待讨论及拟定规范"。在台湾社会工作者协会网站的"社会工作者专业倡导"模块下看到"社会工作者申诉管道"版块，但版块内没有内容。两个专业组织都以促进社会工作者发展为宗旨，出版过案例集，建立了继续教育积分制度，推动了台湾伦理风险管理制度发展。

四　伦理风险管理的路径

总结各国/地区的经验来看，伦理风险管理是一个循环的系统过程专业准入（如图9-1所示）包括：设置伦理委员会，制定伦理守则，专业准入在职培训及咨询，伦理核查、伦理申诉与问责、典型案例发布与研讨，再进一步修订守则。

1. 设置伦理委员会

社会工作伦理委员会（Ethics Committee）是在社会工作者协会下设置的、由社会工作专业人士组成，以解决社会工作行业内的伦理问题并处理与伦理议题

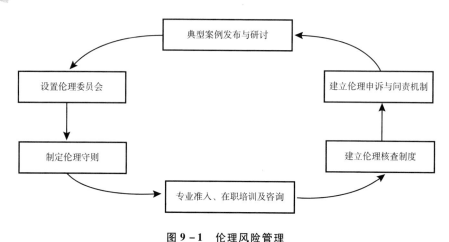

图 9 - 1 伦理风险管理

相关事务的专业组织。社会工作伦理委员会通过提供一种解决专业违规行为问题的机制来推进专业诚信建设。

社会工作者协会是社会工作的行业组织，是社会工作发展到一定阶段的产物，即先有社会工作者，其群体达到一定规模后，觉得有一些共同的利益或需要共同解决的问题而成立。社会工作者协会的角色会随着专业的发展而不断改变，不同地域的社会工作者协会也有很大的差异，反映出当地社会工作发展所处的阶段和从业人员的需求。

以美国社会工作者协会为例。它是美国社会工作者协会于 1955 年在整合了美国精神健康社会工作者协会、美国小组社会工作者协会、美国社区组织研究协会、美国医疗社会工作者协会、全美学校社会工作者协会、社会工作研究社等相关专业机构的基础上成立，现有注册会员约 15 万人，是目前世界上最大的社会工作专业机构（孙建春等，2011）。美国社会工作者协会的章程明确规定了十项具体的工作职责：①通过制定标准、研究、教育、出版四大板块的工作，改善和发展服务；②通过制定标准、规范及提供教育和实务服务，明确和证明专业服务的能力；③通过制定伦理守则、管理原则和人事规则，为专业服务创造良好的工作条件；④界定和整合专业的服务领域；⑤开拓、发展社会工作服务领域；⑥加强与其他相关专业团体的合作；⑦详细解释说明社会工作专业人员对社会与社区的贡献；⑧在相关的社会状况下，从事研究和采取行动；⑨征募新的社会工作者；⑩为实现美国社会工作者协会的目标采取的其他行动。显然，从这十项职责来看，制定伦理守则是美国社会工作者协会的主要职责之一。它特别注重专业服务能力建设，以及临床与一线服务，并且将多元化、地方性专业服务标准与统一及标准化的《美国社会工作者协者伦理守则》有机结合，相互协调与衔接，同时也特别注重社会工作教育课程的认证、社会工作队伍的培养和社会工作者行业的持续发展等。

多数国家/地区的社会工作专业团体内都成立了伦理委员会。各国/地区伦理委员会的职能、组织架构和人员情况，可见表9-1。根据所承担职责的不同，社会工作专业团体内的伦理委员会分为管理性质的伦理委员会和审查性质的伦理委员会两种：前者负责伦理守则的制定、修改，制定专业审查的规则和程序，监督专业审查活动，对专业审查程序提供解释、培训和技术援助，对专业团体的成员和团体进行伦理实践教育，等等，例如，我国香港社会工作者注册局专业操守委员会便属此类；审查性质的伦理委员会是主要负责对伦理投诉进行审议的机构，例如，美国社会工作者协会专业审查办公室（NASW Office of Ethics and Professional Review，OEPR）和我国香港社会工作者注册局纪律委员会便属此类。

表9-1　各国/地区伦理委员会的职能、组织架构和人员情况

国家/地区	职能	组织架构	人员情况
美国	主要职能是咨询、建立非诉讼解决机制、裁定。近年来，伦理委员会的措施越来越倾向于建设性和教育性，而不是惩罚性(那些最严重的不当行为除外)。具体表现为：①处理各州分伦理委员会相关决定的申诉；②审查分伦理委员会与国家政策不相符的行为；③了解任何时候、任何案例的司法审判情况，以确定合适的仲裁或者裁定；④为总伦理委员会成员、办公室人员、分伦理委员会成员以及其他志愿者提供技术支持；⑤制定、公布(相关)资料和有关裁定的指导大纲；⑥提升社会工作者在伦理方面的专业实务水平；⑦与内部或外部的机构组织进行交流，通过教育、培训提升其伦理意识和伦理抉择能力；⑧透过调解和分伦理委员会的裁定以及特殊情况下(仍保持)了解多因一果等方式制订公平的、与众不同的解决方案，监督调解和裁定机制；⑨向美国社会工作者协会董事会的董事推荐创新的机制或改进相关规则和程序	社会工作全国伦理委员会、地方（各州）伦理热线委员会 区别：社会工作全国伦理委员会主要处理社会工作者之间、社会工作者与案主之间的伦理冲突，而地方（各州）伦理热线委员会主要为社会工作者提供咨询（如某些行为是否违反协会的伦理守则等）	社会工作全国伦理委员会的6名成员由美国社会工作者协会主席任命产生。社会工作全国伦理委员会主席同协会主席一样，任期为2年。普通成员与他们在任期上错开，任期为3年

续表

国家/地区	职能	组织架构	人员情况
澳大利亚	①为伦理守则实施中遇到的问题提供咨询以及监督伦理教育和政策发展过程； ②回应与社会工作专业性及案主相关的伦理政策，促进相关的法律改革； ③进行伦理教育和训练； ④学习小组：分享观点、实务智慧和经验，以增强社会工作者在此领域的专业性	全国社会工作伦理委员会、各州社会工作伦理委员会。在各州中只有南澳大利亚州（South Australia）有社会工作伦理委员会，其他8个州和特区没有发现社会工作伦理委员会	
加拿大	核心职能：咨询 社会工作者可以通过信件、电邮、电话或者传真等向伦理委员会进行咨询；向伦理委员会反馈伦理问题的表述应当准确和清晰；社会工作者应当提供足够的细节，以确保伦理委员会可以做出（比较）全面的回复		
中国台湾	①仲裁、调解会员违反社会工作伦理之争议申诉； ②社会工作专业伦理守则的解释、咨询、修订与倡导； ③专业伦理教育课程及训练的规划与实施； ④统筹规划、探讨伦理相关议题	召集人、副召集人、委员 全省社会工作伦理委员会—各市社会工作伦理委员会。全省社会工作伦理委员会由全省社会工作委员会选举产生；各市社会工作伦理委员会由各市社会工作委员会选举产生	人员配备：全省社会工作伦理委员会有召集人1人、副召集人1人、委员19人

　　伦理委员会的设置对社会工作伦理风险管理有重要意义，伦理守则的制定落实、伦理课程的开发和培训实施、伦理问题的咨询和研讨、伦理核查、伦理申诉与问责等都由伦理委员会完成。伦理委员会是伦理风险预防、管理和处置的主要实施者与推动者。

　　2. 制定伦理守则

　　社会工作者的伦理责任主要是通过伦理守则体现的。专业伦理守则是对该专业的基本价值、伦理原则及伦理标准的具体阐述，当伦理问题发生时，伦理守则提供一整套价值观、原则和标准以指导社会工作者的决定与行为。伦理守则为社会工作从业人员提供了完备的指导，从而使伦理风险管理有了切实的依据，对伦理不当行为有积极的预防和约束作用。伦理守则的不断完善、宣传、培训，有效地促进了社会工作从业人员对伦理的了解和熟悉，对伦理风险的有效管理起到关键作用。

3. 专业准入、在职培训及咨询

应将社会工作伦理守则的主要理念和标准贯穿于社会工作课程设置、资格认证、从业标准制定的各个环节。例如，社会工作教育协会制定相应的伦理课程设置标准；各国/地区社会工作者职业资格的认证方式有登记方式、授证方式和执照方式三种，无论采用哪一种认证方式，各国/地区的认证部门都对社会工作者的价值观和伦理提出了相应的要求，这些要求与伦理守则的要求一致；根据伦理守则制定社会工作不同专业领域的从业标准，如学校社会工作者从业标准、青少年社会工作者从业标准、医务社会工作者从业标准等。

与此相关的是，对社会工作者进行不同层次、不同形式的教育、培训并提供咨询，使社会工作者获得相关的社会工作伦理理念、知识与技能，培养社会工作者的伦理意识，提升社会工作者解决伦理问题的能力。①学历教育。加强对社会工作系学生的社会工作伦理教育，开设伦理课程，在专业实习中加入伦理教育的内容，培养学生的伦理意识，增强他们辨识伦理风险以及决策的能力，从源头上降低伦理风险发生的概率，减少风险可能造成的危害。②在职培训。通过上岗培训、继续教育等形式，组织从业人员对伦理问题进行分析，探讨伦理风险发生的内在机制；通过条件设置以及情景模拟的方式研究降低此类风险的方法与措施，预防和降低从业人员出现不当行为的概率。③咨询。建立督导机制、设立在线咨询栏目等形式，保证从业人员在实务中碰到伦理问题或困境时可以获得必要的咨询和指导。

4. 建立伦理核查制度

通过建立伦理核查制度对伦理风险进行管理。伦理核查是机构对机构内潜在伦理风险的核查与评估，通过核查机制预防伦理风险的发生，或者预见到风险有可能发生或已无可避免，采取措施尽量降低影响减少伤害。

5. 建立伦理申诉与问责机制

通过建立伦理申诉和问责机制对伦理风险进行管理。伦理申诉和问责是指当伦理风险发生后，及时进行应对处理，承担相应责任，重树专业权威。

6. 典型案例发布与研讨

就相关伦理问题的典型案例召开专题研讨会，对伦理问题的发生、处理进行总结与反思，并公开发布典型案例，对新出现的伦理问题进行深入的研究和分析，密切监控新形式伦理风险的产生和蔓延，避免损害案主的权益。通过反思，加深对伦理问题的认识，完善伦理风险管理。

第三节　机构伦理核查

社会工作机构是以组织的身份出现和存在，如果其自身存在问题，就不可避免地会产生各类问题，这些问题当中就包括伦理问题。所以，社会工作机构应有相应的程序去适当地识别与伦理有关的风险，预防伦理投诉以及与伦理相关的诉讼（Reamer，2000b）。

一　机构伦理核查的概念与意义

机构伦理核查是指对机构的实践进行正式的审核和检验，主要聚焦于有关机构功能的必要方面，如资料的保管过程、服务的传递、收费的记录、财务的运作等。

2000 年，卢曼提出将建立机构伦理核查机制作为社会工作伦理风险管理的策略。他认为，在伦理方面，有很多风险领域需要机构伦理核查机制来保护案主的权利、预防伦理争议以及与伦理相关诉讼案件的发生。这些风险领域包括：案主的权利、保密和隐私权、知情情况下的授权、服务传递、界限问题、利益上的冲突、文件资料问题、诽谤、案主记录、督导、员工发展与培训、咨询、案主转介、欺诈、终止服务、从业人员能力受损、评估和研究、伦理抉择等（Reamer，2000a；2001b）。

为了解机构伦理核查机制的运作方式及运作效果，迈考立夫（Donna McAuliffe）对 11 家机构进行了实验研究，这 11 家机构分别在研究人员的协助下建立了机构伦理核查机制，并开始实施。4 个月后，除了 2 个机构由于资源问题一直没有实施外，其他 9 家实施了伦理风险核查的机构，都取得了令人满意的效果。从这个实证研究可以得出以下结论：①不同的机构建立的伦理核查机制不同；②伦理核查为伦理问题的讨论提供了合法的空间，很多参与者表示，在日常实践中基本没和同事讨论过伦理问题，机构建立伦理核查机制，可促使他们在实务中工作中对伦理问题予以关注与反思；③意识到知识和技能之间的差距，经过实践，参与者意识到虽然在理论上他们对伦理有所了解，但在实务上、在机构的相关规定及程序说明上，还有很大的发展空间；④促进服务质量的提升，伦理核查为伦理困境抉择提供了一个新的参考框架；⑤建立伦理核查机制，需要一定的资源和时间（Mcauliffe and Sudbery，2005）。

二 机构伦理核查的内容

机构伦理核查的内容主要聚焦于：①有关伦理风险的知识，社会工作者在其服务领域和工作场所识别出的与伦理风险有关的知识；②有关伦理抉择的程序、规定，包括机构的办事程序，以及处理伦理问题、困境，进行伦理抉择程序上的规定及风险（多戈夫等，2008）。

有关伦理风险的知识包括：①案主的权利，评估对于案主的权利考虑得是否全面，是否用文字进行了清晰的表述，是否就隐私和保密、知情同意、服务计划等进行了详细的说明，以及对案主所拥有的权利说明的频率、说明方式是否恰当等；②保密和隐私，评估告知案主保密协议过程的充分性以及在机构服务和规则中涉及保密的相关内容，包括纸质和电子记录，案主隐私的披露，因社会工作者转岗、死亡而产生的案主资料的披露，以及防止在公开和半公开场合披露案主信息的预防措施，等等；③知情同意，审核获得案主知情同意过程的充分性；④服务传递，审核提供服务的范围和程序，以及在教育、培训、接受督导与其他相关的专业经历中体现的专业能力；⑤专业界限和利益冲突，审核是否划定了清晰的专业界限，对专业关系进行评估，是否有性或身体的接触、是否有经济和商业上的往来等，审核是否制定了能够使社会工作者警觉和避免现有的、潜在的利益冲突的程序；⑥文字资料，评估社会工作者的文字记录程序与内容；⑦名誉损毁，仔细审核社会工作者是否受过训练以避免其使用伤害性语言，如诋毁、诽谤等；⑧督导，审核督导是否与受督导者定期见面，督导记录是否完整全面，是否提供足够的信息帮助受督导者更好地提供服务，以避免对案主和第三方造成伤害；⑨训练和咨询，核查机构是否给员工提供有关伦理、知识和技术的训练，审核社会工作者寻找和利用咨询的过程；⑩转介和终止服务，核查社会工作者是否依据适当的准则和程序进行转介和终止服务；⑪欺骗，核查社会工作者是否依据适当的准则和程序来防止各种形式的欺骗；⑫社会工作者的伤害。核查社会工作者是否了解职业伤害的性质及其可能产生的原因，是否对危险信号足够警惕，是否依据适当的准则和程序来预防、识别和应对伤害（Reamer，2000b）。

有关伦理抉择的程序和规定：核查社会工作者是否熟知与实务相关的各种伦理困境，并且审查是否有适当的程序来指导他们做伦理抉择。伦理核查要求社会工作者熟悉并且采用最先进的抉择策略来应对伦理困境，审查社会工作者是否熟悉伦理理论、原则和守则。

针对伦理核查的内容，机构审核后将结果分为：①无风险，现有实践被广泛接纳，不需要修正；②低风险，现有实践尚可，但做一些小的调整是有帮助的；③较高的风险，现有实践有问题，修正十分必要；④高风险，现有实践有诸多问题，急需做重大调整以使风险降至最低。

三 机构伦理核查的形式

机构伦理核查可以分为机构内核查和机构外核查。

通常，伦理核查主要是对社会服务机构提供服务的核查，因此核查大都在机构内完成，核查主体为机构内成员组成。机构内核查有助于机构在早期发现风险时及早解决处理，保证机构正常运作。

但是机构内核查也会因目光短浅或存在侥幸心理而无法面对自己的问题，特别是当忽视或掩盖有违伦理的行为可帮助机构获得一些好处时，机构内核查可能因"走过场"而流于形式。此时，可采用机构外核查的形式。有时，机构外核查可以提高伦理核查的质量与可信度。

机构内核查：一般来讲，社会工作服务机构的主要架构由理事会、监事会、管理层，再加上督导和一线员工构成。理事会是机构的最高决策机关，主要负责机构的战略决策制定、为所在机构筹集资金与对外联系等各项事务，并保证机构依法履行自己的义务。理事会需要监管机构的内部运转以及审核机构业绩；监事会是机构内部的监督机制，以监督财务活动为重点，对组织运行进行全面监督，监事会的最终目的是确保理事、管理人员与执行人员正确行使职权，而不是滥用职权、损害机构利益；管理层受聘于理事会，在其授权范围内拥有对机构事务的管理权与代理权，负责执行理事会决议，管理整个机构的运作，为理事会提供必要的信息指引。如果可能，最好在机构内设置伦理委员会，一种由理事会、监事会和管理层部分成员组成，另一种由理事会、监事会和管理层的部分成员，加上通过选举产生的1~2名督导和一线员工组成，定期或在遇到紧急情况时进行机构内核查。

机构外核查：为了保证核查的客观性，也为了减少机构自身可能承担的伦理风险，机构可聘请多位外部的咨询顾问，如由全国或地区社会工作伦理委员会几位成员等组成伦理核查小组；或直接将机构伦理核查的事务交给独立的第三方机构，由其定期或在遇紧急情况时进行机构外核查。

四　机构伦理核查过程

案例：某机构负责人在一次机构自评时发现，案主的档案管理十分混乱，社会工作者的工作记录马虎，将志愿者的一次性工作坊和游戏活动作为小组工作与社区工作的成果进行总结，评估数据前后不一致，财务报表也对不上。

此时，机构显然存在伦理风险，如何进行核查？

1. 识别焦点问题

一般情况下，由服务相关者、社会工作者、机构人员直接或间接地披露问题，由机构来界定问题是否属于伦理风险范畴，将其从其他问题中识别出来，确定该问题中包含的伦理意义。

2. 收集相关资料

启动机构内伦理委员会工作，或授权组成核查小组，开始讨论收集伦理核查所需的资料，包括机构相关文件、员工填写的自我管理调查问卷、对员工的访谈资料等。

3. 进行风险评估

一旦资料被收集并整理好，所有的相关文件、调查及访谈结果的复印件都要发给核查小组或伦理委员会所有成员。核查小组或伦理委员会设定好工作时间，在规定的时间内讨论这些问题，运用核查工具对伦理风险进行评估。其中，对于机构可能面临的财政风险，组织专业财务人员进行风险评估。

在挑选风险管理工具时应注意：①风险评估技术必须符合实践的要求，应建立在社会工作者及被服务者双方的反馈基础上；②应注重特殊性、具体性，一味地追求风险管理程序的统一性只会引发更多的问题；③重点考虑一些影响专业决定的非传统逻辑因素（Broadhurst et al.，2010）。

4. 清晰划分风险等级

对伦理风险进行等级划分（无风险、低风险、较高的风险和高风险）。如果无法对风险等级分类达成共识，那么将核查小组或伦理委员会里每位成员所划分的风险等级进行平均，然后把其归类在均值最接近的风险等级里。

5. 制订行动计划

在确定伦理风险的等级后，根据风险等级，由高到低解决风险问题。高风险应紧急处理，较高的风险和低风险应予以关注并尽快处理。根据风险等级制定有针对性的措施来解决特定的问题，如建立严格的财务制度、档案管理制度、社会工作者记录管理制度和评估制度，及拟定社会工作者记录指南等。

6. 执行并监督执行情况

根据计划，理事会指定具体工作人员负责，为完成各项任务设立相应的时间表，伦理委员会或核查小组监督整个执行过程以保证各项任务如期完成。

7. 做好文档记录

针对整个伦理核查过程应做好档案记录，以便机构有据可查、反思以及进一步完善工作。

通过机构内核查与机构外核查，机构伦理核查的过程得以完成，这是一个机构和社会工作者共同参与的过程，对预防、降低机构伦理风险，提升服务质量有重要的意义。

第四节　伦理申诉与问责制

在社会工作实践过程中，社会工作者常常会遇到伦理选择的困境，甚至与案主发生矛盾与纠纷。如何判定社会工作专业伦理之责、建立伦理申诉与问责制是一个无法回避也亟待解决的问题。梳理和归纳其他国家/地区的社会工作伦理申诉与问责制，将有助于我国建立社会工作专业自律体系，树立专业权威，促进社会工作专业化。

一　申诉与问责制及其构成

申诉与问责是指个体或组织向认可的权威部门申诉并对其行为承担责任，而权威部门根据申诉采用适当处理方式，是一种行业内的自律。

目前来看，英美等西方发达国家都建立了非常完善的社会工作伦理申诉与问责体制，一方面维护了案主的权利和利益；另一方面，也规范了从业者的行为，维护了他们的权利，对社会工作的专业化发展起到了非常重要的作用。

申诉和问责的主体一般是对社会工作者及社会工作服务机构有问责权利和义务的各级社会工作伦理委员会。伦理委员会依托各层级的社会工作者协会建立，委员会中设置常委会，常委会下因事成立工作小组，小组成员根据审查内容进行调整，协调律师、财务、医学专家等参与进来。在委员会下另外设置专门调查员进行前期资料收集与调查，并将调查结果提交给委员会。

二　其他国家/地区的伦理申诉与问责制

申诉与问责有一定的程序，不同国家/地区对申诉与问责的规定也不一样。

以美国为例。①接受申诉的机构包括国家伦理委员会（National Ethics Committee，NEC）和社会工作者协会董事会执行委员会（Executive Committee of the NASW Board of Directors），社会工作者协会董事会执行委员会主要负责国家案件的申诉处理。②进行申诉之前的调解，即在进行申诉之前要先进行调解，且有以下情况不能进行申诉：已经决定进行调解或仲裁的不能进行申诉；已经签名的调解决定不能进行申诉；地区伦理委员会（Chapter Ethics Committee，CEC）或国家伦理委员会认为涉及案件审判，并且双方没有达成一致和解的不能进行申诉；国家伦理委员会、地区伦理委员会或听证委员会终止或作废的申诉不能再进行申诉；已判决的不能进行申诉。③申诉必须具备相应的理由，对申诉人来说，进行申诉的理由是没有按照伦理守则上的程序执行且严重损害了申诉人的利益，或者有新的证据被发现将推翻原来的决定等。④对提出的申诉进行了明确的解释，规定所有申诉必须提交书面申请及申诉文件，材料审核不合格也不能申诉。⑤在收到申诉之后，被申诉人可以在 30 天之内提交反驳申诉的书面材料，在收到反驳材料 10 天之后进行申诉，同时双方都将没有机会进行进一步的辩驳。⑥如果申诉被受理，国家伦理委员会或执行委员会会召开听证会，申诉人、被申诉人、证人都有机会发言。在听了三方的发言以及讨论了他们的证据和证言之后，全国委员会会给选出的分会负责人一份报告，这份报告给出了调查的结果和建议。建议也许包括处罚或各种形式的纠正措施，比如中断被申诉人在社会工作者协会的工作，监督其接受督导或咨询，以信函形式发出一封谴责信对社会工作者的不当行为进行申诉，或者建议给申诉人发一封道歉信。在一些例子中，这些处罚可能会公布在地方社会工作者协会或全国社会工作者协会的刊物上或一般的报纸上。在有些情况下，尤其是在那些并没有涉及极端行为不端的情况下，全国社会工作者协会倾向于提供申诉人和被申诉人调解的机会，而不是诉诸正式的申诉裁决。

以英国为例。英国和美国的申诉与问责制不一样，在审判之前没有调解、预审判等环节，但社会工作者协会鼓励尽可能采用非正式手段解决问题。英国的申诉处理时间比美国短，并且除了专业申诉之外，还接受非正式评议。

英国规定当申诉发生时，可以提交申诉给伦理委员会总部秘书长助理办公室，之后将尽快在网站上或者通过其他方式给予回馈。处理问责的四个阶段如下：①非正式解决——关注，当申诉以非正式的方式提出时，秘书长助理办公室将会以口头或者发邮件的方式给予回馈；②正式解决，在 5 个工作日内确认收到申诉书，任何正式申诉，如果可能应在 28 天内处理，如果申诉被证明失败，将确保每个人都有收回相关文件的权利，如果申诉人对调查结果不满意可以继续申诉，从而进入阶段三；③上诉，如果申诉人不满意阶段二的结果，可以要求对这个决定进行审查，把申诉提交给秘书长助理（AGS）进行进一步处理，所有阶段三的申诉书应发送到总部，标记为"机密"，在可能的情况下，收到申诉后应在 5 个工作日内调查完毕并告知申诉人结果；④陪审团意见，终审。如果申诉人仍不满意，可以上诉到社会工作者协会总书记那儿。由秘书长或工会主席一起提名两个社会工作者协会执行委员会的成员审查。申诉将考虑所有可用的信息，并努力在 28 天内得出结论。如果发生任何延误，申诉人将被通知并给予必要的预估时间完成申诉处理过程。阶段四的决定是终审，申诉人将丧失向社会工作者协会进一步追索的权利。

以中国台湾为例。申诉与问责有完整的流程，即伦理案件不符合申诉条件的，地方工会或者"社会工作师公会全国联合会"都不会受理，符合申诉条件的首先由地方工会受理，同时成立伦理案件审议小组，并在召开审议会议做出申诉决议之后提报理事会核准，同意的结案，不同意的退回重审。对于不服地方工会决议、向"社会工作师公会全国联合会"提出再申诉的，符合申诉要件的，"社会工作师公会全国联合会"会受理，由地方工会提交申报记录，成立伦理案件审议小组并召开审议会议，做出申诉决议后提报理事会核准。

三 申诉与问责的常见情境

伦理申诉与问责针对的主要是指社会工作者提供的服务低于伦理守则规定的标准，给案主造成伤害的行为。主要有如下四种常见情境。

（1）服务转介。与自杀相关的诊断与服务转介，如自杀未遂但在过程中受了伤的案主，或是自杀成功案主的家庭成员也许会控告社会工作者没有判断出案主自杀的危险，或是没有对案主的自杀念头与倾向做出适当的回应，等等。

（2）欺骗。绝大多数社会工作者都是诚实的，但也有极少数的社会工作者会违反诚实原则，出于自身的贪念和利益而欺骗他人，如与案主发生性关系，敲诈案主，或是向保险公司骗领服务费用，等等。

（3）服务终止。社会工作者突然离开工作机构或社区，但未妥当地终止服务或进行转介，或者一个急需帮助但无力支付服务费用的案主突然被终止服务，给案主造成伤害，这些都很有可能被控告。

（4）社会工作者个人受损。影响社会工作者的个人问题有很多，如疾病、家人死亡、婚姻家庭问题、财务问题、中年危机、法律问题及物质滥用等。个人问题会导致社会工作者不能提供充分的服务或违反伦理守则而被投诉。

四　申诉与问责的一般程序

伦理问责一般由伦理守则的制定机构设立专门的委员会来处理，多数国家/地区处理问责的职责集中于行业协会的总会，也有一些国家/地区的地区行业协会承担一定的问责职责，还有一些国家/地区规定被申诉人不服从协会决定可以上诉至法院。

一般情况下，申诉与问责的流程包括：①申诉，申诉人要在规定的期限内向伦理守则的制定机构提出申请（一般需要填写制式表格）并提交相关的证据，所有社会成员都有监督的权利。②预审，相关机构在收到申请后，首先由一个小型的申诉委员会进行初步审议，决定该项申诉是否符合受理标准，如果不符合受理标准会被退回，如果相关证据不足会被要求补充证据，符合受理标准的则会先进行调解，调解不成进入下一个程序。③申诉委员会受理申诉后，会召开会议对申诉进行审议，在审议过程中，当事双方可以提供相关证据证明自己的主张，并组织人员进行周密的调查。④根据调查结果，申诉委员会给出问责结果，并将结果上报伦理委员会。⑤伦理委员会讨论后对问责结果做出裁决，并将结果告知申诉人与被申诉方，及其所属机构。对于一些问题比较小、影响也比较小的案件，做出问责裁决，终止申诉，若相关人员对裁决结果不服，在限期内可向上级相关部门进行申诉，要求复议，如果复议理由成立，移交档案并做出处理。值得注意的是，申诉并不是无止境的，无限制的申诉会给双方都带来负面影响，全国社会工作者协会的复议是终审决定。⑥若相关人员都对裁决结果表示同意，就照此执行，并将相关档案进行归档管理。⑦有些国家/地区还规定对申诉结果不服的，可以向法院提起诉讼。

五 问责后的处理

在初步审议阶段，有一些声称社会工作者违反伦理守则的投诉会被驳回。对于这样的投诉，被申诉人不受任何制裁，进入申诉受理程序的投诉，被申诉人一般会受到以下一类或几类制裁。

（1）取消会员资格，即取消被申诉人作为社会工作者协会会员的资格。

（2）注销注册资格。注销注册资格分为永久注销和暂时注销。暂时注销是指在相关机构认为合适的一段时间内注销被申诉人的注册资格。永久注销则意味着社会工作者将不能再从事社会工作服务，这是相对严厉的制裁措施。

（3）谴责及严厉谴责。

（4）口头训诫，即由行业协会的领导对被申诉人进行训导和劝诫，这是制裁措施中较轻的一类。

（5）其他制裁。有的国家或地区还对违反伦理守则的行为进行经济处罚。例如我国台湾地区《社会工作师法》规定"违反第九条、第十一条第一项和第二项、第十二条、第十六条、第十七条第一项、第十八条第一项、第二十八条第一项之规定者，处新台币一万元以上五万元以下之罚锾，并限期令其改善；经三次处罚及限期令其改善，届期仍未遵行者，处一个月以上一年以下停业处分"。

六 独立调查员制度

为保证申诉和问责的公平与正义，独立调查员（Ombudsman）的设置非常重要。

独立调查员一词源自瑞典，意为"人民的保护者或代表"。此制度源于1806年的斯堪的纳维亚地区，瑞典被公认为是这一制度的创始国，之后在南非、澳大利亚、中国香港等地得到一定的发展。在中国香港的规定中，独立调查员又称申诉专员，是指依法拥有充分的调查权、独立地处理行政失当但不能变更行政决定的人。

独立调查员的职权主要包括以下几个方面：①调查权，独立调查员可以依据申诉案件进行调查，不受其他法律条文规定的条款限制，在调查时，独立调查员有权向被调查的部门或其他任何人收集有关资料和意见，调查以闭门方式进行，不必进行聆讯，任何一方都不能委托律师代表，独立调查员必须将调查结果通知申诉人或申诉机构；②建议权，独立调查员根据调查结论，可以向被申诉机构提出建议；③公开调查结论权，独立调查员可以根据公共利益的需要，在不披露所涉人士身份的情况下，用适当的方式公开调查报告；④报告权，在一定的情况下，独立调查员可以直接向上级报告，但是独立调查员并没有直接处理、撤销和变更行政决定的权利。

独立调查员发挥作用并不在于其有强大而普遍的权利，而在于其通过对案件进行独立的、全面的调查所做出的令人信服的分析和判断，这就使独立调查员作为独立的第三方能够得到民众的信任，同时也能够真正发挥作用。

独立调查员制度的实质是解决问题，并不是判断是非，其追求公平与效率的实质使其在进行调查的时候，能够得到公众很好的配合，能够最大限度地收集到必要的资料，从而保证申诉与问责的公平与正义，推动社会工作专业发展。

七　专业责任险的提供

许多社会工作者由于处置不当被牵扯进诉讼案件之中，甚至有的社会工作者还面临索赔。可以说，社会工作也是一种具有专业风险、道德风险和法律风险的职业。为了使社会工作者及社会工作机构免受处置不当导致的经济上的损失，美国、英国、加拿大等国家的社会工作者协会都为其会员提供专业责任险。英国为成人护理、儿童及家庭、药物及酒精依赖、心理健康以及照顾老年人、缓刑、青年罪犯等多个领域的社会工作者提供职业责任险。美国国际集团（AIG）也为社会工作者及社会工作机构提供专业责任险：①社会工作者职业责任险。超过70000名美国社会工作者协会的成员参加了该保险，该保险的保障范围包括最严重的渎职行为，如：未经同意的治疗、不正确处理（不当诊断）、未转介到专门服务机构、未能防止案主自杀、导致案主自杀、未能提供保护使第三方受到伤害、与案主发生涉性行为、违反保密原则、诽谤、非法拘禁、院舍照顾中未能给案主提供足够照顾、儿童安置不当等。该保险可以向符合赔付标准的社会工作者提供如下服务：专业法律顾问、对因开庭审理或没收执照的社会工作者提供每天250美元（累计最高5000美元）的费用、社会工作者应诉的住宿费和鉴定费用、辩护费、5000美元的案件审理费（参投附加险可以享受更高的赔付标准）。②学生责任险。自学生进行社会工作实习开始，便存在处置不当的风险，因此，美国社会工作者协会提供专门的学生、学校社会工作专业责任险。这一保险可以分为个人保险和覆盖学校全体老师与学生的团体险。③机构责任险。社会工作服务机构也常常面临诉讼风险，私人机构更是如此。虽然有些指控有时候是毫无道理的，但是应对这些指控仍需要耗费巨大的人力、物力。美国社会工作者协会与保险公司合作，制订了社会工作服务机构专业责任保险计划。这一保险既保护机构因员工的违纪行为产生的连带责任，同时保险还覆盖雇员、董事、受托人、行政人员以及志愿者、实习学生。英美等国家的类似专业责任险，大大降低了社会工作者的从业风险，为伦理守则的实施提供了坚实的保障。

参考文献

中文文献

艾钢阳，1986《医学论》，阮芳赋译，科学出版社。

艾伦·格沃斯，1991，《伦理学要义》，戴扬毅译，中国社会科学出版社。

柏拉图，2010，《理想国》，郭斌和、张竹明译，商务印书馆。

边沁，2000，《道德与立法原理理论》，时殷弘译，商务印书馆。

蔡彬彬、贾玉萍，2013，《〈墨子〉伦理思想与社会工作伦理思想建设》，《思政教育》第 19 期。

蔡菁，2009，《论诺齐克与自由至上主义》，《改革与开放》第 5 期。

蔡文辉、李绍嵘，2013，《社会学概要》，世界图书出版公司。

陈博，2012，《为救尿毒症妻子，男子骗医疗费》，《新京报》7 月 12 日。

陈代东，2005，《略论托马斯·斯坎伦的契约主义》，《伦理学研究》第 3 期。

陈辉庭，2002，《论罗尔斯的正义理论》，《中共福建省委党校学报》第 1 期。

陈吉顺，2001，《罗尔斯新自由主义述评》，《长春市委党校学报》第 1 期。

陈思坤，2010，《诺丁斯关怀伦理思想的人本价值》，《教育学术月刊》第 4 期。

陈四海，2010，《论古典实用主义和新实用主义的范式转变》，《华南农业大学学报》（社会科学版）第 3 期。

陈望衡，1989，《评实用主义伦理、审美观》，《云南社会科学》第 4 期。

陈威，2014，《社会工作》，台北：学儒数位科技出版有限公司。

陈喜林，2009，《诺丁斯关怀伦理对我国道德教育的启示》，《湖北社会科学》第 8 期。

陈莹，2004，《从个人与社会的关系看社会工作价值观及其冲突》，《社会》第
　　12 期。

陈真，2005，《斯坎伦的非自利契约论评述》，《世界哲学》第 4 期。

代祥龙，2006，《罗蒂新实用论哲学探析》，安徽大学硕士学位论文。

戴景平，2008，《什么样的行为才具有道德价值？——对康德义务论的解析》，
　　《学习与探索》第 2 期。

戴诗，2013，《儒家传统思想与社会工作伦理价值的本土化建构》，《社会福利》
　　（理论版）第 10 期。

戴香智、侯国凤，2009，《“案主自决”的局限及其实践选择》，《湖南医科大学
　　学报》（社会科学版）第 9 期。

Dean H. Hepworth 等，2010，《社会工作之恶极服务：理论与技巧》（第 8 版），
　　曾华源等译，台北：洪叶文化事业有限公司。

邓伟生，2012，《斯坎伦论道德动机与道德的优先性》，《现代哲学》第 6 期。

笛卡尔，1961，《古希腊罗马哲学》，北京大学外国哲学史教研室译，商务印书
　　馆。

范燕宁，2004，《社会工作专业的历史发展与基础价值理念》，《首都师范大学学
　　报》（社会科学版）第 1 期。

费孝通，2001，《江村经济》，商务印书馆。

冯俊，1994，《当代法国伦理思想概论》，台北：远流出版公司。

冯亚丽、叶鹏飞，2008，《现代社会工作理论》，中国人民大学出版社。

Frederic G. Reamer，2000a，《社会工作价值与伦理》，包承恩、王永慈译，台
　　北：洪叶文化事业有限公司。

弗兰茨·科萨韦尔·考夫曼，1997，《社会福利国家面临的挑战》，王学东译，
　　商务印书馆。

福山，2001，《信任：社会美德与创造经济繁荣》，彭志华译，海南出版社。

高登，1962，《关于操作定义的批判》，《社会工作》第 17 期。

高聚文、于天龙，2006，《自由至上主义：诺齐克政治哲学思想梗概》，《社会科
　　学论坛》第 9 期。

高明华，2010，《刻板印象内容模型的修正与发展：源于大学生群体样本的调查
　　结果》，《社会》第 5 期。

高清海，2010，《哲学与主体自我意识》，中国人民大学出版社。

高榕卿，2013，《社会工作实务中的伦理困境——以保密原则与自决原则为例》，《现代妇女》（下旬）第 6 期。

高志宏，2009，《论公众人物隐私权的保护和限制》，《江南大学学报》（人文社会科学版）第 3 期。

龚群，2010，《现代伦理学》，中国人民大学出版社。

古特曼，2011，《社会工作伦理》，田秀兰、彭孟尧译，台北：学富文化事业有限公司。

古学斌、张和清、杨锡聪，2007，《专业限制与文化识盲：农村社会工作实践中的文化问题》，《社会学研究》第 6 期。

顾东辉，2008a，《社会工作概论》，复旦大学出版社。

顾东辉，2008b，《社会工作伦理：视角、困境与应对》，《中国社会导刊》第 9 期。

关信平，2008，《当代社会政策中的公共行动与个人责任》，《中国社会导刊》第 4 期。

郭明军，2008，《社会工作实践中的伦理困境及解决对策》，《法制与社会》第 23 期。

郭延安，2010，《风险管理》，清华大学出版社。

何根苗，2011，《基于中国传统文化视角试析社会工作伦理中的智慧》，《传奇·传记文学选刊》（理论研究）第 6 期。

何国梁、王思斌，2000，《华人社会社会工作本质的初探》，香港：八方文化事业有限公司。

何怀宏，2002a，《伦理学是什么》，北京大学出版社。

何怀宏，2002b，《公平的正义——解读罗尔斯〈正义论〉》，山东人民出版社。

何历宇，2012，《社会主义核心价值观与中国社会工作伦理之构建》，《浙江学刊》第 4 期。

何小勇，2014，《制度正义语境下的道德自觉诉求——斯坎论的非自利契约论道德理论解析》，《兰州学刊》第 3 期。

何雪松，2007，《社会工作的四个传统哲理基础》，《南京师范大学学报》（社会科学版）第 2 期。

何雪松，2009，《重构社会工作的本土知识框架：本土思想资源的可能贡献》，《社会科学》第 7 期。

黑格尔，1962，《精神现象学》，贺麟、王玖兴译，商务印书馆。

黑格尔，1980，《小逻辑》，贺麟译，商务印书馆。

侯晶晶，2004，《内尔·诺丁斯关怀教育理论述评与启示》，南京师范大学博士学位论文。

胡军良，2010，《哈贝马斯对话伦理学研究》，中国社会科学出版社。

胡启勇，2006，《伦理相对主义浅析》，《贵州民族学院学报》（哲学社会科学版）第 4 期。

黄春梅，2007，《试论社会工作价值观的本土化》，《哈尔滨学院学报》第 7 期。

黄光国，1998，《两者道德：台湾社会中道德思维研究的再诠释》，（台北）《本土心理学研究》第 9 期。

黄建中，1998，《比较伦理学》，山东人民出版社。

黄维宪、曾华源、王慧君，1985，《社会个案工作》，台北：五南图书出版股份有限公司。

黄耀明，2006，《传统文化与社会工作价值观的本土化》，《漳州师范学院学报》（哲学社会科学版）第 3 期。

黄耀明，2012，《对话与融合：社会工作专业伦理与中国传统文化》，《社会福利》（理论版）第 4 期。

江光荣，2004，《关于价值干预与价值中立的讨论（Ⅱ）——再谈价值的功能干预》，《中国心理卫生杂志》第 5 期。

江娅，2003，《社会工作的伦理基础》，《道德与文明》第 5 期。

江娅，2007，《社会工作中的伦理困境和价值冲突》，《中国青年政治学院学报》第 1 期。

蒋祎娜，2010，《社会工作价值观的本土化探究》，《社会工作》（理论）第 1 期。

景海峰，1992，《儒家思想与现代化——刘述先新儒学论著辑要》，中国广播电视出版社。

卡尔·曼海姆，2014，《意识形态与乌托邦》，李步楼译，商务印书馆。

康德，1986，《道德形而上学原理》，上海人民出版社。

康德，2003，《实践理性批判》，邓晓芒译，人民出版社。

科尔伯格，2004，《道德发展心理学——道德阶段的本质与确证》，郭本禹等译，华东师范大学出版社。

库少雄，2003，《社会工作实务》，社会科学文献出版社。

拉尔夫·多戈夫等，2008，《社会工作伦理：实务工作指南》（第七版），隋玉杰译，中国人民大学出版社。

雷斌根，2007，《论德沃金的权利正义思想》，南昌大学硕士学位论文。

李春凯，2007，《社会工作伦理困境的思考》《西江月》第 28 期。

李萍，2004，《伦理学基础》，首都经济贸易大学出版社。

李强、吴晟，2005，《价值中立抑或价值参与：心理咨询师无法回避的问题》，《中国心理卫生杂志》第 2 期。

李秋零，2007，《康德著作全集》，中国人民大学出版社。

李同，2010，《本土社会工作实务中个别化原则的思考》，《社会工作》（下半月）第 11 期。

李霞，2001，《道家平等思想及其现实意义》，《安徽大学学报》第 4 期。

李晓峰，2005，《美国当代著名法学家德沃金法律思想研究》，人民法院出版社。

李新廷，2014，《从起点的平等到结果的平等——读罗尔斯〈正义论〉》，《武汉科技大学学报》（社会科学版）第 1 期。

李亚洁、张立颖、李瑛、李利，2004，《风险管理在护理管理中的应用》，《中华护理杂志》第 12 期。

李扬、钱铭怡，2007，《国外心理咨询与治疗中双重关系及其利弊（综述）》，《中国心理卫生杂志》第 12 期。

李迎生，2008，《西方社会工作发展历程及其对我国的启示》，《学习与实践》第 7 期。

李增禄，1999，《社会工作概论》，台北：巨流图书公司。

李志江，2007，《试析罗尔斯"差别原则"的内在困境》，《南京社会科学》第 10 期。

林火旺，1999，《伦理学》，云南出版集团有限责任公司。

林火旺，2008，《正义与公民》，吉林出版集团股份有限公司。

刘华丽，2007，《儒家人格思想：中国社会工作本土化的理论渊源》，《南昌大学学报》（人文社会科学版）第 1 期。

刘建平、张鸣明，2002，《循证实践：促进医患关系的重要途径》，《中国循证医学》第 2 期。

刘金良、姚云云，2011，《社会工作价值视域中的伦理困境解读》，《绥化学院学报》第 3 期。

刘立明，2012，《儒家经典对平等观念的阐释》，《名作欣赏》第 26 期。

刘梦、张和清，2003，《小组工作》，高等教育出版社。

刘世廷，2006，《资源有限性与人类需要无限性的矛盾——人类社会基本矛盾的现代透视》，《科学社会主义》第 6 期。

刘淑娟、杨丽敏，2012，《论社会工作介入生命教育之路径》，《学术交流》第 3 期。

刘威、周娟，2006，《内源性发展范式中社会工作本土化的路径选择》，《辽宁工程技术大学学报》（社会科学版）第 2 期。

刘笑、诺齐克，2012，《"最弱意义国家"理论探析》，《渭南师范学院学报》第 1 期。

刘志红，2003，《传统社会的人际交往特性对建立社会工作专业关系的影响》，《求索》第 2 期。

刘忠世，1998，《对社会优先于个人的观点的商讨》，《安徽大学学报》第 6 期。

卢锦华，2001，《香港基督教社会工作初探》，香港基督教循道卫理联合教会文字事工委员会。

逯改，2002，《论患者隐私权的价值与保护》，《中国医学伦理学》第 5 期。

吕耀怀、熊节春，2012，《我国隐私权保护问题的伦理辩护》，《江西社会科学》第 3 期。

罗伯特·诺齐克，1991，《无政府、国家与乌托邦》，何怀宏等译，中国社会科学出版社。

罗伯特·施耐德、洛丽·莱斯特，2011，《社会工作倡导——一个新的行动框架》，韩晓燕等译，格致出版社。

罗观翠，2012，《社工服务是社会资源再分配的重要媒介》，《中国社会报》第 12 期。

罗隽，2004，《超越相对主义——新实用主义的相对主义研究》，吉林大学博士学位论文。

罗克全，2004，《"独立性"与"优先性"——诺齐克与罗尔斯的自由之辩》，《吉林大学社会科学学报》第 5 期。

罗克全，2006，《自然权利与社会规则——诺齐克的自然状态理论研究》，《内蒙古民族大学学报》（社会科学版）第 1 期。

罗纳德·德沃金，1998，《认真对待权利》，信春鹰泽，中国大百科全书出版社。

罗时贵、彭勇，2010，《德沃金的权利情结》，《传承》第 24 期。

罗肖泉，2003a，《社会工作伦理的特殊使命》，《南京工业大学学报》第 3 期。

罗肖泉，2003b，《社会工作实务中的伦理困境》，《广西社会科学》第 9 期。

罗肖泉，2005，《践行社会正义》，社会科学文献出版社。

罗肖泉、尹保华，2003，《社会工作实践中的伦理议题》，《学术论坛》第 3 期。

列宁，1995，《列宁选集》第二卷，人民出版社。

毛伟霞，2009，《诺丁斯关怀伦理视野下的克雷蒙·马修》，《电影评介》第 12 期。

莫拉莱斯、谢弗，2009，《社会工作——一体多面的专业》，顾东辉等译，上海社会科学院出版社。

牟宗艳，2004，《析诺齐克自由主义国家理论》，《山东师范大学学报》（人文社会科学版）第 1 期。

内尔·诺丁斯，2003《学会关怀：教育的另一种模式》（第二版），于天龙译，教育科学出版社。

内尔·诺丁斯，2006，《始于家庭：关怀与社会政策》，侯晶译，教育科学出版社。

内尔·诺丁斯，2008，《教育哲学》，许立新译，北京师范大学出版社。

内尔·诺丁斯，2013，《女性与恶》，路文彬译，教育科学出版社。

内尔·诺丁斯，2014，《关心：伦理和道德教育的女性路径》，武云斐译，北京大学出版社。

O. 威廉姆·法利等，2005，《社会工作概论》，隋玉杰等译，中国人民大学出版社。

裴奇诺，2014，《至善与快乐：柏拉图〈裴勒布〉义疏》，赵精兵译，华东师范大学出版社。

皮湘林，2009，《社会工作伦理的理论视域》，《伦理学研究》第 2 期。

强以华，2008，《西方伦理十二讲》，重庆出版社。

秦琪，2011，《边沁的功利主义思想》，《中国科技教育》（理论版）第 4 期。

秦燕，2013，《社会工作伦理》，台北：华都文化事业有限公司。

丘濂、苏晶，2012，《"小峰事件"：艾滋病人求医困境与医院现实》，《三联周刊》12 月 5 日。

S. 达沃尔、陈真，2005，《自利的契约论和非自利的契约论》，《世界哲学》第 4

期。

尚水利，2014，《现代社会正义理论的困境与反思》，《理论导刊》第 7 期。

沈黎、刘斌志，2008，《美国社会工作伦理守则：历史经验与文本解读》，《北京科技大学学报》（社会科学版）第 4 期。

沈黎、吕静淑，2014，《华人社会工作伦理守则的比较研究》，《华东理工大学学报》（社会科学版）第 3 期。

沈梅，2012，《老年保护工作中的伦理困境》，《中国社会工作》第 5 期。

石中英、余清臣，2005，《关怀教育：超越与界限——诺丁斯关怀教育理论述评》，《教育研究与实验》第 4 期。

孙建春、闫湜、甄炳亮，2011，《关于赴美国、加拿大社会工作者专业化职业化的考察报告》，民政部（内部资料）。

孙健，2009，《西方社会工作伦理在中国本土化的探讨》，《广西师范大学学报》（哲学社会科学版）第 3 期。

梯利，1995，《西方哲学史》，葛利译，商务印书馆。

童敏，2008，《社会工作实务基础》，社会科学文献出版社。

涂可国，2001，《社会哲学》，山东人民出版社。

托马斯·卡思卡特，2014，《电车难题——该不该把胖子推下桥》，朱沉之译，北京大学出版社。

托马斯·莫尔，1982，《乌托邦》，戴镏龄译，商务印书馆。

托马斯·内格尔，2000，《人的问题》，万以译，译文出版社。

托马斯·内格尔，2008，《你的第一本哲学书》，宝树译，当代中国出版社。

托马斯·内格尔，2014，《人的问题》，万以译，上海译文出版社。

托马斯·斯坎伦，2008，《我们彼此负有什么义务》，陈代东等译，人民出版社。

王春霞，2010，《本土社会工作价值观教育研究》，《辽东学院学报》（社会科学版）第 12 期。

王海明，2001，《新伦理学》，商务印书馆。

王珏，2008，《传统文化与社会工作伦理原则的构建》，《天府新论》第 6 期。

王立，2014，《正义：在权利和平等之间——论德沃金的正义理论》，《学习与探索》第 8 期。

王宁，2002，《个体主义与整体主义对立的新思考——社会研究方法论的基本问题之一》，《中山大学学报》（社会科学版）第 2 期。

王思斌，1998，《社会工作导论》，北京大学出版社。

王思斌，2001，《中国社会的求—助关系——制度和文化的视角》，《社会学研究》第 4 期。

王思斌，2006，《社会工作概论》，高等教育出版社。

王思斌、谢立中、马凤芝、程为敏，1996，《西方社会工作理论的历史与现状》，《中国社会工作》第 3 期。

韦政通，1988，《中国的智慧：中西方伟大观念比较》，吉林文史出版社。

卫小将、李建权，2007，《试论我国社会工作价值体系的构建》，《中共山西省委党校学报》第 2 期。

文军，2008，《个体主义还是整体主义：社会工作核心价值观及其反思》，《社会科学》第 5 期。

乌尔里希·贝克，2004，《风险社会》，何博闻译，译林出版社。

向玉乔，2013，《社会制度实现分配正义的基本原则及价值维度》，《中国社会科学》第 3 期。

谢莒莎，2009，《社会工作伦理困境及其解决方式》，《社会工作》（理论）第 6 期。

谢俊，2009，《诺齐克新古典自由主义浅析——论诺齐克的国家理论》，《大庆师范学院学报》第 2 期。

辛丰双，2013，《关怀教育的追求：从自然关怀到伦理关怀——基于诺丁斯关怀教育理论》，《成功》第 23 期。

徐道稳，2002，《论社会工作的价值取向》，《求索》第 6 期。

徐积平，2005，《实用主义与实践唯物主义》，苏州大学博士学位论文。

徐锦锋等，2008，《社会个案工作——理论与实务》，台北：五南图书出版股份有限公司。

徐向东，2004，《平等：政治哲学的基本概念》，《天津社会科学》第 3 期。

徐亚丽，2011，《社会工作伦理本土化》，山东理工大学硕士学位论文。

徐震、李明政，2002，《社会工作伦理》，台北：五南图书出版股份有限公司。

宣飞霞、陈琼，2012，《试论学校社会工作中的伦理困境》，《浙江青年专修学院学报》第 1 期。

薛桂波，2010，《基因技术的伦理风险及其社会控制》，《科技管理研究》第 11 期。

亚里士多德，2003，《尼各马可伦理学》，廖申白译注，商务印书馆。

阎涛，2010，《信任与双重关系：社会工作伦理本土化中的专业界限》，复旦大学硕士学位论文。

阎韬，1996，《孔子与儒学》，山东教育出版社。

杨冰倩，2015，《社会工作价值观测量及其影响因素研究》，复旦大学硕士学位论文。

杨国庆，2014，《德沃金权利理论述评》，《哈尔滨工业大学学报》（社会科学版）第 4 期。

杨国枢、李亦园，1992，《中国人的性格》，台北：桂冠图书股份有限公司。

杨浩强，2013，《论诺丁斯的关怀道德教育理论及其对我国高校德育的启示》，《教育与教学研究》第 12 期。

杨明、张伟，2008，《也谈社会公共伦理——基于个体社会角色的一种思考》，《道德与文明》第 3 期。

杨中芳、彭泗清，1999，《中国人人际信任的概念化：一个人际关系的观点》，《社会学研究》第 2 期。

伊曼努尔·康德，2009，《道德形而上学基础》，孙少伟译，中国社会科学出版社。

应琼楼，2011，《"双重关系限制"在中国——内地社会工作专业关系的伦理困境》，复旦大学硕士学位论文。

尤尔根·哈贝马斯，1994，《交往行动理论》，曹卫东译，重庆大学出版社。

尤尔根·哈贝马斯，2002，《包容他者》，曹卫东译，上海人民出版社。

尤尔根·哈贝马斯，2003，《在事实与规范之间——关于法律和民主法治国的商谈理论》，童世骏译，三联书店。

喻明金，2009，《从我国传统文化角度谈社会工作价值观的本土化》，《黑龙江教育学院学报》第 9 期。

约翰·罗尔斯，2009，《正义论》，何怀宏等译，中国社会科学出版社。

约翰·洛克，2008，《政府论》，叶启芳、瞿菊农译，商务印书馆。

曾华源等，2006，《社会工作专业价值与伦理概论》，台北：洪叶文化事业有限公司。

张传有，1999，《关于康德义务论伦理的几点思考》，《学术月刊》第 5 期。

张翠梅，2011，《走进诺齐克的哲学世界》，《理论探讨》第 3 期。

张静、张陈，2004，《"第三条道路"福利改革评析》，《南华大学学报》（社会科学版）第 1 期。

张莉萍、范志挺、黄晶晶，2004，《关于建构中国大陆社会工作价值与伦理体系的思考》，第二届中国社会工作论坛暨第五次内地与香港社会福利发展研讨会论文集（内地部分），中国社会工作协会、香港社会服务联会。

张玲玲，2012，《医务社工的伦理困境与应对》，华中师范大学硕士学位论文。

张向东，2009，《哈贝马斯商谈伦理中道德共识形成的逻辑》，《道德与文明》第 4 期。

张新宝，1997，《隐私权的法律保护》，群众出版社。

张志伟，2004，《西方治学十五讲》，北京大学出版社。

章晓，2011，《中国传统文化对我国社会工作价值观的影响》，《华章》第 14 期。

赵芳，2012，《社会工作伦理教育：现状与反思》，《社会工作》第 6 期。

赵芳，2013，《社会工作专业伦理中双重关系的限制、困境及其选择———一项基于城乡社会工作者的实证研究》，载王思斌主编《中国社会工作研究》（第十辑），社会科学文献出版社。

赵芳，2015，《社会工作专业化的内涵、实质与路径选择》，《社会科学》第 8 期。

赵一红，1999，《浅论社会科学方法论中的价值中立问题》，《暨南学报》（哲学社会科学版）第 1 期。

郑杭生，1991，《关于我的社会学定义——序董驹翔主编的〈社会学〉·答我的一些批评者》，《社会科学研究》第 4 期。

郑丽珍、江季璇，2002，《社会工作伦理的基本议题》，载徐震、李明政《社会工作伦理》，台北：五南图书股份有限公司。

钟丽娟，2006，《德沃金"权利论"解读》，《山东社会科学》第 7 期。

周虹、赵华朋，2005，《相对真理与绝对真理辩证关系新探》，《西安建筑科技大学学报》（社会科学版）第 1 期。

周晓虹，2005，《再论"价值中立"及其应用限度》，《学术月刊》第 8 期。

周业勤，2004，《从实体到关系：个体主义和整体主义的困境与超越》，《上海大学学报》（社会科学版）第 4 期。

周永新，1994，《社会工作学新论》，商务印书馆（香港）有限公司。

周永新，2002，《社会工作的哲理基础》，《社会福利》第 4 期。

周育国，2003，《实用主义真理观的合理性辨析》，《大连理工大学学报》（社会科学版）第 3 期。

周肇光，2004，《关于资源有限与需求无限假设的理性分析》，《经济问题》第 2 期。

朱万润，2010，《诺齐克自由理论的双重维度》，《马克思主义与现实》第 1 期。

邹群、黄焕，1999，《实用主义与科学管理》，《广西师范大学学报》（哲学社会科学版）第 1 期。

邹文静、裴林亮，2011，《社会工作实务中保密原则的伦理困境解决——基于隐私权和知情权的分析》，《社会工作》（学术版）第 11 期。

英文文献

Abbott, Ann A. 1988. *Professional Choices：Values at Work.* Silver Spring. Md.：National Association of Social Workers.

Abramson, M. 1996. Reflections on Knowing Oneself Ethically：Toward a Working Framework For Social Practice. *Families in Society*, 77 (4).

Althaus, C. L., et al. 2014. Effectiveness and Cost-effectiveness of Traditional and New Partner Notification Technologies for Curable Sexually Transmitted Infections：Observational Study, Systematic Reviews and Mathematical Modelling. *Health Technol Assess*, 18 (2).

American Psychological Association. 2002. Criteria for Evaluating Treatment Guidelines. *American Psychologist*, 57 (12).

Anderson, C. A. and Sedikides, C. 1991. Thinking about People：Contributions of a Typological Alternative to Associationistic and Dimensional Dodels of Person Perception. *Journal of Personality and Social Psychology*, 60 (2).

Bandura, A. 1989. Social Cognitive Theory. In R. Vasta (Ed.), *Six Theories of Child Development：Annals of Child Development.* CT：JAI.

Banks, S. and Williams, R. 2005. Accounting for Ethical Difficulties in Social Welfare Work：Issues, Problems and Dilemmas. *British Journal of Social Work*, 35 (7).

Banks, Sarah. 2001. *Ethics and Values in Social Work.* St. Martin's Press LLC.

Baretlett, H. M. 1975. *Working Definition to Social Work Practice.* New York：Macmillan Publishing Co.

Barker, R. L. 1988. "Client Dumping": Some Ethical Considerations. *Journal of Independent Sococial Work*, 2: 1 – 5.

Berkman, C. S., Turner, S. G., Cooper, M., et al. 2000. Sexual Contact with Clients: Assessment of Social Workers' Attitudes and Educational Preparation. *Social Work*, 45 (3).

Biestek, Felix Paul. 2002. *The Casework Relationship*. Chicago: Loyola University Press.

Borys, D. S. and Pope, K. S. 1989. Dual Relationships between Therapist and Client: A National Study of Psychologists, Psychiatrists, and Social Workers. *Professional Psychology Research Practice*, Vol. 20.

Broadhurst, Karen, Chris Hall, Dave Wastell, Sue White, and Andy Pithouse. 2010. *Risk, Instrumentalism and the Humane Project in Social Work: Identifying the Informal Logics of Risk Management in Children's Statutory Services.* Oxford University Press.

Brownlee, K. 2008. The Ethics of Non-sexual Dual Relationships: A Dilemma for the Rural Mental Health Professional. *Community Mental Health Journal*, 32 (5).

Clark, Chris L. 2000. *Social Work Ethics: Politics, Principles and Practice.* Macmillan Press Ltd.

Coleman, Eli and Schaefer, Susan. 1986. Boundaries of Sex and Intimacy Between Client and Counselor. *Journal of Counseling and Development*, 64 (5).

Corey, G., Corey, M. S., and Callanan, P. 2001. *Issue and Ethics in Helping Professions.* NJ: Brooks/Cole.

Cournoyer, Barry R. 2010. *The Social Work Skills Workbook.* Cengage Learning.

Dean, H. G. and Rhodes, M. L. 1992. Ethical-clinical Tensions in Clinical Practice. *Social Work*, 37 (2): 128 – 132.

Dixon, J. 2010. Social Supervision, Ethics and Risk: An Evaluation of How Ethical Frameworks Might Be Applied within the Social Supervision Process. *British Journal of Social Work*, 40 (8).

Dolgoff, R., Loewenberg, F. M., & Harrington, D. 1982. *Ethical Decisions for Social Work.* Thomson Learning Press.

Drower, Sandra J. 1996. Social Work Values, Professional Unity, and the South African Context. *Social Work*, 41 (2): 138 – 146.

Dubinsky, A. J. and Loken, B. 1989. Analyzing Ethical Decision Making in Marketing. *Journal of Business Research*, 19 (2).

Ejaz, F. A. 1991. Self-determination: Lessons to Be Learned from Social Work Practice in India. *British Journal of Social Work*, 21 (2).

Emmet, D. 1962. Ethics and the Soical Worker. *British Journal of Psychiatric Saioal Work*, 6: 165 – 172.

Ewalt, P. L. and Mokuau, N. 1995. Self-determination from a Pacific Perspective. *Social Work*, 40 (2).

Ferrell, O. C. and Gresham, L. G. 1985. A Contingency Framework for Understanding Ethical Decision-making in Marketing. *Journal of Marketing*, 49 (3): 87 – 96.

Ferrell, O. C. , Gresham, L. G. , and Fraedrich, J. 1989. A Synthesis of Ethical Decision Models for Marketing. *Journal of Macro Marketing*, 9 (2): 55 – 64.

Fiske, Susan T. , et al. (Ed.) 1998. *The Handbook of Social Psychology*. Boston, MA, USA: McGraw-Hill, X. , Vol. 2.

Forgas, J. P. (Ed.) 1981. *Social Cognition: Perspectives on Everyday Understanding*. London/New York: Academic Press.

Frankena, W. K. 1980. *Thingking about Morality*. Ann Arbor: University of Michigan Press.

Freedberg, S. 1989. Self-determination: Historical Perspectives and Effects on Current Practice. *Social Work*, 34.

Fritzsche, D. J. and Becker, H. 1983. Ethical Behavior of Marking Managers. *Journal of Business Ethics*, 8.

Furlong, M. A. 2003. Self-Determination and a Critical Perspective in Casework: Promoting a Balance between Interdependence and Autonomy. *Qualitative Social Work*, 2 (2).

Gellis, Zvi and William J. Reid. 2004. *Strengthening Evidence-based Practice*. Oxford University Press.

Gelman, Sheldon R. (Ed.) 1999. Confidentiality of Social Work Records in the Computer Age. *Social Work*, 44.

Germain, C. B. (Ed.) 1982. *Advances in Clinical Social Work Practice*. Silver Spring, MD: NASW National Conferena on Clinical Social Word.

Gilbert, D. T. , Fiske, S. T. , and Lindzey, G. 1998. *Handbook of Social Psychology*. Boston: McGraw-Hill.

Greenwood, E. 1957. Attribute of a Profession. *Social Work*, 2.

Hepworth, D. H. , Rooney, R. H. , & Larsen, J. A. 1997. *Direct Social Work Practice: Theory and Skill* (5nd Ed.). NJ: Brooks/Cole Publishing Company.

Holland, T. P. and Kilpatrik, A. C. 1991. Ethical Issues in Social Work: Toward a Ground Theory of Professional Ethics. *Social Work*, 36 (2).

Horne, Michael. 2001. *Values in Social Work*. England: Ashgate Publishing Company.

James, Richard K. and Burl E. Gilliland. 2008. *Crisis Intervention Strategies*. Higher Education Press.

Joseph, V. 1985. A Model for Ethical Decision-making in Clinical Practice. In C. B. Germain (Ed.), *Advance in Clinical Social Work Practice*, pp. 207 – 217, Sliuer Spring, MD: NASW.

Kagle, J. D. & Giebelhausen, P. N. 1994. Dual Relationships and Professional Boundaries. Social Work, 39 (2).

Keddell, E. 2015. The Ethics of Predictive Risk Modelling in the Aotearoa/New Zealand Child Welfare Context: Child Abuse Prevention or Neo-liberal Tool? *Critical Social Policy*, 35 (1).

Keith-Lucas, A. 1986. *Giving and Taking Help*. Chapel Hill: The University of North Carolina Press.

Kunda, Z. and Oleson, K. C. 1997. When Exceptions Prove the Rule: How Extremity of Deviance Determines the Impact of Deviant Examples on Stereotypes. *Journal of Personality and Social Psychology*, 72.

Lazarus, A. A. and Zur, O. 2002. *Dual Relationships and Psychotherapy*. New York: Springer.

Levy, C. S. 1972. The Coneext of Sowel Work Ethics. *Social Work*, 17 (2): 85 – 101.

Levy, C. S. 1973. The Value Base of Social Work. *Journal of Edueation for Social Work*, 9: 34 – 42.

Levy, C. S. 1976a. *Social Work Ethics*. N. Y. : Human Sciences Press.

Levy, C. S. 1976b. Personal versus Professional Values: The Practitioner's Dilemma.

Clinical Social Work Journal，4（2）：110 – 120.

Levy，C. S. 1976c. The Value Base of Social Work. *Journal of Education in Social Work*，9.

Levy，C. S. and Simon Slavin. 1993. *Social Work Ethics on the Line*. The Haworth Press.

Lippmann，W. 1922. *Public Opinion*. MacMillan，New York.

Loewenberg，F. & Dolgoff，R. 1982. *Ethical Decisions for Social Work Practice*. Itasca，IL：F. E. Peacock.

Marsh，Jeanne C. 2005. Social Justice：Social Work's Organizing Value. *Social Work*，50（4）.

Maslow，A. H. 1969. Toward a Humanistic Biology. *American Psychologist*，24（8）：724 – 735.

Mattison，Marian. 1994. *Ethical Decision-making in Social Work Practice*. Unpublished Doctoral Dissertation，Columbia University，New York.

Mattison，Marian. 2000. Ethical Decision-making：The Person in the Process. *Social Work*，45（5）.

Mattison，Marian. 2012. Social Work Practice in the Digital Age：Therapeutic E-mail As a Airect Practice Methodology. *Social Work*，57（3）.

Mcauliffe，D. A. and Sudbery，J. 2005. Who Do I Tell? Support and Consultation in Cases of Ethical Conflict. *Journal of Social Work*，30（1）：87 – 90.

McDermott，F. E.（Ed.）1975. *Self-determination in Social Work*. London：Routledge & kegan Paul.

Michael，Home. 2001. *Values in Social Work*. England：Shgare Publishing Company.

Morales，A. & Sheafor，B. W. 1989. *Social Work：A Profession of Many Face*. Boston：Allyn Press.

Morris，William. 1992. *American Heritage Dictionary of the English Language*. New York：Houghton Mifflin Company.

Mungai，N. W. and Wairire，G. W. 2014. The Challenges of Maintaining Social Work Ethics in Kenya. *Ethics and Social Welfare*，8（2）：170 – 186.

Nagel，Tomas. 1987. *What Does It All Mean*. Oxford University Press.

Nick，Brian. 1997. Classification of Dual Relationships in the Helping Professions.

Counselor Education and Supervision, 37 (2).

O'Leary, P. M. , S. Tsui, and G. Ruch. 2012. The Boundaries of the Social Work Relationship Revisited: Towards a Connected, Inclusive and Dynamic Conceptualisation. *British Journal of Social Work*, 43 (1): 135 – 153.

Osmo, R. and Lamdau, R. 2001. The Need for Explicit Argumentation in Ethical Decision-making in Social Work. *Social Work Education*, 20 (4): 483 – 492.

Ouellette, Philip M. and Michael G. Rank. 2000. Transitioning from Teaching to Life-Long Learning toward Yet Another Paradigm Shift for Family Social Work Practitioners and Educators. *Journal of Family Social Work*, 5 (1): 57 – 73.

Pearson , Brian & Piazza Nick. 1997. *Classification of Dual Relationship in the Helping Professions*. Couns Educ Superv.

Phooles, M. 1986. *Ethical Dilemmas in Socal Work Practice*. London: Rontledge Kegan Poul.

Plant, R. 1970. *Social and Moral Theory in Caseuork*. London: Routledge Kegan Paul.

Pojman, Louis P. 1995. *Ethics Theory: Classical and Contemporary Readings*. Wadsworth Publishing Company USA.

Pumphrey, M. W. 1959. *The Teaching of Valales and Ethics in Social Work Education*. New York: Council on social word Education.

Rawls, J. 1951. Outlines of a Decision Procedure for Ethics. *The Philosophical Review*, 60 (2).

Reamer, Fredueric G. 1982. *Ethical Dilemmas in Social Service*. New York: Columbia Vniuersioy Press.

Reamer, Frederic G. 1993. *Philosophical Foundation of Social Work*. Columbia University Press.

Reamer, Frederic G. 1995. *Malpractice Claims against Social Workers: First Facts*. Faculty Publications.

Reamer, Frederic G. 1998. The Evolution of Social Work Ethics. *Social Work*, 43 (6).

Reamer, Frederic G. 1999. *Social Work Ethics and Values* (2nd Ed) . New York: Columbia University Press.

Reamer, Frederic G. 2000b. The Social Work Ethics Audit: A Risk-management

Strategy, *Social Work*, 45 (4).

Reamer, Frederic G. 2000c. *Social Work Ethics and Values.* New York: Golumbia University Press.

Reamer, Frederic G. 2001a. *The Social Work Ethics Audit: A Risk Management Tool.* Washington, D. C. : NASE Press.

Reamer, Frederic G. 2001b. *Ethics Education in Social Work Virginia.* Council on Social Work Education Fxlucation Alexandria.

Reamer, Frederic G. 2003. Boundary Issues in Social Work: Managing Dual Relationships. *Social Work*, 48 (1).

Reamer, Frederic G. 2005. Documentation in Social Work: Evolving Ethical and Risk-Management Standards. *Journal of Social Work*, 50 (4): 325 – 342.

Reamer, Frederic G. 2008. Social Work Management of Error: Ethical and Risk Management Issues. *Families in Society the Journal of Contemporary Social Services*, 89 (1).

Reamer, Frederic G. 2013. Social Work in a Digital Age: Ethical and Risk Management Challenges. *Social Work*, 58 (2).

Rest, J. R. 1986. *Moral Development: Advances in Research and Theory.* New York: Praeger.

Rhodes, M. 1986. *Ethical Dilemmas in Social Work Practice.* London: Routledge & Kegan Paul.

Rock, B. and Congress, E. 1999. The New Confidentiality for the 21st Century in a Managed Care Environment. *Social Work*, 44 (3).

Rosenhan, D. L. , Moor, B. S. , and Underwood, B. 1976. *The Social Psychology of Moral Behavior: Moral Development and Behavior.* New York: Holt, Rinehart and Winston.

Rothman, J. 1989. Client Self-determination: Untangling the Knot. *Social Service Review*, 63.

Rothman, J. , Smith, W. , Nakashima, J. , Paterson, M. A. , and Mustin, J. 1996. Client Self-determination and Professional Intervention: Striking a Balance. *Social Work*, 41 (4).

Sales, A. 2012. *Sociology Today: Social Transformations in a Globalizing World (Sage*

Studies in international Sociology, *60*). SAGE Publications.

Salzberger, R. P. 1979. Casework and a Client's Right to Self-Determination. *Social Work*, 24.

Schank, Janet A. and Thomas M. Skovholt. 1997. Dual-relationship Dilemmas of Rural and Small-Community Psychologists. *Professional Psychology: Research and Practice*, 28 (1).

Schwartz, S. H. 1968. Word, Deeds and Perception of Consequences and Responsibility in Action. *Journal of Personality and Social Psycology*, 10 (3): 232 – 242.

Sim, Timothy. 2008. Piecing Together Family Social Work in Mainland China. *Journal of Family Social Work*, 11 (4): 441 – 462.

Simon, B. and Hamilton, D. L. 1994. Self-stereotyping and Social Context: The Effects of Relative In-group Size and In-group Status. *Journal of Personality and Social Psychology*, 66 (4).

Simpson, J. and Weiner, E. 1989. *The Oxford English Dictionary.* Clarendon Press (Second Edition).

Siporin, M. 1982. Moral Philosophy in Social Work Today. *Social Service Review*, 56 (4): 516 – 538.

Smith, D. and Fitzpatriek, M. 1995. Patient-therapist Boundary Issues: An Integrative Review of Theory and Research. *Professional Psychology: Research and Practice*, 26 (5).

Spicker, P. 1990. Social Work and Self-determination. *British Journal of Social Work*, 20 (3).

Strom-Gottfried, K. 2000. Ensuring Ethical Practice: An Examination of NASW Code Violations, 1986 – 1997. *Social Work*, 45 (3): 251 – 261.

Swenson, Carol R. 1998. Clinical Social Work's Contribution to a Social Justice Perspective. *Social Work*, 43.

Tower, K. D. 1994. Consumer-centered Social Work Practice: Restoring Client Self-Determination. *Social Work*, 39.

Turner, F. J. 2002. *Diagnosis in Social Work: New Imperatives.* New York: Haworth Social Work Practice Press.

Warren S. and L. Brandeis. 1890. The Right to Privacy. *Harvard Law Review*, 12 (5).

Wehmeyer, M. L. 2004. Beyond Self-determination Causal Agency Theory. *Journal of Developmental and Physical Disabilities*, 16.

Weick, A. 1999. Guilty Knowledge: Families in Society. *The Journal of Contermporary Social Work*, 80 (4): 327 – 332.

Wesley, C. A. 1996. Social Work and End-of-life Decision: Self-determination and the Common Good. *Health and Social Work*, 21 (2).

Whitehead, Alfred North. 1979. *Process and Reality*. Simon and Schuster.

Zhang, Meikun. 2013. The Three Problems in the Development of the Social Work Profession and Its Response Research. 2013 3rd International Conference on Education and Education Management.

后 记

伦理充盈着对理想主义的美好追求及关于人们应该如何被对待的理想主义信念，这些追求和信念似灯塔，不论怎样强调都不为过。

在上大学和研究生求学期间，除了专业课，我最喜欢旁听的就是哲学课，常常溜去那里蹭课，很开心的事之一就是躲在图书馆里静静地翻看一些哲学书，深深地沉浸在那些对人类终极关怀的追问之中。

2009 年我调职复旦大学社会工作学系，开始开设社会工作伦理课，起先是给本科生上，后来是给研究生上，越上越觉得这门课重要，越上越觉得这门课值得上，当然越上越喜欢这门课。目前，这门课已经是复旦大学的精品课程、上海市教委重点建设课程。

我和学生讨论人性的善恶、人类行为的正当与否、道德是绝对的还是相对的、结果论还是过程论、个体权利还是社会责任，课堂上充满了争论，但唇枪舌剑、火星四溅之后是深深的满足，因为讨论揭开了很多"迷思"、拓展了思路，让我们对人、对社会有了更深刻的认识；我们还时常一起分享对生命的意义、对尊严、对平等、对正义的理解与向往，对弱势者的关怀，每次分享这些时，我都觉得学生的眼里有一种亮亮的东西，甚至能从他们的脸上看到一种光芒，自己常常被深深感动，这是对生命自由的渴望，这是成长的力量，能有机会将这些带给学生，我倍感荣幸。

社会工作是一门理念、知识和技术三者合一的专业，社会工作的核心价值观贯穿始终，增进人类的福祉、对公平和正义的追求是社会工作的专业使命，也是社会工作如此吸引我的魅力所在。

本书将社会工作伦理放在伦理学的知识框架之中，结合中外伦理学的发展脉络，在深入了解社会工作价值体系、发展背景的基础上，对社会工作伦理知识、技术进行了系统梳理与阐释。既强调社会工作伦理的哲学、理论与价值基础，也厘清了价值、道德、伦理与法律之间的关系，还对社会工作伦理的主要议题、困境、抉择与风险管理进行了系统的探索。其中，对目前各国/地区的伦理守则也进行了详细的介绍和比较。本书特别强调理论与实务、国际经验与本土文化的结合，选用的大量案例都是实务过程中接触到的真实案例。本书是对我近十年的社会工作伦理教学、研究与实务工作的总结，希望对推动中国本土社会工作伦理的发展有些微的帮助。

坚守专业理想，一定是在更加了解专业理念的基础上。有人说，这是一个需要伦理重构的时代。其他不说，我特别相信，当社会工作在中国大陆恢复重建后，伦理的意义对它非比寻常。当周围的世界正在被实用主义、物质利益至上逐渐吞噬时，社会工作的专业理想、社会工作者的专业坚守是我们回馈这个世界的一抹亮色。我们崇尚生命的意义，我们期待人可以更有尊严地活着，我们强调人类的守望相助，我们尊重每一个个体，相信人们成长的力量，在助人时我们也有价值上的困惑，也有资源不足时的无力，但无论怎样，对人类基本权利的捍卫、对公平和正义的追求，将始终照亮我们的助人之路。

"自由而无用的灵魂"，这是在复旦大学校园里非常流行的一句话，也是一种深深影响复旦人的观念。这里的"自由"，是指思想、学术甚至生活观念能在无边的时空中恣意游走；"无用"，则是对身边现实功利的有意疏离。复旦大学老校长杨玉良教授曾经说过"乍一看来，你们在复旦学习的东西很多都看似'无用'，但我要说，很可能复旦给你们的这些貌似'无用'的东西恰恰是最神圣的、最尊贵的精神价值"。我希望价值与伦理这些看似"无用"的东西，会给社会工作者一个自由的灵魂，而我也认为这恰恰是社会工作者应该坚守的最神圣、最尊贵的精神价值。

又是一个十年，生活已然又有很多变化，只是对社会工作的专业热情依旧。谢谢我的家人，支持我醉心于我的专业；谢谢这十年来我教过的每一位学生，得天下英才育之，乃人生一大趣事，我们在课堂上和课后的很多讨论、分享都是本书得以完成的基础，谢谢大家；谢谢编辑杨桂凤老师以及其他编辑老师为本书顺利出版付出的努力，谢谢大家。

最后，伦理学理论浩如烟海、社会工作发展百余年历程中可以汲取的东西灿若星辰，个人觉知、能力有限，未来我期待在此基础上有更加深入的探索。书中如有不妥之处，敬请各位老师、同人批评指正。谢谢大家，祝福各位！

图书在版编目（CIP）数据

社会工作伦理：理论与实务／赵芳著. —— 北京：
社会科学文献出版社，2016.10（2022.7 重印）
（社会工作硕士专业丛书）
ISBN 978 - 7 - 5097 - 9056 - 4

Ⅰ.①社…　Ⅱ.①赵…　Ⅲ.①社会工作 - 伦理学
Ⅳ.①C916

中国版本图书馆 CIP 数据核字（2016）第 086432 号

·社会工作硕士专业丛书·

社会工作伦理：理论与实务

著　　者／赵　芳

出 版 人／王利民
项目统筹／杨桂凤
责任编辑／杨桂凤　王　莉
责任印制／王京美

出　　版／社会科学文献出版社·群学出版分社（010）59366453
　　　　　地址：北京市北三环中路甲 29 号院华龙大厦　邮编：100029
　　　　　网址：www.ssap.com.cn
发　　行／社会科学文献出版社（010）59367028
印　　装／三河市尚艺印装有限公司

规　　格／开　本：787mm×1092mm　1/16
　　　　　印　张：15.5　字　数：276 千字
版　　次／2016 年 10 月第 1 版　2022 年 7 月第 7 次印刷
书　　号／ISBN 978 - 7 - 5097 - 9056 - 4
定　　价／45.00 元

读者服务电话：4008918866

▲ 版权所有 翻印必究